全国机械行业职业教育优质规划教材（高职高专）
经全国机械职业教育教学指导委员会审定
汽车技术服务与营销专业

汽车维修接待实务

全国机械职业教育汽车类专业教学指导委员会（高职）组编

主　编　唐作厚
参　编　李长峻　罗法荣

机械工业出版社

本书是全国机械职业教育优质规划教材,是由全国机械职业教育汽车类专业教学指导委员会(高职)组织编写的职业教育汽车技术服务与营销专业的系列教材之一。

本书针对汽车维修接待岗位所需的知识与能力,通过专业知识传授、案例分析、课堂训练、同步训练等方式,帮助学生理解并掌握。主要内容包括:汽车维修业务接待员应具备的汽车专业知识、应具备的素质与职责、应具备的基本技能,汽车服务沟通与表达、汽车维修业务接待流程。本书采用最新汽车 4S 店服务接待流程,详细阐述各个环节的规范要求,通过分析服务接待员的核心能力,设置相关同步训练内容,循序渐进地培养学生汽车维修业务接待员应具备的素质与能力。

本书可作为高等职业院校、高等专科院校、成人高校、民办高校及本科院校汽车服务工程及相关专业的教学用书,并可作为社会从业人士的业务参考书及培训用书。

本书配有电子课件,凡使用本书作为教材的教师可登录机械工业出版社教育服务网(www.cmpedu.com)注册后免费下载。咨询电话:010-88379375。

图书在版编目(CIP)数据

汽车维修接待实务/唐作厚主编. —北京:机械工业出版社,2016.10 (2024.3 重印)

全国机械行业职业教育优质规划教材. 高职高专

ISBN 978-7-111-55646-6

Ⅰ. ①汽… Ⅱ. ①唐… Ⅲ. ①汽车维修业-商业服务-高等职业教育-教材 Ⅳ. ①U472.31

中国版本图书馆 CIP 数据核字(2016)第 302713 号

机械工业出版社(北京市百万庄大街 22 号 邮政编码 100037)
策划编辑:葛晓慧　责任编辑:葛晓慧　蓝伙金
责任校对:宋文涛　封面设计:鞠　杨
责任印制:常天培
固安县铭成印刷有限公司印刷
2024 年 3 月第 1 版·第 6 次印刷
184mm×260mm·13.75 印张·331 千字
标准书号:ISBN 978-7-111-55646-6
定价:45.00 元

电话服务　　　　　　　网络服务
客服电话:010-88361066　机　工　官　网:www.cmpbook.com
　　　　　010-88379833　机　工　官　博:weibo.com/cmp1952
　　　　　010-68326294　金　书　网:www.golden-book.com
封底无防伪标均为盗版　机工教育服务网:www.cmpedu.com

汽车技术服务与营销专业教材研发小组

项目指导　冯　渊　无锡职业技术学院
组　　长　贺　萍　深圳职业技术学院
副 组 长　田春霞　大连职业技术学院
　　　　　　　宋润生　深圳职业技术学院
成　　员（按姓氏首字排序）
　　　　　　　高谋荣　深圳职业技术学院
　　　　　　　姬笑非　长春汽车工业高等专科学校
　　　　　　　罗　静　深圳职业技术学院
　　　　　　　潘　浩　深圳职业技术学院
　　　　　　　彭　鹏　深圳职业技术学院
　　　　　　　宋作军　淄博职业学院
　　　　　　　唐作厚　广西机电职业技术学院
　　　　　　　张克明　海南经贸职业技术学院
　　　　　　　张一兵　中国道路运输协会
　　　　　　　周　燕　南京交通职业技术学院
联 系 人　蓝伙金　机械工业出版社
　　　　　　　葛晓慧　机械工业出版社

丛 书 序

  经过十几年的快速发展，中国已经成为世界最大的汽车生产国和主要的汽车消费国。中国汽车消费市场从最初的形成和发展走向了逐步成熟，并开始呈现市场结构优化、技术手段升级、营销模式创新和新兴服务领域快速涌现的新型态势。新的营销理念、新的营销模式、新的服务领域都在冲击和震颤着中国的汽车销售和售后服务领域，表现出了一方面是汽车销售及售后服务业对人才的大量需求，另一方面又是能够适应现代汽车销售市场和服务市场的人才的匮乏。为了适应新的形势，近年来，国内的大专院校，尤其是职业院校的汽车技术服务与营销类专业在迅速扩充规模的同时积极探索新的人才培养模式，调整课程结构，改进教学方法，以满足培养新形势下现代汽车营销类人才的需要。

  由全国机械职业教育汽车类专业教学指导委员会（高职）组织编写、机械工业出版社编辑出版的这套汽车技术服务与营销专业教材，正是面对汽车营销及售后服务市场的新形势而推出的。教材从市场需要的实际出发，坚持以职业素养的培养为基础，以能力提升为目标，以就业为导向，把提高学生的职业素养和职业能力放在突出位置，集中体现培养学生"汽车技术运用""整车及配件营销""二手车鉴定评估""汽车保险理赔"和"汽车信贷与租赁业务"能力等，并特别面向新兴的汽车电子商务领域推出了《汽车电子商务》教材，使之满足培养具有分析和解决汽车营销和汽车后市场服务领域实际问题能力的复合型高等应用型人才之需要。

  因此，本系列教材按照汽车营销类岗位的职业特点和职业技能要求，务求探索和创新：

  1. 拓宽汽车技术领域的视野，在满足必要的汽车技术知识铺垫后，强调横向知识的宽泛，突出汽车技术、构造、配置上的差异所带来的车辆性能、车辆特点和使用状况的差异性对比，并追踪汽车新技术的运用，适应学生作为汽车销售顾问的技术性要求。

  2. 追踪和吸收前沿的营销理论和营销方法，运用适量的背景资料透视国内外汽车营销行业的发展变化，了解汽车市场的运行状况和走势。

  3. 汇集汽车营销领域的经典案例和国内汽车企业的典型案例，通过贴近现实、贴近中国消费者汽车生活的汽车营销实例，近距离了解和掌握汽车营销的相关技术和方法。

  4. 注重业务过程的实务性训练，引入汽车营销企业的现实做法，业务流程、业务规范均来自企业实际，与企业的业务实际零距离对接。

5. 强化职业技能和技法的训练，每章除了复习性的思考练习之外，还安排了用于实际操作训练的实践练习项目，训练学生的实际动手能力。

6. 面向学生汽车营销综合应用能力培养的需要，新编了《汽车性能评价与选购》教材。

7. 面向新兴的汽车网络营销业务需求，增加了《汽车电子商务》教材。

汽车营销业仍是一个新兴的业务领域，也是一个专业技术极强的业务领域。作为高职高专院校，其目标是培养具有一定的理论基础和较强的动手能力的一线应用型技术人才。本系列教材紧扣高职高专教育的目标定位，力求实现"有新意"——内容新、结构新、格式新；"有特色"——背景资料、典型案例、相关链接；"有亮点"——企业实务、实践项目。

本系列教材在全国机械职业教育汽车类专业教学指导委员会（高职）的组织引导下，由多所职业院校教师共同参与完成，其间得到了机械工业出版社领导和编辑的支持和指导，在此，谨表示衷心感谢。

汽车技术服务与营销专业教材研发小组组长　贺萍

序

　　进入新世纪以来，汽车维修业务接待已逐步成为汽车维修企业经营管理的重要组成部分，汽车维修业务接待员越来越显示出其在汽车维修企业中的重要地位。把业务接待工作的好坏作为衡量汽车维修企业质量水平的直接标准成为一种共识。

　　汽车维修业务接待员有很多种不同的称呼，如维修接待员、维修顾问、接待专员、诊断顾问等。汽车维修业务接待岗位工作人员的重要性体现在其为顾客进厂碰到的第一人，是和顾客接触时间最多的一个人，甚至可能是顾客在4S店内唯一接触的人。由于绝大部分顾客是非汽车专业人士，加上时间有限，所以很容易将爱车交给汽车维修业务接待员之后就放心等待结果。

　　顾客将汽车送到4S店维修，自始至终都是由汽车维修业务接待员完成接待、派工、报价、结算等工作。可以说，汽车维修业务接待员就是企业形象的窗口，其言谈举止、待人接物及服务水平等直接反映企业在顾客心中的形象。汽车4S店具有良好的企业形象，在消费者心中将产生深刻的认同感和信任感，进而转化为可喜的经济效益。

　　因此，良好、专业、规范、体贴入微、服务周到的汽车维修业务接待是汽车服务企业的重中之重。要成为一名合格的汽车维修业务接待员，需要掌握汽车相关知识，了解汽车维修企业工作流程，熟悉汽车维修与维护项目及价格，熟悉汽车常用配件名称及价格，了解质量控制和质量检验程序，懂得基本的顾客消费心理，这部分内容可以通过知识传授方式在课堂讲授。商务礼仪，沟通与表达能力，顾客需求分析等也是汽车维修业务接待员必备的能力，如何提高这些素质范畴内的能力，需要职业教育工作者认真加以思考。

　　用人单位的满意度、毕业生的就业率是高职教育的命脉，它取决于学生的综合素质和专业技能。职业院校人才培养模式和课程体系要与社会文化和经济发展水平相适应，就要用发展的眼光审视原有的课程，只有通过课程内容、授课方式的改革创新，才能最大限度地提升学生素质和技能，适应用人单位的岗位能力要求，完成好相关的工作任务，为我国经济建设做出应有的贡献。

　　汽车维修业务接待员应具有专业的形体礼仪及与顾客良好沟通交流的能力，沟通的主要平台是汽车的使用与维护常识。

　　众所周知，个人的专业技能可以通过知识传授结合实训课程得到提升。人的形体、沟通表达能力属于个人素质，来自遗传和养成教育，某些学生存在的不当的行为习惯，需要借助外力，反复训练才有可能得以矫正。依赖知识传授方式，离开训练环节，这些能力很难得到提高。

为此，本书在一些关键节点安排有对应课堂训练、同步训练，就是要循序渐进地训练学生提高汽车维修业务接待员应有的素质和能力，以满足企业用人要求。读者可以根据实际需要做适当的增减。

一、课程学习目标

1. 知识目标

使学生掌握汽车维修业务接待的技能和相关理论知识，熟悉汽车4S店的汽车服务接待流程。

2. 素质目标

致力于帮助学生形成良好的服务意识，提升沟通表达能力，矫正部分学生的不当习惯。同时培养诚实、守信和团队合作意识，为发展职业能力奠定良好的基础。

3. 能力目标

通过汽车维修业务接待各个技能点的同步训练，开拓学生的视野，强化与提高学生的岗位专项能力。通过学习，使其建立正确的思维方式，能基本完成汽车服务接待工作任务。

二、课程能力标准

1）有良好的仪容仪表修饰能力，能运用礼貌、流畅、清晰的语言与顾客交流。

2）熟悉环车检查流程，能按照规范要求，在规定时间内完成环车检查项目。

3）能熟练使用接车表，熟悉并根据顾客需求确定维修维护项目。

4）会看车间作业展板，合理安排生产任务。

5）能做结算业务，按照规范要求交付车辆。

6）能正确运用电话礼仪，完成跟踪回访任务。

三、课程教学建议

课程宜采用课堂讲授、演示、引导、训练的方式进行，具体手段包括老师示范、观看视频、学生模仿等。设置一些专项训练科目，矫正不当习惯；课程引入典型工作情景，训练学生掌握汽车维修业务接待流程的规范标准。

前　言

汽车维修业务接待是汽车技术服务与营销专业学生的主要就业岗位，从统计数字来看，全国高职和中职院校中开设汽车营销类专业的学校有近千所，但总体发展水平参差不齐，人才培养方案、专业建设、师资队伍、课程设置、软硬件条件都存在着较大差异，对人才培养的质量也缺乏统一的衡量标准。

由全国机械职业教育汽车类专业教学指导委员会（高职）牵头组织汽车营销系列教材的开发是整合和聚集行业资源，发挥行业优势实现汽车技术服务与营销专业教学水平整体提升的重要举措。

本书的编写思路力求遵循并满足"理实一体化"教学模式要求；力求克服传统教材理实分离的缺点，引入汽车行业最新接待流程规范标准，安排恰当的课堂训练、同步训练环节，强调提升学生综合素质、基本技能，以增加教材新意和亮点。

"理实一体化"不仅仅是理论教学与实践教学内容的一体化，也是教师在知识、技能、教学能力上的一体化，同时，还包含教学场所的一体化。因此，"理实一体化"绝不是理论教学和实训教学在形式上的简单组合，而是从学生技能、技巧形成的认知规律出发，实现理论与实践的有机结合，在教材上要充分体现这一点。在教学方法上，要根据汽车维修接待流程规范要求，以技能训练为中心，配置相关的理论知识构成教学模块，并由一位教师同时担任理论教学和训练指导，从而保证二者同步进行。理论指导实践，而实践操作又加深对理论知识的理解，使知识与技能掌握更加牢固。训练项目以工作任务为载体，让学生学习掌握今后就业所必需的基本技能，变被动学习为主动参与，调动了学生学习的积极性与主动性，符合现代职业教育规律。

本书是作者集多年教学和实践经验编写而成，内容充实，通俗易懂，实用性强。全书包括汽车维修业务接待员应具备的汽车专业知识、汽车维修业务接待员应具备的素质与职责、汽车维修业务接待员应具备的基本技能、汽车服务沟通与表达、汽车维修业务接待流程等共5章内容。从汽车维修业务接待员的基本素质、技能入手，逐步深入地对汽车维修业务接待的规范化流程和技巧进行较为全面的阐述。另外，针对汽车售后服务人员的专业知识，本书专门开辟了一个专业基础知识章节，对一些汽车维修业务接待工作中常常涉及的汽车专业知识进行阐述和分析，甚至包括一些与诊断相关的知识和维修项目的报价参考等。本书力争语言简洁、图文并茂，突出工学结合特色，注重职业工作岗位的要求，特别强化了学生职业能力的提高和综合素质的培养。在各个章节中提供了学习要点，希望通过每个学习要点，使读者掌握必需的方法和流程，具有较强的实践指导意义。

　　本书由广西机电职业技术学院唐作厚高级工程师任主编，李长峻、罗法荣任参编。唐作厚编写第四、五章，李长峻编写第二、三章，罗法荣编写第一章。

　　本书编写过程中得到了相关专业老师与行业专家的大力支持和帮助，在此对其无私帮助表示衷心的感谢。由于编者水平有限，书中错漏在所难免，希望广大读者给予批评指正。

编　者

目　　录

丛书序
序
前言
二维码清单

模块一　汽车维修业务接待员应具备的汽车专业知识　1
　　第一节　汽车基本组成及功用　2
　　第二节　汽车维护与维修　13
　　第三节　常见汽车故障及诊断　29
　　第四节　汽车配件基本知识　33
　　第五节　汽车维修企业制度、工艺流程和术语　40
　　本章小结　46
　　复习思考题　47
　　同步测试　47
　　同步训练　48

模块二　汽车维修业务接待员应具备的素质与职责　51
　　第一节　汽车维修业务接待员的作用和素质要求　52
　　第二节　汽车维修业务接待员的岗位职责　55
　　第三节　汽车维修行业职业道德　62
　　第四节　汽车维修业务接待礼仪规范　74
　　本章小结　83
　　复习思考题　84
　　同步测试　84
　　同步训练　85

模块三　汽车维修业务接待员应具备的基本技能　87
　　第一节　计算机基础知识　88
　　第二节　客户关系管理　94
　　第三节　言谈的技巧　104
　　第四节　消费心理学基础　109
　　本章小结　129
　　复习思考题　130
　　同步测试　130
　　同步训练　131

模块四　汽车服务沟通与表达　133
　　第一节　沟通与表达的基本方式　134

第二节　倾听与提问 ……………………………………………………………………… 141
　　第三节　反馈能力 ………………………………………………………………………… 149
　　第四节　与客户沟通能力的训练与提高 ………………………………………………… 156
　　本章小结 …………………………………………………………………………………… 163
　　复习思考题 ………………………………………………………………………………… 164
　　同步测试 …………………………………………………………………………………… 164
　　同步训练 …………………………………………………………………………………… 165

模块五　汽车维修业务接待流程
　　第一节　客户招揽 ………………………………………………………………………… 168
　　第二节　预约服务 ………………………………………………………………………… 173
　　第三节　维修接待 ………………………………………………………………………… 177
　　第四节　维修作业 ………………………………………………………………………… 185
　　第五节　竣工检验 ………………………………………………………………………… 190
　　第六节　结算及交车 ……………………………………………………………………… 194
　　第七节　跟踪回访 ………………………………………………………………………… 197
　　本章小结 …………………………………………………………………………………… 204
　　复习思考题 ………………………………………………………………………………… 205
　　同步测试 …………………………………………………………………………………… 205
　　同步训练 …………………………………………………………………………………… 206

参考文献 …………………………………………………………………………………… 207

模块一

汽车维修业务接待员应具备的汽车专业知识

知识目标

- 了解汽车基本组成及功用
- 掌握汽车主要性能指标
- 了解汽车维护制度及常见的维修作业、维修设备
- 熟悉汽车维修项目、耗时及收费标准
- 掌握汽车常见故障及其故障成因
- 掌握汽车故障诊断方法
- 了解汽车配件损耗规律
- 熟悉汽车维修术语

能力目标

- 能解释相关车型整车性能指标
- 能解释汽车维护项目及耗时、费用
- 能使用汽车故障诊断仪
- 具备初级的配件质量鉴别能力
- 能应用汽车配件电子目录

重点与难点

- 汽车基本组成及功用。对车型的结构、配置特点以及性能指标的正确描述
- 汽车维护与维修项目。对常见车型维护与维修项目的耗时及费用的预估
- 汽车故障诊断仪。对汽车故障诊断仪的正确使用

  随着汽车技术的不断进步、我国道路条件的不断改善和人民生活水平的不断提高,我国已经形成了巨大的汽车需求市场和汽车维修服务市场,对汽车维修接待员的需求量也日渐增长。进入21世纪以来,得益于互联网技术的快速发展,车友们可以通过网络获得各类汽车相关知识,汽车维修接待员作为专业人员,更应该掌握一定程度的汽车专业相关知识,才能完成好本职工作。

  本章主要介绍汽车的总体结构知识,汽车故障现象及诊断的一般方法,汽车配件耗损及维修的相关要求,汽车维修企业内部管理的相关内容等。通过学习使得从事汽车维修接待的工作人员具备一定程度的汽车专业知识。

第一节 汽车基本组成及功用

掌握汽车基本组成及功用的相关知识，是从事汽车行业人员必备的专业知识。如果对汽车基本结构知识、汽车基本性能参数和汽车车辆识别代码都没有掌握好，就无法解答客户关切的专业问题，更无法去帮助客户解决遇到的迫切问题，这使得顾客对汽车维修接待人员的专业性产生怀疑，导致客户流失，进而影响到业绩的增长。

一、汽车总体结构

（一）汽车总体组成与功用

汽车是由成千上万个零件所组成的结构复杂的交通工具。根据其动力装置、使用条件等不同，汽车的总体构造可以有很大的差别。总体而言，汽车必须能够产生动力，并通过适当的机构将动力传送到车轮，让车轮克服阻力在路面上转动，使汽车按驾驶人的意图灵活操作、行驶，包括起动、制动、加速、减速和转向等；同时，为驾驶人和其他乘员或货物提供足够大的空间，配置各式各样的安全、娱乐、通信和防盗等电气装置。

汽车一般都由发动机、底盘、车身及附件、电气设备等四大基本总成组成，每个基本总成又由许多零部件组装而成。

1. 发动机

发动机是汽车的心脏，为汽车的行驶提供动力，其功用是将汽油（柴油）或天然气的化学能通过燃烧后转化为热能，再通过膨胀把热能转化为机械能并对外输出动力。简单来说，发动机就是一个能量转换机构，即将汽油（柴油）或天然气的热能，通过在密封气缸内燃烧，气体膨胀推动活塞做功，转变为机械能，这是发动机最基本的原理。发动机主要由曲柄连杆机构、配气机构、燃料供给系统、润滑系统、冷却系统、点火系统（柴油机没有）和起动系统组成。

（1）曲柄连杆机构。曲柄连杆机构的功用是发动机实现能量转换的主要机构，它把燃气作用在活塞上的力转变成为曲轴的转矩，以带动工作机械做功。曲柄连杆机构由气缸体曲轴箱组、活塞连杆组和曲轴飞轮组三部分组成，其主要机件有活塞、连杆、曲轴、活塞环、轴瓦、缸体、飞轮等。

（2）配气机构。配气机构的作用是按照气缸中所进行的工作过程，适时地开闭进、排气门，完成换气过程。配气机构由气门组和传动组组成，其主要机件有凸轮轴、进排气门、摇臂机构、缸盖等。

（3）燃料供给系统。燃料供给系统的作用是根据发动机不同工况的需要，提供不同成分的可燃混合气分送至各气缸，然后将燃烧后的废气集中导出气缸，排入大气。燃料供给系统主要由燃油泵、燃油滤清器、燃油压力调节器、喷油器、冷起动喷油器、油压脉冲衰减器等组成。其主要机件有汽油泵、滤芯、管路、油箱、喷油器、燃油导轨等。

（4）冷却系统。冷却系统的功用就是保证发动机在最佳温度（80~90℃）下工作。冷却系统由水泵、散热器、百叶窗、风扇、配水管、节温器、冷却液温度表及感应器等组成。其主要机件有水泵、散热器、膨胀罐和节温器。

（5）润滑系统。润滑系统的功用是向各运动零件表面提供润滑油，减少运动阻力和磨损，延长机件寿命。由于润滑油的循环流动，润滑系统还具有对摩擦面清洁、冷却和密封的作用。润滑系统由机油泵、机油滤清器、限压阀、机油散热器、机油压力表、油尺、管路等组成。其主要机件有机油泵、限压阀、机油滤清器和机油压力表。

（6）点火系统。点火系统的功用是将蓄电池或发电机输出的低压电流，经点火线圈变为高压电流，通过分电器按照发动机各缸的点火顺序，在一定时间内轮流配送给各火花塞，产生跳火，点燃气缸内的混合气。点火系统由点火线圈、分电器、高压线、火花塞、驱动轴等组成。

（7）起动系统。起动系统的功用是起动发动机，起动系统的动力一般采用直流电动机，起动时用的电流由蓄电池供给。起动系统由蓄电池、起动机、线束、继电器、起动开关等组成，某些重型车辆为了便于起动还有起动预热装置、减压装置等。起动系统主要机件是起动机。

2．底盘

底盘功用是支撑、安装汽车发动机及其各部件、总成，形成汽车的整体造型，并接收发动机的动力，使汽车产生运动，保证汽车正常行驶。汽车底盘由传动系统、行驶系统、转向系统和制动系统四部分组成。

（1）传动系统。传动系统基本由离合器、变速器、万向节、传动轴、驱动桥、主减速器、差速器、半轴等总成组成，它将发动机的动力平稳、可靠地传给驱动车轮，使汽车前进或后退；根据汽车行驶的道路（坡道、路面等级）、交通流量、车辆载荷的大小以及行驶速度的高低等要求，按照驾驶人的操作，改变汽车行驶速度和驱动力。

（2）转向系统。转向系统由转向器和万向传动装置等组成。它的作用是改变汽车行驶的方向和保持汽车稳定地直线行驶。

（3）行驶系统。行驶系统由车架、车桥、车轮和悬架等组成。行驶系统的作用是：承受汽车的总重量；承受并传递作用在车轮和路面间的力和力矩；缓和不平路面对汽车的冲击；减小汽车行驶时的振动，保证汽车行驶的稳定性。

（4）制动系统。制动系统的作用是使行驶中的汽车减速甚至停车，使下坡时的车速保持稳定以及在坡道上驻车使已停的汽车保持不动。制动系统由产生制动作用的制动器和操纵制动器的传动机构组成。一般汽车制动系统包括两套独立的制动装置：一套是驾驶人用脚踏操纵的脚制动装置，主要用于汽车行驶中控制车速和保证安全行车；另一套是驾驶人用手拉操纵的驻车制动装置，主要用于停车后防止汽车滑溜。

3．车身及附件

（1）作用。汽车车身的作用主要是保护驾驶人以及构成良好的空气力学环境。好的车身不仅能带来更佳的性能，也能体现出车主的个性。

（2）车身结构及其类型。车身结构按车身承受负荷方式的不同可分为非承载式、承载式和半承载式等三种类型。按用途的不同可分为货车车身、轿车车身和客车车身三种：①货车车身由驾驶室和车厢两部分组成；②轿车车身一般由车前、车底、侧围、顶盖和后围等部分组成，属于承载式车身，如图1-1～图1-6所示。③目前客车车身均采用骨架式结构的厢式车身，其车身本体由车身骨架和车身蒙皮等构件组成。客车车身按部位不同分为前围、后围、侧围、顶盖及地板等部分。如图1-7所示为典型客车车身骨架结构示意图，图1-8所示为各类车门形式示意图,图 1-9 所示为车门及其附件示意图,图 1-10 所示为气动折叠式车门示意图。

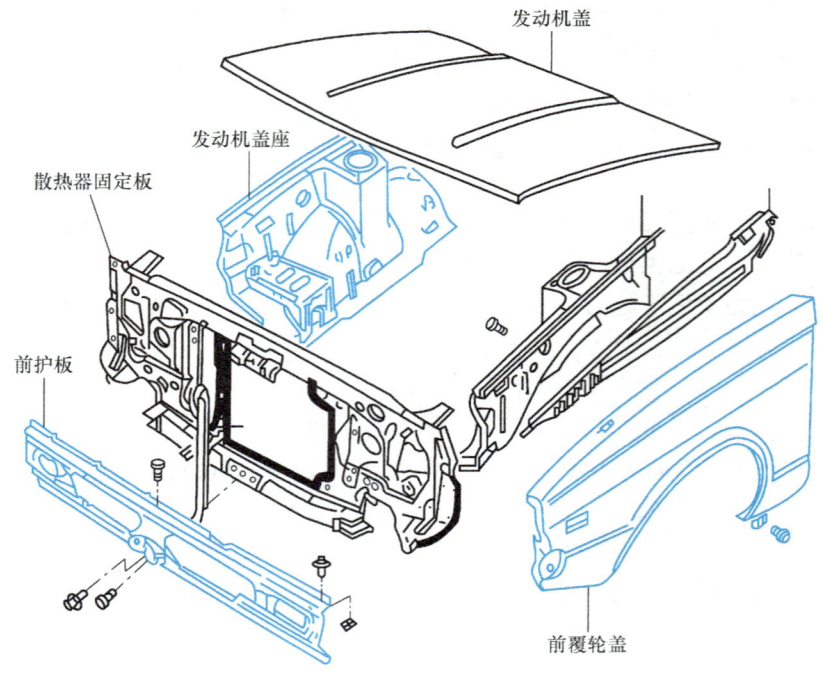

图 1-1　前部车身的构成零件

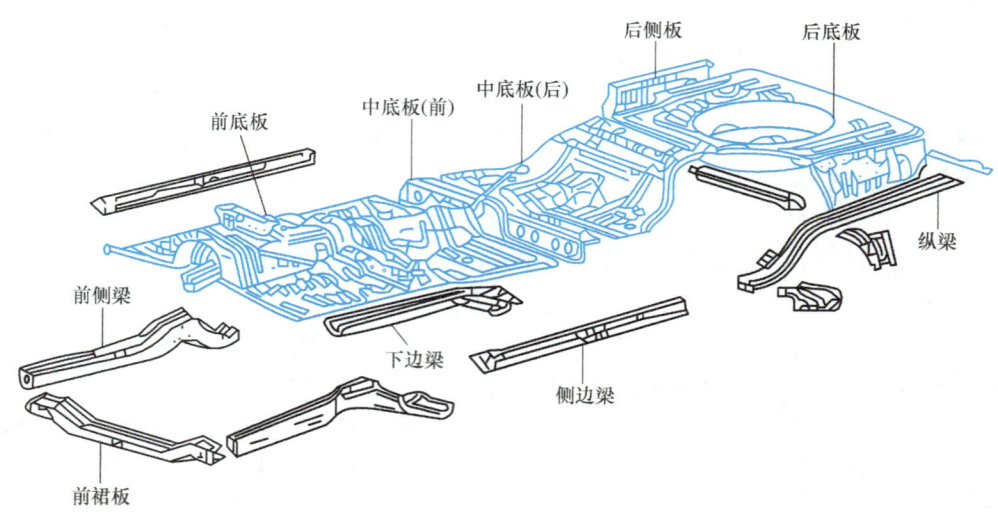

图 1-2　车身底板的构成零件

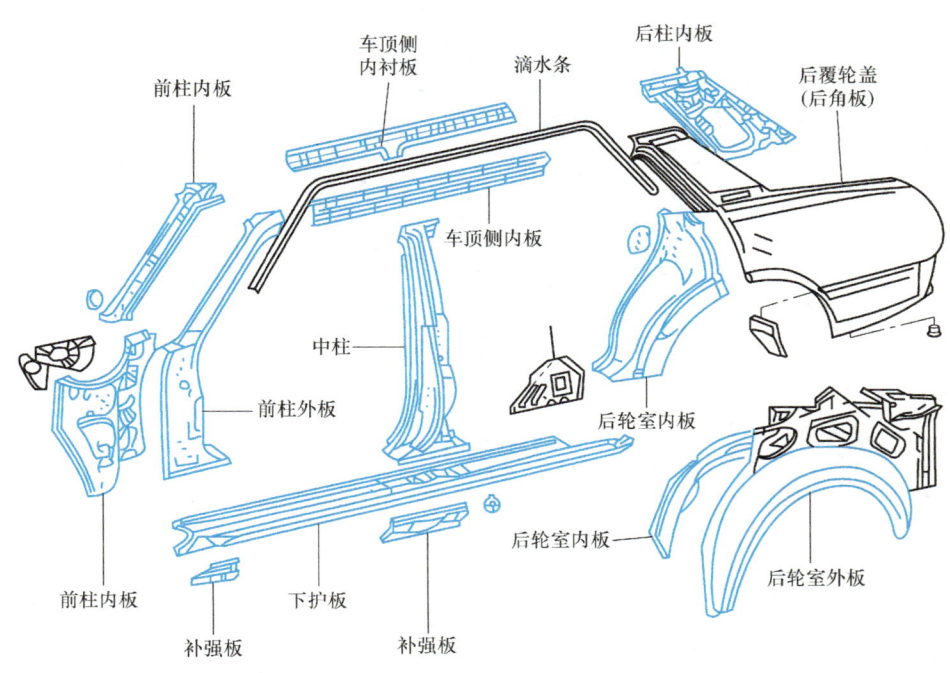

图1-3　侧车身的构成零件

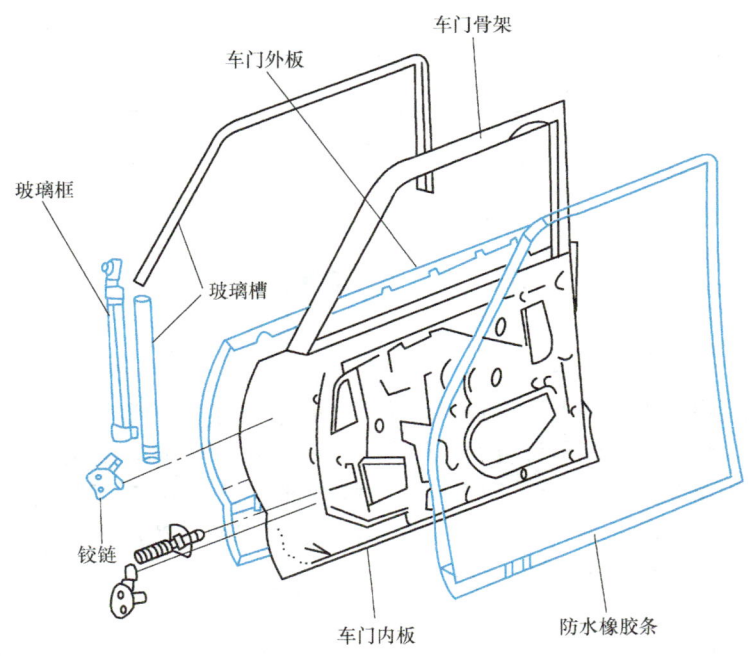

图1-4　车门的构成零件

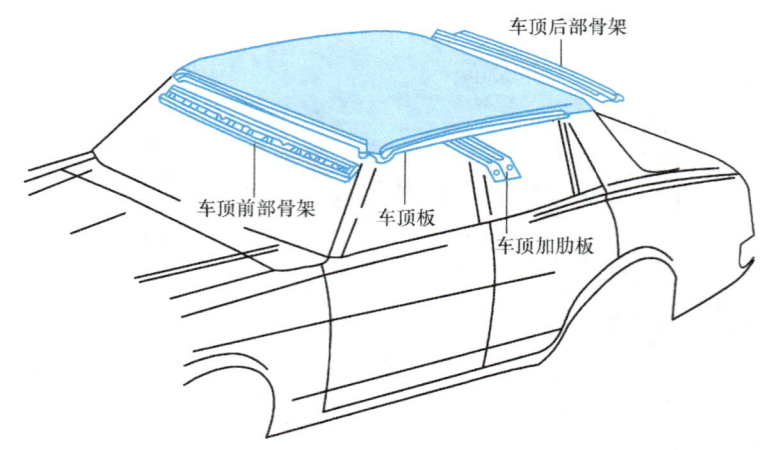

图 1-5　车顶部分的构成零件

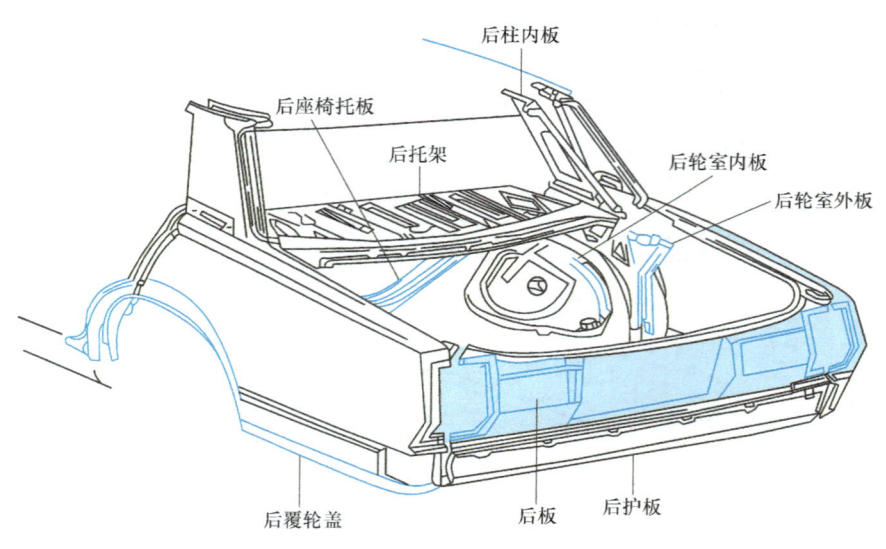

图 1-6　后部车身的构成零件

4. 电气设备

电气设备包括电器设备与电子设备。电器设备包括电源组（蓄电池、发电机）、发动机起动系统和点火系统、照明和信号装置、仪表、空调、刮水器、音响设备、门窗玻璃电动升降设备等。电子设备包括导航系统（GPS）、电控燃油喷射（EFI）及电控点火设备、电控自动变速设备（AT）、电子防抱死制动系统（ABS）、电子驱动防滑系统（ETS）、车门锁的遥控及自动防盗报警设备等人工智能装置。

（二）汽车的分类

汽车的分类有很多种方法，可以按动力装置类型分类，也可以按用途、发动机位置及驱动方式等进行分类。

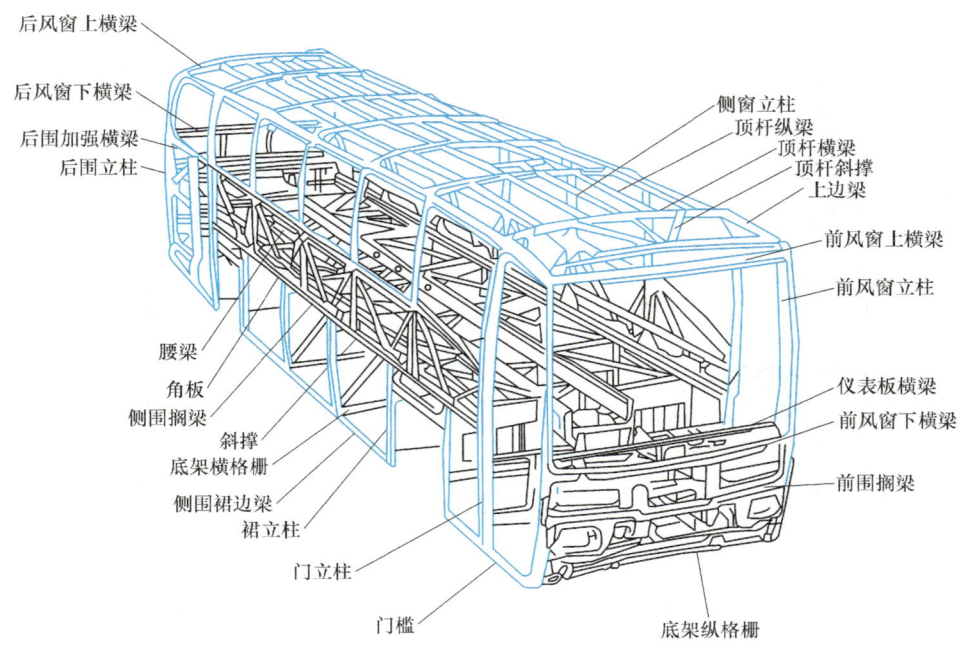

图 1-7　典型客车车身骨架结构示意图

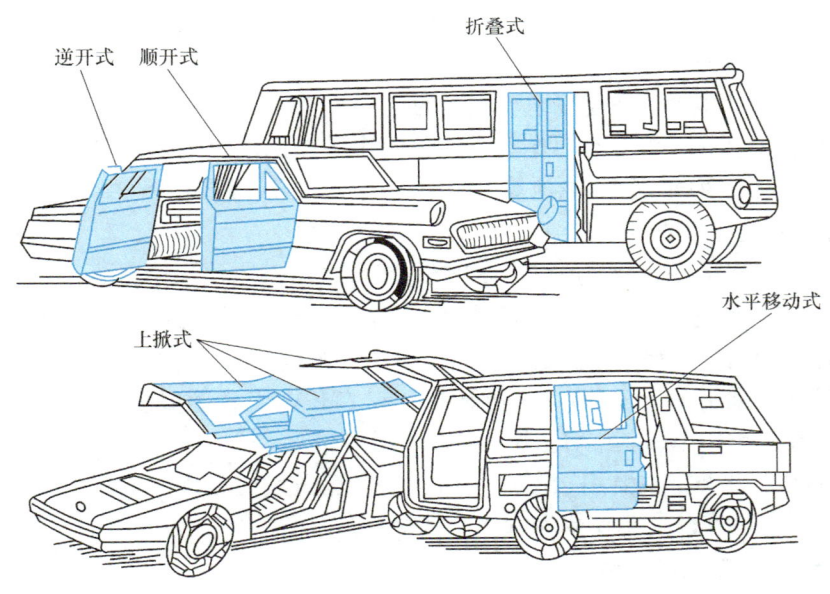

图 1-8　各类车门形式示意图

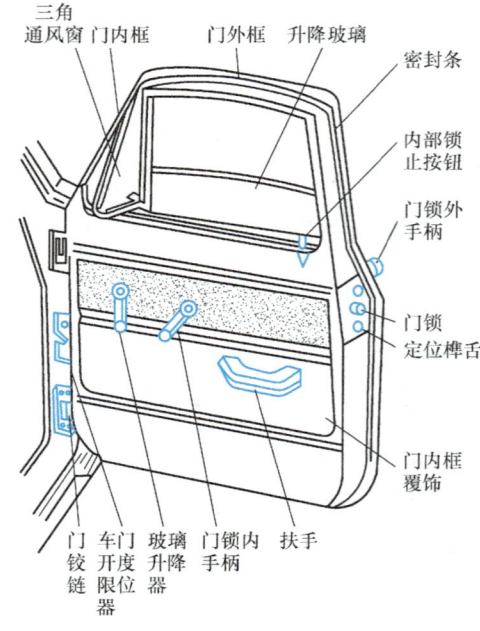
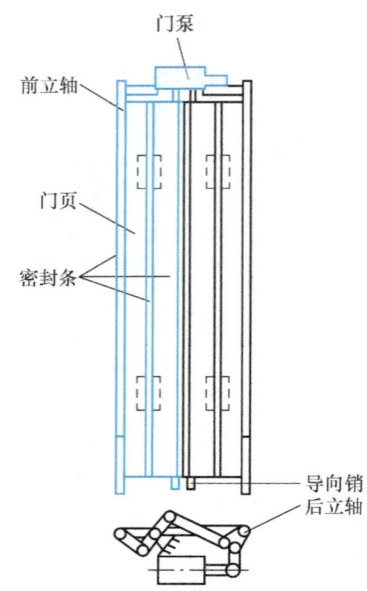

图1-9 车门及其附件示意图　　　　图1-10 气动折叠式车门示意图

1. 按照动力装置形式分类

按照动力装置类型不同，汽车可分为活塞式内燃机汽车、电动汽车和混合动力汽车。

（1）活塞式内燃机汽车。此类车指安装有将燃料在气缸内燃烧所产生的热能转化为机械能的机器的汽车。如汽油车（以汽油为燃料）、柴油车（以柴油为燃料）、气体燃料汽车（以天然气、液化石油气等气体为燃料）。

（2）电动汽车。电动汽车是以电能驱动的汽车。

（3）混合动力汽车。混合动力车辆是指使用多种能源动力的道路车辆，主要使用内燃机、电动机、电池、氢气、燃料电池等能源技术。

2. 按用途分类（GB/T 3730.1—2001）

按用途不同，汽车可分为乘用车和商用车。

（1）乘用车。此类车主要用于载运乘客及其随身行李和临时物品，包括驾驶人座位在内最多不超过9个座位。乘用车涵盖了轿车、微型客车以及不超过9座的轻型客车。乘用车又可细分为基本型乘用车（轿车）、多功能乘用车（MPV）、运动型多动能车（SUV）、交叉型乘用车以及专用乘用车，其细分如图1-11所示。

（2）商用车。此类车主要用于商业用途，用来运送人员和货物。商用车分为客车、货车、半挂牵引车、客车非完整车辆和货车非完整车辆五类。

3. 按发动机位置及驱动方式分类

（1）前置后驱（FR）。前置后驱，即是发动机前置、后轮驱动，这是一种最传统的驱动形式。国内外大多数货车（含皮卡）、部分轿车（尤其是高级轿车，如奔驰、宝马等）和部分客车采用这种驱动形式，但采用该形式的小型车很少。

（2）前置前驱（FF）。前置前驱，即是发动机前置、前轮驱动，这是轿车（含微型、

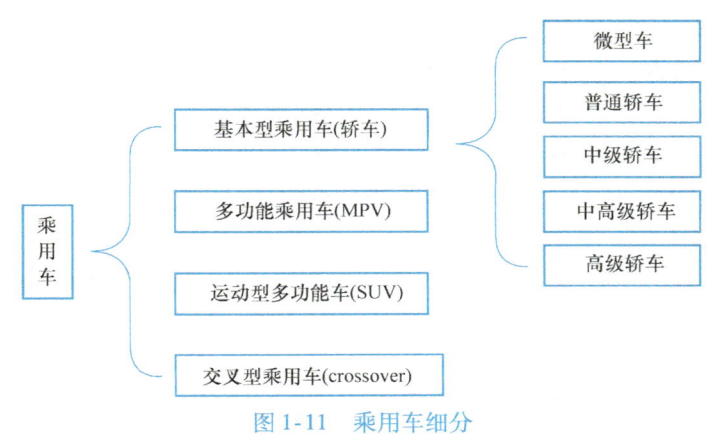

图1-11　乘用车细分

经济型汽车）上比较盛行的驱动形式，但货车和大客车基本上不采用该形式。

（3）后置后驱（RR）。后置后驱，即是发动机后置、后轮驱动，是目前大、中型客车流行的布置形式，少数微型或普及型轿车也采用该形式，但货车很少采用该形式。

（4）中置后驱（MR）。中置后驱，即是发动机中置、后轮驱动，是大多数运动型轿车和方程式赛车所采用的形式。此外，某些大、中型客车也采用该形式，但用该形式的货车很少。

（5）全轮驱动（nWD）。全轮驱动通常是发动机前置，通过变速器之后的分动器将动力分别输送给全部驱动轮。该形式主要用于吉普车和越野车，但现在也有很多轿车采用全轮驱动形式。

汽车驱动形式常用4×2、4×4等表示，乘号前的数字表示汽车车轮总数，乘号后的数字表示汽车驱动轮数。发动机位置及驱动方式如图1-12所示。

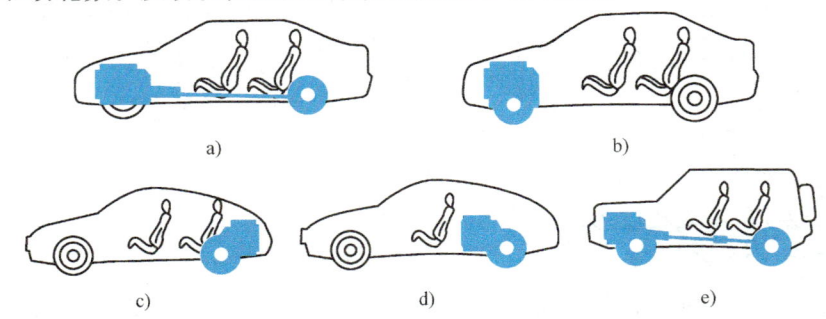

图1-12　汽车发动机的位置及驱动方式

a）发动机前置后轮驱动（FR）　b）发动机前置前轮驱动（FF）
c）发动机后置后轮驱动（RR）　d）发动机中置后轮驱动（MR）　e）全轮驱动（nWD）

二、汽车主要性能指标

参照国家标准，汽车主要性能指标包括汽车动力性指标、汽车燃料经济性、制动性能、汽车噪声参数和汽车尾气参数等。

（一）汽车的动力性指标

汽车动力性指标有最高车速、最大爬坡度、加速性能等。这些指标，反映了车辆平均行驶速度、加速能力、运输能力，是影响汽车运输效率的直接指标。

1. 最高车速

最高车速是指汽车满载时，在良好的水平路面上（如干燥、平坦、清洁的沥青或水泥路面）所能达到的最高行驶速度，它的测定是在微风甚至无风条件下，将车辆加速踏板踩到底，以尽可能的高速通过 200m 路段所测试的结果。在实际运行中，由于道路、气候条件和受车辆本身技术状况所限，最高车速是极难达到的。

2. 最大爬坡度

最大爬坡度是指汽车满载时，以一档在良好路面上等速行驶所能爬上的最大坡度。它代表了汽车极限爬坡能力。

3. 加速性能

汽车加速性能常用加速时间来评价。它指汽车在良好路面条件下迅速增加汽车行驶速度的能力，一般用 0～100km/h 所需要的时间，也称 0～100km 加速时间，加速过程中所用时间越短，加速性能就越好。

（二）汽车的燃料经济性

为降低汽车运输成本，要求汽车以最少的燃料消耗，完成尽量多的运输量。汽车以最少的燃料消耗量完成单位运输工作量的能力，称为燃料经济性，评价指标为汽车百公里油耗（L/100km）。百公里油耗指的是汽车在道路上行驶时每百公里平均燃料消耗量。

（三）汽车的制动性能

汽车具有良好的制动性是安全行驶的保证，也是汽车动力性得以很好发挥的前提。汽车制动性有下述三方面的内容。

1. 制动效能

汽车迅速减速直至停车的能力。常用制动过程中的制动时间、制动减速度和制动距离来评价。汽车的制动效能除了和汽车技术状况有关外，还与汽车制动时的速度以及轮胎和路面的附着情况有关。

2. 制动效能的恒定性

短时间内连续制动后，制动器温度升高导致制动效能下降，称之为制动器的热衰退。连续制动后制动效能的稳定程度为制动效能的恒定性。

3. 制动时方向的稳定性

制动时方向的稳定性是指汽车在制动过程中不发生跑偏、侧滑和失去转向的能力。当左右侧制动动力不一样时，容易发生跑偏；当车轮抱死时，易发生侧滑或者失去转向能力。为防止上述现象发生，现代汽车设有电子防抱死装置，防止紧急制动时车轮抱死而发生危险。

（四）汽车噪声参数

汽车噪声是指汽车行驶或怠速时产生的噪声。汽车噪声的大小是衡量汽车质量的一个重要指标。汽车的噪声源有多种，如发动机、变速器、驱动桥、传动轴、车厢、玻璃窗、轮胎、继电器、喇叭、音响等。最主要的噪声源有两个，一个是发动机，另一个是轮胎。

（五）汽车尾气参数

汽车有三个主要污染物排放源：排气管排出的尾气、曲轴箱的排放物、从燃油箱漏出的气体。其中尾气中一氧化碳（CO）、氮氧化合物（NO_x）、碳氢化合物（HC）三种有害成分已经成为各国严格限制的对象。

（六）其他参数

除了上述的性能参数外，还有很多经常用到的参数。

1. 最小离地间距

汽车的最小离地间距，就是在水平面上汽车底盘的最低点与地面的间距，通常单位为毫米（mm）。不同车型其离地间距也是不同的，离地间距越大，车辆的通过性就越好。所以通常越野车的离地间隙要比轿车大。

2. 最小转弯半径

最小转弯半径是指当转向盘转到极限位置，汽车以最低稳定车速转向行驶时，外侧转向轮的中心平面在支撑平面上滚过的轨迹圆半径。它在很大程度上表征了汽车能够通过狭窄弯曲地带或绕过不可越过的障碍物的能力。转弯半径越小，汽车的机动性能越好。

3. 接近角

接近角是指在汽车满载静止时，汽车前端突出点向前轮所引切线与地面的夹角，即水平面与切于前轮轮胎外缘（静载）的平面之间的最大夹角，通常单位为度（°）。前轴前面任何固定在车辆上的刚性部件不得在此平面的下方。

4. 离去角

离去角是指汽车满载静止时，自车身后端凸出点向后车轮引切线与路面之间的夹角，即是水平面与切于车辆最后车轮轮胎外缘（静载）的平面之间的最大夹角，通常单位为度（°）。位于最后车轮后面的任何固定在车辆上的刚性部件不得在此平面的下方。它表征了汽车离开障碍物（如小丘、沟洼地等）时，不发生碰撞的能力。离去角越大，则汽车的通过性越好。

5. 通过角

通过角是指汽车空载、静止时，分别通过前、后车轮外缘做切线交于车体下部较低部位所形成的夹角，通常单位为度（°）。

6. 轴距

从前轮中心点到后轮中心点之间的距离，也就是前轮轴与后轮轴之间的距离，称为轴距。较长的轴距可以使汽车获得较好的直线行驶稳定性，而短轴距则提供更好的灵活性。对于车内空间来说，轴距代表前轮与后轮之间的距离，轴距越长，车内纵向空间就越大，膝部及脚部空间也因此而较宽敞。后轮驱动车因发动机纵向排列的关系，为了达到相同的车内空间，通常轴距会较同级前轮驱动车来得长。

7. 轮距

左、右车轮中心的距离。较宽的轮距有助于横向的稳定性与较佳的操纵性能。轮距和轴距搭配之后，即显示四个车轮着地的位置；车轮着地位置越宽大的车型，其行驶的稳定性越好，因此越野车辆的轮距都比一般车型要宽。

三、车辆识别代码

（一）车辆识别代码（VIN）的组成

目前生产的汽车绝大多都使用了车辆识别代码（Vehicle Identification Number，VIN），它由17位字符组成，俗称17位码。17位码可以根据其各自代表的含义划分成三个部分，分别是世界制造厂识别代号（WMI）、车辆说明部分（VDS）和车辆指示部分（VIS），如图

1-13 所示。

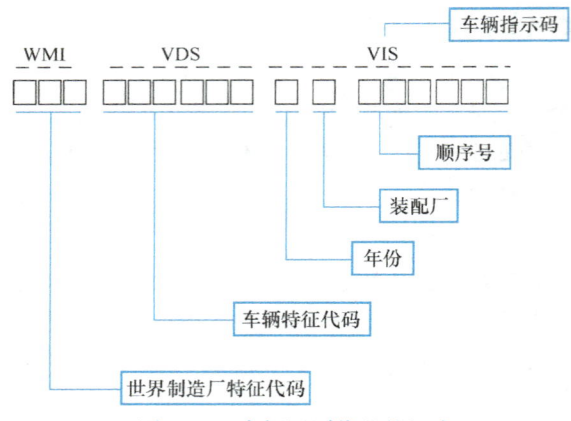

图 1-13　车辆识别代码的组成

1. 世界制造厂识别代号（WMI）

用三位字符标示车辆的制造厂。国内常见汽车制造厂家的 WMI 编号为：上海大众（LSV）、一汽大众（LFV）、神龙富康（LDC）、广州本田（LHG）、上海通用（LSG）。如图 1-14 所示。

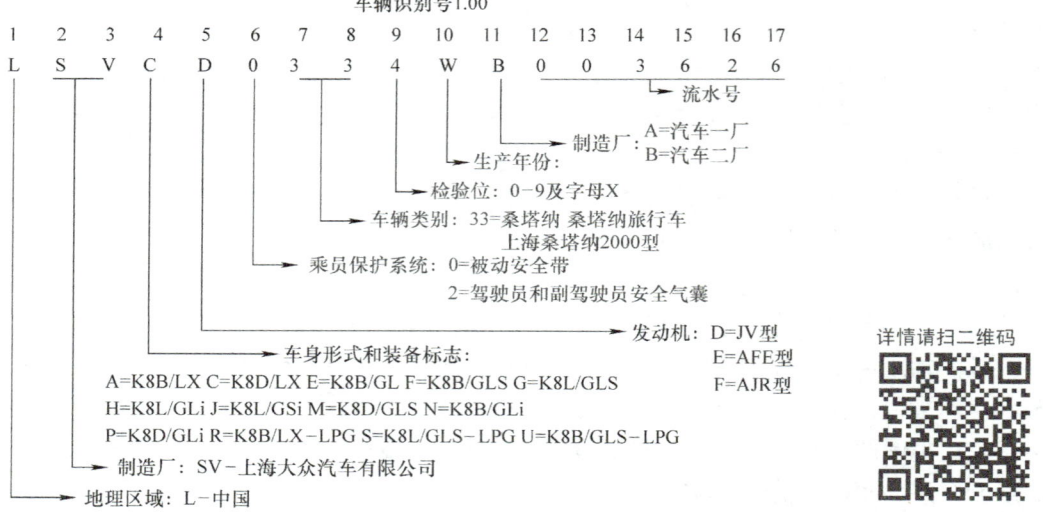

图 1-14　国内车辆识别代码

2. 车辆说明部分（VDS）

由六位字符组成，说明车辆的一般特性，如车型、系列、车身、发动机类型、检验位等。

3. 车辆指示部分（VIS）

由车辆识别代码（VIN）的后八位字符组成，是车辆制造厂为区别不同车辆而指定的一组八位字码，它包括出产年份、装配厂和产品顺序号等，这组字码与 VDS 连在一起足可以保证每个车辆制造厂在 30 年之内生产每辆车的 VIN 具有唯一性，决不重复。

（二）车辆识别代码（VIN）的位置

各国规定的位置不同，美国规定识别代号编码应安装在仪表板左侧，在车外透过风窗玻璃可以清楚地看到而便于检查；欧盟规定识别代号编码应安装在汽车右侧的底盘车架上或标在厂家铭牌上。为防止车辆盗窃后的拆件交易,美国还规定轿车、轻型货车的主要零部件(如发动机、变速器、保险杠、翼子板等)上必须标记 VIN,如图 1-15 所示。

我国规定:9 人座及以下的车辆和最大总质量小于或等于 3.5 t 的载货汽车的车辆识别代码应位于仪表板上,在白天日光照射下,观察者不需移动车辆的任一部件从车外即可分辨出车辆识别代码。另外,每辆车的车辆识别代码应标在车辆部件上(玻璃除外),该部件除修理以外是不可拆的。

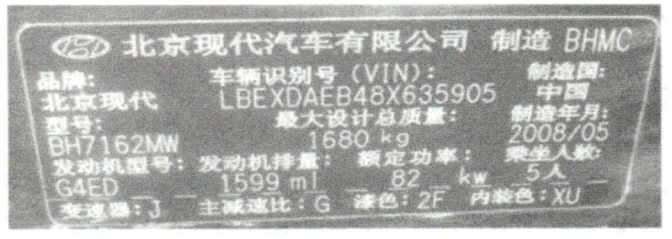

图 1-15　车辆识别代码 VIN 的位置

第二节　汽车维护与维修

汽车维护制度及常见汽车维修作业项目是汽车维修业务接待员必须具备的专业知识,汽车维修业务接待员还应能使用一些常用的维修设备,并对各维修项目所耗工时及收费标准有一定的了解。

一、汽车维护制度

随着汽车技术和质量水平的提高,汽车维护的重要性越发突出。汽车通过有效的维护使汽车修理工作量逐渐减少,维护的工作总量已大于修理量。汽车维修的重点已转移到维护工作上,维护已重于修理。

(一) 实行汽车维护的重要性

汽车作为机械产品,随着其运行里程的增加,技术指标会不断变差,只有通过维护,才能保持车辆的技术性能、安全性能、经济性能处于一个较好的状态。在二级维护制度中,汽车维护的指导原则是"预防为主、定期检测、强制维护",即二级维护前通过检测,准确地判定故障部位,进行技术评定,有针对性地进行总成修理。它是状态检测下的维修制度。

二级维护制度的理论基础是零件的磨损规律加上可靠性工程和数理统计理论。也就是说,二级维护制度不仅考虑了磨损零件的情况,而且考虑到一些老化、变质、变形、蚀损等问题,即全面考虑了汽车在使用过程中的变化情况。这样,实施汽车二级维护制度对延长汽

车的使用寿命、保证汽车安全性、降低排放污染、提高经济效益具有巨大作用。因此，我国政府针对运输企业的运营车辆实行强制性的二级维护制度，由交通运输管理部门负责监督执行。实行"预防为主、定期检测、强制维护"的重要性主要体现在以下一些方面：

1. 汽车构成比例变化和汽车技术发展的要求

当今世界汽车技术日新月异，新结构层出不穷，特别是电子技术等在汽车上的广泛采用，使汽车维修行业面临着不断变化和发展的新形势。我国在用汽车已普遍采用电控燃油喷射系统、防抱死制动系统、自动变速系统、电控悬架装置等先进技术和设备。为适应这些现代车辆维修的需要，迫切要求与现代车辆维修相适应的检测设备和技术，也迫切需要与现代车辆维修相适应的汽车维护、检测、诊断技术规范。

2. 保护大气环境的要求

我国汽车排放控制的核心是在用汽车的排放控制。新汽车在转化为在用汽车之前，可以通过严格的法律法规和具体的行政手段，使其排放指标得到有效的控制。汽车随着车况变化，排放污染将逐渐加剧。因此，对汽车排放污染的控制，主要是控制在用汽车的排放。通过对在用汽车进行检查，确定其技术状况，特别是确定排放污染严重的原因后，有的放矢地采取维护措施，最大限度地降低排放污染物。我国 GB/T 18344—2001《汽车维护、检测、诊断技术规范》通过不解体检测诊断，确定附加作业项目，进行强制维护，从而保证车辆技术状况，对治理汽车排放污染有一定成效。

3. 与国际接轨的要求

我国已加入世界贸易组织（WTO），进口汽车大量涌入，汽车维修市场势必更加开放，必须加快技术法规建设的步伐，这是培养和发展统一、开放、可控、自主、有序的汽车维修市场的根本保障。我国汽车维修行业投身到国际汽车维修市场中去，是世界经济一体化和贸易全球化的必然趋势，因此我国的汽车维护和修理必须与国际接轨，汽车维修标准也必须与国际接轨。

（二）汽车维护的原则

根据交通部的《汽车运输业车辆技术管理规定》，汽车维护应贯彻"预防为主、定期检测、强制维护"的原则，即汽车维护必须遵照交通运输管理部门规定的行驶间隔里程或间隔时间，按期强制执行，不得拖延，并在维护作业中遵循汽车维护分级和作业范围的有关规定，保证维护质量。

汽车维护是预防性的。保持车容整洁，及时消除发现的故障和隐患，防止汽车早期损坏是汽车维护的基本要求。汽车维护的各项作业是有计划的、定期执行的，其内容是依照汽车技术状况变化规律来安排的，并做在汽车技术状况变坏之前。

定期检测是指汽车在进行二级维护前必须用检验、测试仪器或设备对汽车的主要使用性能和技术状况进行检测诊断，以了解和掌握汽车的技术状况和磨损程度，并做出技术评定，根据结果确定该车的附加作业或小修项目，结合二级维护一并进行。

强制维护是在计划预防维护的基础上进行状态检测的维护制度。汽车的维护工作必须遵照交通运输管理部门或汽车使用说明书规定的行驶间隔里程或间隔时间，按期执行，不得任意拖延。坚持"预防为主、定期检测、强制维护"的原则，做好汽车维护工作并按照 GB/T 18344—2001《汽车维护、检测、诊断技术规范》的要求定期进行，是有效地保持汽车良好技术性能的唯一途径。

(三) 汽车维护的分级

在汽车的使用过程中，由于汽车的新旧程度、使用地区条件的不同，在各个时期对汽车维护作业项目也不同。根据《汽车维护、检测、诊断技术规范》的有关规定，汽车维护分为日常维护、一级维护和二级维护三种级别。维护作业以清洁、检查、补给、润滑、紧固和调整为主，维护范围随着行驶里程的增加逐步扩大，内容逐步加深。

1. 日常维护。驾驶人为保持汽车正常工作状况而进行的经常性工作，其作业的中心内容是清洁、补给和安全检视。日常维护通常是在每日出车前、行车中和收车后进行的车辆维护作业。

2. 一级维护。对经过较长里程运行后的汽车，由维修人员对汽车安全部件进行的检视维护作业。其作业中心内容除日常维护作业外，以清洁、润滑、紧固为主，并检查有关制动、操纵、灯光、信号等安全部件。

3. 二级维护。由取得资质并由当地运输管理机构授权的维修企业负责执行，汽车维护作业的中心内容除一级维护作业外，以检查、调整、润滑为主，并拆检轮胎，进行轮胎换位。这是汽车经过更长里程运行后，必须对车况进行较全面的检查、调整，以维持其良好的技术状况和使用性能，确保汽车的安全性、动力性和经济性等达到使用要求。

根据汽车有关强制维护管理方面的规定，在汽车维护作业中除主要总成发生故障必须解体外不得对其他总成进行解体。为减少重复作业，季节性维护和维护间隔较长的项目（超出一、二级维护项目以外的维护内容），可结合一、二级维护同时进行。在汽车二级维护前应进行检测诊断和技术评定，根据结果确定附加作业或小修项目，结合二级维护一并执行。

(四) 各级维护周期

汽车日常维护通常是在每日出车前、行车中和收车后进行。汽车一级和二级维护周期的确定，一般根据车辆使用说明书的有关规定，或是依据汽车使用条件的不同，由省级交通行政主管部门规定汽车的行驶里程。对于不便用行驶里程统计、考核的汽车，可用行驶间隔时间确定汽车一、二级维护周期。其间隔时间（天）应依据本地区汽车使用强度和条件的不同，参照汽车一、二级维护里程周期，由各地自行规定。例如，广西规定的二级维护间隔为：9 座以下运营客车每 3 个月进行一次；中型以上运营客车每 6 个月进行一次；运营货车每 6 个月进行一次。

由于进口车型或合资生产汽车的维护规定与我国汽车强制维护规定的内容不同，为保证汽车的合理使用，在汽车实际维护工作中应以厂家规定内容为主，并结合我国各级维护规范进行。虽然各车型产品对汽车强制维护周期的长短要求不一，但从作业的深度来看，都基本上大同小异。

(五) 汽车维护的主要内容

汽车维护的主要工作内容有清洁、检查、补给、润滑、紧固和调整等。

(1) 清洁工作。清洁工作是提高汽车维护质量、防止机件腐蚀、减轻零部件磨损和降低燃油消耗的基础，并为检查、补给、润滑、紧固和调整工作做好准备。其工作内容主要包括对空气滤清器滤芯的清洁及汽车外表、内饰的清洁、养护；对有关总成件外部的清洁作业。

(2) 检查工作。检查工作是汽车维护的重要工作之一，通过对汽车的检查，确定零部件的变形、磨损和损坏情况。其工作内容主要是检查汽车各总成和机件是否齐全，连接是否紧固，是否有漏水、漏油、漏电和漏气等现象；利用汽车上的指示仪表、警报装置等随车诊断装置，

检查各总成的技术状况，对影响汽车安全行驶的转向、制动、灯光等工作情况应加强检查。

（3）补给工作。补给工作是指在汽车维护中，对汽车的润滑油、冷却液、制冷液、制冷剂等进行加注补充，对蓄电池进行补充充电，对轮胎进行换位、补气等作业。

（4）润滑工作。润滑工作是为了减少有关摩擦副的摩擦力，以减轻机件磨损的维护作业。其工作内容包括按照汽车的润滑图表规定的部位和周期，用规定牌号的润滑油和润滑脂对发动机、变速器、转向器、驱动桥等处进行润滑。

（5）紧固工作。紧固工作是为了使各部机件连接可靠，防止机件松动的维护作业。汽车在运行中由于振动、颠簸、热胀冷缩等原因，会改变零部件的紧固程度，以致零部件失去连接的可靠性。紧固工作的重点应放在负荷重且经常变化的各部机件的连接部位上，以及对各连接螺栓进行紧固和配换。

（6）调整工作。调整工作是保证各总成和机件长期正常工作的重要一环。调整工作的好坏，对减少机件磨损、保持汽车使用的经济性和可靠性有直接的影响。其工作内容主要是按技术要求恢复总成、机件的正常配合间隙及工作性能等作业。

二、汽车定期维护制度

（一）定期维护的适用范围

我国交通部于2005年颁布的《机动车维修管理规定》（又称7号令）中明确规定从事营运的汽车必须强制执行二级维护制度，这是保障运输秩序安全、有序地进行的强有力措施，运输业户必须遵照执行，否则，将会受到经济处罚，并吊销运营资格。非运营车辆中，绝大部分是乘用车、私家车，通常车辆运行条件（包括路况、载重、运行时间）较好，使用强度不是很大，一旦出现技术故障，造成的影响也不大（相对而言）。对这部分车辆，政府不做强制要求。因此，这类车辆只要遵照生产厂家规定的时间进行维护就可以了。

（二）定期维护的总体原则

汽车维护的主要工作内容有清洁、检查、补给、润滑、紧固和调整等，与汽车维护的主要内容基本相同。

（三）定期维护周期和作业范围

各汽车品牌规定的维护周期有所不同，通常分为 7500km、15000km、30000km、50000km 等。汽车的维护作业项目，一般都是按汽车行驶的千米数或汽车距上次维护时间间隔作为参考依据的，哪一种情况先满足就以哪一种情况为参考进行维护。表1-1～表1-4列举了部分汽车的定期维护周期及作业范围。

表1-1 朗逸维护周期表

项目维护里程/km	首保7500	每7500	每15000	每22500	每30000	每37500	每45000	每52500	每60000
更换润滑油	●	●	●	●	●	●	●	●	●
更换机油滤清器	●	●	●	●	●	●	●	●	●
更换空气滤清器			●		●		●		●
更换燃油滤清器					●				●
更换火花塞					●				●
清洗油路					●				●

模块一　汽车维修业务接待员应具备的汽车专业知识

表1-2　科鲁兹维护周期表

项目维护里程/km	首保5000	每5000	每10000	每15000	每20000	每25000	每30000	每35000	每40000
更换润滑油	●	●	●	●	●	●	●	●	●
更换机油滤清器	●	●	●	●	●	●	●	●	●
更换空气滤清器									●
更换空调滤清器					●				●
更换燃油滤清器					●				●
更换火花塞	60000km首次维护，以后每60000km维护一次									
更换变速器油　手动	暂无维护周期数据									
更换变速器油　手自一体	160000km首次维护，以后每160000km维护一次									
更换冷却液	240000km首次维护，以后每240000km维护一次									
更换制动液							●		
更换发动机正时套件	150000km首次维护，以后每150000km维护一次									
更换离合器油							●		

表1-3　宝来维护周期表

项目维护里程/km	首保7500	每15000	每30000	每45000	每60000	每75000	每90000	每105000	每120000
更换空气滤清器			●		●		●		●
更换燃油滤清器			●		●		●		●
更换火花塞			●		●		●		●
更换变速器油					●				●
更换制动液	24个月首次维护，以后每24个月维护一次									
更换发动机正时套件	80000km首次维护，以后每80000km维护一次									

表1-4　悦动维护周期表

项目维护里程/km	首保5000	每5000	每10000	每15000	每20000	每25000	每30000	每35000	每40000
更换润滑油	●	●	●	●	●	●	●	●	●
更换机油滤清器	●	●	●	●	●	●	●	●	●
更换空气滤清器				●			●		
更换空调滤清器				●			●		
更换燃油滤清器	45000km或36个月首次维护，以后每45000km或36个月维护一次									
更换火花塞	100000km首次维护，以后每100000km维护一次									
更换变速器油　手动	100000km首次维护，以后每100000km维护一次									
更换变速器油　自动									●
更换冷却液	48000km或24个月首次维护，以后每40000km或24个月维护一次									
更换制动液									●
更换发动机正时件	90000km或72个月首次维护，以后每90000km或72个月维护一次									
更换炭罐									●
轮胎换位			●		●		●		●
更换离合器油									●

三、汽车常见维修维护项目及工时费用标准

汽车维修收费实行国家指导价管理。维修企业可以在《汽车维修行业工时定额和收费

标准》规定的收费项目、收费标准和浮动幅度范围内自主确定具体标准，按规定报当地交通、物价部门备案后执行，并在醒目处挂牌公布。以下是某企业乘用车的维修维护部分项目工时费用（数据仅供参考，请以汽车维修企业明码标价为准）。其中表1-5为乘用车小修项目工时费用标准；表1-6为乘用车大修项目工时费用标准；表1-7为定期维护项目工时费用标准。

（一）乘用车小修项目工时费用标准

表1-5 乘用车小修项目工时费用标准

项目编号	项目名称	维修工时费/元	质保期
1	更换蓄电池	30.00	(1个月/3000km)
2	更换电子扇	60.00	(1个月/3000km)
3	更换发电机传动带	30.00	(1个月/3000km)
4	更换高压线（套）	60.00	(1个月/3000km)
5	更换火花塞（套）	60.00	(1个月/3000km)
6	更换节温器	30.00	(1个月/3000km)
7	更换起动机	90.00	(1个月/3000km)
8	更换气门室盖垫	60.00	(1个月/3000km)
9	更换汽油泵	180.00	(1个月/3000km)
10	更换水泵	120.00	(1个月/3000km)
11	更换上下水管（条）	30.00	(1个月/3000km)
12	更换正时带	150.00	(1个月/3000km)
13	清洗急速阀	60.00	(1个月/3000km)
14	清洗节气门体	120.00	(1个月/3000km)
15	清洗喷油器（免拆/拆洗）	180.00	(1个月/3000km)
16	清洗散热器	200.00	(1个月/3000km)
17	更换机油泵	180.00	(1个月/3000km)
18	换气缸垫	270.00	(1个月/3000km)
19	换点火线圈	60.00	(1个月/3000km)
20	换活塞环	600.00	(1个月/3000km)
21	更换ABS泵	120.00	(1个月/3000km)
22	换前制动分泵（一轮）	90.00	(1个月/3000km)
23	换后制动分泵（一轮）	90.00	(1个月/3000km)
24	更换制动真空助力泵	210.00	(1个月/3000km)
25	更换半轴防尘套（球笼）	120.00	(1个月/3000km)
26	更换后减振器	60.00	(1个月/3000km)
27	更换后制动片	90.00	(1个月/3000km)
28	更换轮胎（条）	30.00	(1个月/3000km)
29	更换前减振器	60.00	(1个月/3000km)
30	更换前制动盘片	150.00	(1个月/3000km)
31	更换前制动片	120.00	(1个月/3000km)
32	更换下臂	90.00	(1个月/3000km)
33	更换下臂球头	90.00	(1个月/3000km)
34	更换转向横拉杆	120.00	(1个月/3000km)

(续)

项目编号	项目名称	维修工时费/元	质保期
35	更换转向助力泵	120.00	(1个月/3000km)
36	调助车制动	30.00	(1个月/3000km)
37	轮胎动平衡	40.00	(1个月/3000km)
38	轮胎换位(全车)	40.00	(1个月/3000km)
39	四轮定位	200.00	(1个月/3000km)
40	修离合器换片	210.00	(1个月/3000km)
41	换离合器总泵及碗	90.00	(1个月/3000km)
42	换离合器分泵及碗	60.00	(1个月/3000km)
43	换变速器后油封	180.00	(1个月/3000km)
44	换后半轴	120.00	(1个月/3000km)
45	换后轮轴承及油封	120.00	(1个月/3000km)
46	修传动轴、换万向节	120.00	(1个月/3000km)
47	换制动总泵皮碗	120.00	(1个月/3000km)
48	换制动分泵皮碗	90.00	(1个月/3000km)
49	更换A/C开关	30.00	(1个月/3000km)
50	更换前照灯(总成)	60.00	(1个月/3000km)
51	更换前照灯开关	60.00	(1个月/3000km)
52	更换喇叭	30.00	(1个月/3000km)
53	更换尾灯(总成)	60.00	(1个月/3000km)
54	更换雾灯(前)	30.00	(1个月/3000km)
55	更换仪表灯泡	150.00	(1个月/3000km)
56	修发电机总成	120.00	(1个月/3000km)
57	修天线(电动)	80.00	(1个月/3000km)
58	修刮水器	120.00	(1个月/3000km)
59	检修全车线路	240.00	(1个月/3000km)
60	换示宽灯总成	30.00	(1个月/3000km)
61	修制动灯	30.00	(1个月/3000km)
62	修换润滑油冷却液温度感应器	30.00	(1个月/3000km)
63	换汽油表浮子	150.00	(1个月/3000km)
64	修换前保险杠	120.00	(1个月/3000km)
65	修换后保险杠	120.00	(1个月/3000km)
66	修风窗漏水	120.00	(1个月/3000km)
67	换前风窗玻璃	120.00	(1个月/3000km)
68	配门把	60.00	(1个月/3000km)
69	修玻璃升降器	90.00	(1个月/3000km)
70	修散热器	200.00	(1个月/3000km)
71	更换三元催化转化器	60.00	(1个月/3000km)
72	后保险杠喷漆	300.00	(1个月/3000km)
73	前保险杠喷漆	360.00	(1个月/3000km)
74	发动机舱盖喷漆	500.00	(1个月/3000km)
75	单门喷漆	420.00	(1个月/3000km)
76	前单边叶子板喷漆	300.00	(1个月/3000km)

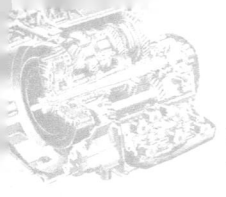

（二）乘用车大修项目工时费用标准

表1-6　乘用车大修项目工时费用标准

项目编号	项目名称	维修工时费/元	质保期
1	发动机大修	2400.00	(6个月/3万km)
2	离合器大修	360.00	(6个月/3万km)
3	变速器大修（手动）	420.00	(6个月/3万km)
4	后桥总成大修	460.00	(6个月/3万km)
5	前桥总成大修	460.00	(6个月/3万km)
6	制动系统大修	320.00	(6个月/3万km)
7	转向系统大修	360.00	(6个月/3万km)
8	全车喷漆	4200.00	(12个月/4万km)
9	车身大修	2500.00	(12个月/4万km)
10	车架大修	2000.00	(12个月/4万km)

（三）定期维护项目工时费用标准

表1-7　定期维护项目工时费用标准

项目编号	项目名称	维修工时费/元	质保期
1	日常维护	90.00	(1个月/3000km)
2	一级维护	120.00	(1个月/3000km)
3	二级维护	360.00	(3个月/7500km)
4	抽空加氟（不含料费）	180.00	(1个月/3000km)
5	换空调滤芯	30.00	(1个月/3000km)
6	换润滑油，换三滤	60.00	(1个月/3000km)
7	换润滑油，机滤	40.00	(1个月/3000km)
8	换汽油滤芯	60.00	(1个月/3000km)
9	换冷冻液	30.00	(1个月/3000km)
10	冷却系统清洗维护	90.00	(1个月/3000km)
11	清空滤	30.00	(1个月/3000km)
12	清洗机油集滤器	90.00	(1个月/3000km)
13	润滑系统清洗维护	240.00	(1个月/3000km)
14	换变速器油	50.00	(1个月/3000km)
15	换自变器油	360.00	(1个月/3000km)
16	换差速器油	50.00	(1个月/3000km)
17	换分动器油	50.00	(1个月/3000km)
18	换制动液	120.00	(1个月/3000km)

【案例分析】某公司汽车管理制度

　　汽车及设备维修、检测必须贯彻"预防为主，强制维护"的原则。我国执行的汽车维护维修制度是建立在有计划地安排维修作业上的，以保持汽车技术状况的完好。它是具有预防性、定期性和强制性的一项技术保障措施，以保证汽车具有良好的工作性能，预防事故的发生和延长汽车使用寿命。随着高科技、新技术、新材料的发展及运用，汽车的使用性能、技术条件，以人为本的理念，在维护和维修上的概率远远小于此标准。下面是某汽车维修厂的汽车维修维护制度。

1. 目的

为加强本公司车辆管理，充分发挥车辆资源利用最大化效应，特制订本制度。

2. 适用范围

公司所有车辆。

3. 工作规定

（1）驾驶人必须服从公司的工作安排，如没有特殊安排，必须在驾驶人休息室内等候。

（2）车辆应停放在厂区指定车位待命。下班车辆返回以后，一律停放在指定位置。

（3）驾驶人必须严格遵守交通规则。若因违章被罚款，费用由驾驶人本人自理（特殊情况除外）。

（4）因驾驶人本人违章或操作不当造成车辆故障或损坏，损失在2000元以下的由驾驶人自付30%，损失在2000元以上的由驾驶人自付20%。

（5）驾驶人必须爱护车辆，并且利用平时在公司的空闲时间对车辆进行维护。

（6）车辆的附带资料，除行车执照、汽车钥匙、加油卡、保险卡由使用人携带之外，其余均由行政部保管并分别按车号设册登记管理档案。

（7）汽车钥匙由当值驾驶人保管，出车时驾驶人凭批准后的"出车申请单"交保安确认后方可放行。

（8）驾驶人需在年检日期到期前自行前往指定检测站受检。如因逾期未参加年检而遭罚款处分者，费用由驾驶人本人自理。

（9）车辆如需送厂维修，由驾驶人填写"维修申请单"，说明修理项目，经司机班班长证实，报行政部批准后方可送修；替换后受损零部件应带回公司复验作为当次维修费用报销相关依据。

（10）新驾驶人上岗前，由司机班班长负责培训。培训内容包括业务训练、车辆性能及车辆管理规章制度等；行车时速严格按照路标所规定的速度行驶。

（11）驾驶人全年未被违章罚款、未超出行车日志的里程数、未出交通事故的，给予安全奖励400元。

4. 行车规定

（1）出车申请。①申请程序：用车部门申请→部门主管审核→行政部批准→送单司机班班长。②需用车部门，应提前一天填妥"出车申请单"（紧急情况除外），经行政部批准后，统一派车，未填写"出车申请单"的，驾驶人有权拒绝出车；××市内用车由行政部批准即可；超出××市区外用车必须经总裁助理批准方可生效。③行政部将审批后的"出车申请单"统一交司机班班长处，再由司机班班长根据实际情况统筹安排派车，如出车时间有调整，须通知用车部门具体的出车时间。④约车人必须在出车前3min到一号岗等候，以便能准时出车。⑤派车原则：一人单独外出办事无特殊情况都不予派车，个人乘公交车出行，特殊情况须经总裁助理批准；坚持一车多用原则，同一方向不同目的地用车者同行，先近后远或先急后缓送达；外出（××以外地区）用车2日以上者不予派车。

（2）驾驶人每次行车返回后必须根据"出车申请单"的资料每日填报"行车日志"，并由约车人签名确认，"行车日志"作为油费、路桥费、餐费报销的依据，未填写"行车日志"则费用不予报销。

（3）司机班班长每周需对"行车日志"所载里程数与车辆里程表的实际里程做不定期

抽查。

（4）司机班班长需在每月 3 号之前提交上月"行车日志汇总表"到行政部，如所载里程数超出车辆里程表的实际里程视为驾驶人违规，对超出里程的汽油费应由驾驶人负责缴纳，并在当月工资中扣除；连续违规三次以上者予以辞退。

（5）保安值班人员如发现无"出车申请单"或出车人数与"出车申请单"不符，必须拒绝车辆外出，并将详细情况报行政部。

（6）用车人员应坚持当日返回原则，如有特殊情况，驾驶人应及时通知司机班班长。

（7）员工工伤或疾病，"出车申请单"可凭医院证明延后补签，驾驶人不得以任何理由拒绝或延误出车。

（8）未经行政部批准，禁止擅自将车辆借与他人驾驶，一经发现将处以当事驾驶人辞退处理，并处罚款 200 元。

（9）驾驶人在行车其间，未经许可不得擅自搭载与当次工作目的无关的人员或公车私用，一经发现处以当事驾驶人罚款 200 元/次处理，累计违规三次以上者处以辞退处理。

5. 肇事过失的处分

1）经本公司鉴定其应负肇事责任者按其肇事理赔次数，依下列规定予以过失处分。处分规定见表 1-8。

表 1-8　××公司汽车肇事处分规定

一次理赔总数	肇事处分				备注
	第一次	第二次	第三次	第四次	
1000 元以下	自付 4%	自付 8%	自付 20%	1 年以下除名	
1000～3000 元	自付 3%	自付 6%	2 年以下除名		
3000～5000 元	自付 2%	3 年以下除名			
5000 元以上	4 年以下除名				

2）肇事后经法院判决缓刑者，准予留用，经判决徒刑者，自判决之日起予以解雇，并令其赔偿肇事应付的金额。

3）肇事后畏罪潜逃者，除请司法机关缉办外，并即予解雇。

6. 加班时间的计算

1）平日临时加班（周一至周六）填写"加班申请单"交行政部汇总留存。

2）休息日加班：值班驾驶人以考勤记载时间为准，如跨越中餐或晚餐，则扣除 1h/次。

7. 本制度由行政部负责解释和修改，自颁布之日起生效施行。

四、汽车维修常用仪器和设备

汽车维修时使用的仪器、设备种类繁多，下面只介绍电控轿车维修常用的仪器、设备。

（一）汽车电控系统检测仪器和设备

汽车电控系统检测仪器主要有汽车故障诊断仪、数字万用表、示波器、感应正时灯、发动机综合分析仪等。

1. 汽车故障诊断仪

汽车故障诊断仪是检测汽车电控系统故障最有效的仪器，其中汽车生产厂家配套的专用故障诊断仪只向特约维修站提供，不向市场投放。目前国内市场主要有美国 OTC 测试仪、瑞典多功能汽车故障诊断仪（Multi - Tester plus）及国产品牌如修车王、电眼睛等几种。OTC 测试仪适用于美国、日本、韩国及大众系列各种电喷车型，可以读取及清除汽车电喷发动机系统（EFI）、制动防抱死系统（ABS）、安全气囊系统（SRS）及自动变速器（AT）等故障码，并可读取各传感器参数，是非常实用的一种仪器。瑞典多功能汽车故障诊断仪（Multi - Tester plus）适用于欧洲车型及国内引进欧洲技术生产的奥迪、桑塔纳、帕萨特、东风雪铁龙等电喷车型。其主要特点是故障定位准确，但价位稍高。国产汽车故障诊断仪功能和进口品牌大同小异，优点在于价格合理、中文显示，主要缺点是测试卡内车型资料更新慢，一般比进口品牌晚 1~2 年。

2. 数字万用表

数字万用表可用来检测电路系统的电流、电压、电阻、闭合角、频率、电容、电感及半导体元件等，用途非常广泛。与指针式万用表相比，其优点在于读数精确、功能多，更重要的是因其阻抗高，在测试过程中不易造成对电脑及传感器的损害。

3. 示波器

示波器可用来显示各种传感器及执行元件的输入、输出波形，通过波形的变化分析判断汽车电路故障。

4. 感应正时灯

感应正时灯可以帮助获得精确的点火正时，对汽车保持最佳动力性和经济性至关重要。

5. 发动机综合分析仪

发动机综合分析仪一般具有故障检测、波形显示、传感器工作状况测试等多种功能，可以打印测试结果。其主要缺点在于操作比较复杂，价格也比较昂贵。

（二）电喷燃油系统检测仪器和设备

电喷燃油系统检测仪器主要有燃油系统压力表和喷油嘴清洗测试试验台。

1. 燃油系统压力表

可用来检测燃油喷射系统工作是否正常（比如油路是否堵塞、油泵是否正常）。燃油系统压力表一般都配有多种接头以适应各种电喷类型，而汽车电喷系统的供油总管上大都有专用的油压检测口，用以和燃油系统压力表连接。

2. 喷油嘴清洗测试试验台

具有喷油嘴的清洗和测试功能。利用超声波清洗比较快速彻底，通过油流量、雾化、泄漏等方面的测试能迅速判断喷油器的好坏。国内市场上也有免拆清洗机，但其最大缺点是无法测试喷油器状况。许多车型电喷嘴比较昂贵（比如 LEXUS 车型每个喷油嘴在千元以上），盲目更换是不负责任的。目前国内市场上有美国 ASNU 及国产的喷油嘴清洗测试试验台，按缸数分有四、六、八缸几种。

（三）其他检测仪器和设备

1. 四轮定位仪

汽车四轮定位仪是用于检测汽车车轮定位参数，并与原厂设计参数进行对比，指导使用者对车轮定位参数进行相应调整，使其符合原设计要求，以达到理想的汽车行驶性能，即操纵轻便、行驶稳定可靠、减少轮胎偏磨损的精密测量仪器。四轮定位仪有前束尺和光学水准定位仪、拉线定位仪、CCD 定位仪、激光定位仪和 3D 影像定位仪等几种。其中 3D、CCD 和激光产品是目前市场上的三大主流产品，3D 产品是目前市场上最先进的四轮定位仪器，测量方式先进，测量时间仅为传统定位仪的五分之一，已渐渐进入成熟阶段。

2. 尾气排放检测设备

尾气分析仪是现代汽车重要的检测仪器之一。利用尾气分析仪对发动机在不同工况下尾气中不同成分气体含量的检测和分析，可作为一种辅助诊断手段。汽车尾气分析仪有两气、四气和五气等多种类型。

（1）两气尾气分析仪。两气尾气分析仪是用来测汽车尾气排放中 CO 和 HC 的体积分数的。目前国内所用的两气尾气分析仪大多都不具有自检泄漏的功能，因此采集数据的真实性很难保证。

（2）四气尾气分析仪。四气尾气分析仪具备两气尾气分析仪的所有功能，而且还能进行故障诊断和分析，它除了能测 CO 和 HC 外，还能测录 CO_2 和 O_2，发动机润滑油温度、转速等，以及计算过量空气系数和空燃比。所以四气尾气分析仪不仅可作为环保检测仪器使用，还可作为诊断工具。

（3）五气尾气分析仪。当 CO 和 HC 降低时，可能会引起尾气中的 NO_x 浓度升高，而且 NO_x 常常是在高温大负荷的情况下产生的，而五气尾气分析仪就能监测 NO_x 的浓度。

3. 制动性能检测设备

汽车制动性能的好坏是维修人员和顾客都很关注的问题。根据国家标准 GB 7258—2012《机动车运行安全技术条件》的规定，机动车可以用制动距离、制动减速度和制动力检测制动性能。检测设备有五轮仪、制动减速度仪和制动试验台。

制动性能检测分台试法和路试法两种。用五轮仪和制动减速度仪检测汽车制动性能时，需在道路试验中进行，称为路试法。台试法使用制动试验台进行检测。与路试法相比，台试法具有迅速、准确、经济、安全，不受自然条件的限制，以及试验重复性好和能定量地指示出各车轮的制动力等优点，因而在国内外获得了广泛应用。

目前我国机动车安全技术性能检测机构配备的制动性能台试检测设备多为滚筒、反力式制动检验台、平板式制动检验台，路试检测设备多为便携式制动性能测试。

4. 前照灯灯光检测仪

机动车前照灯的检测是机动车安全检测的重要项目。前照灯检测仪按其结构特征和测量方法可分为聚光式、屏幕式、投影式和自动追踪光轴式等几种类型。这些不同类型的前照灯检测仪均由接受前照灯光束的受光器、使受光器与汽车前照灯对正的校准装置、前照灯发光强度指示装置、光轴偏斜方向和偏斜量指示装置以及支柱、底板、导轨、车辆摆正找准装置等组成。

五、汽车竣工检验

（一）汽车维修维护竣工出厂检验制度

汽车维修与维护竣工出厂一般都实行"三级检验制度"。

1. 自检

（1）班组或个人在修车过程中严格按修理标准检查修理部位的技术状态，磨损程度超过极限范围的零件应予以修复或更换，并正确安装、调整修理部位。

(2) 修理完工后要全面自检：经修部位是否正常工作，各种间隙大小、螺母松紧、密封条外表、线条等是否符合修理标准，是否按排工单指令施工。

2. 车间检验

(1) 车间主管接到班组或个人的完工车辆后，必须根据修理项目按完工标准进行技术状态检验，并进行路试。不符合标准的车辆应立即转回主修小组处理，主修小组或个人必须第一时间返修。

(2) 负责质量的车间主管保证每辆车的修理质量符合完工标准。对转回主修的返修车辆有处理权，以控制质量。

(3) 修理两个或两个以上项目的车辆，检验合格后交下一工序的车间，有关联的下道工序必须对上一道工序进行检验和验收。上一道工序要把下一道工序当作客户，正确处理好交接手续。

(4) 在交接验收过程中，对不符合完工标准的车辆，应立即指出，并退还给上道工序部门。上道工序部门要立即处理。发生争议时应交由质检部裁决。凡提交质检部裁决的车辆应作返工处理，质检部必须列表上报，并督促车间立即返工。

3. 质检部检测

(1) 质检部控制各车间完工车辆的修理质量，根据派工单的指令、完工标准对所有完工车辆进行技术性能检验。

(2) 出厂前的返工车辆要列表上报，并开出返工单责令主修工立即返工。

(3) 对出厂返回的修理车辆进行分析、检验、裁定责任，如属返工的则开出返工单责令主修组立即返工，并列表上报。

(二) 汽车整车出厂检验表

1. 整车大修

汽车完成委托作业项目后，需要进行出厂检验，此项工作由总检员负责，并填写相应的检验表格，作为是否可以出厂的依据。表格内容见表1-9。

表1-9 汽车整车大修出厂检验表

托修单位： 送检时间： 年 月 日

车牌号码		车型		发动机号码		车架号/VIN	
序号	检验项目		检验结果	序号	检验项目		检验结果
1	一般技术要求			1.3	保险杠、翼子板		
1.1	驾驶室总成 客车车厢			1.4 △	驾驶室、货箱、车厢		
1.2	涂漆质量			1.5	总成、零部件及附属装备		
1.2.1△	喷（烤）漆			1.5.1	总成		
1.2.1.1	漆外观			1.5.2	零部件		
1.2.1.2	漆硬度			1.5.3	附属装备		
1.2.2	刷漆			1.6	座椅		

(续)

车牌号码		车型		发动机号码		车架号/VIN	
序号	检验项目		检验结果	序号	检验项目		检验结果
1.7	门窗及玻璃			2.1.1	底盘输出功率		
1.7.1	门窗			2.1.2	加速时间		
1.7.2	玻璃			2.1.2.1	台试		
1.8	离合器、制动踏板、驻车制动拉杆			2.1.2.2	路试		
1.8.1	离合器踏板自由行程			2.2	经济性		
1.8.2	制动踏板自由行程			2.2.1	台试		
1.8.3	驻车制动拉杆			2.2.2	路试		
1.9	轮胎			2.3	滑行性能		
1.9.1	胎压			2.3.1	滑行距离		
1.9.2	轮胎规格型号及花纹			2.3.1.1	台试		
1.10	车轮			2.3.1.2	路试		
1.10.1★	车轮圆跳动量			2.3.2	滑行阻力		
1.10.2	车轮动不平衡量			2.4	转向操纵性		
1.11	转向机构			2.4.1★	侧滑量		
1.12	电气设备及仪表			2.4.2★	车轮定位		
1.12.1	照明及信号			2.4.3	转弯直径		
1.12.2	仪表			2.4.4	转向盘操纵力		
1.12.3	导线			2.5★	制动性能		
1.12.4	漏电			2.5.1★	行车制动性能		
1.13	整车装备			2.5.1.1	路试		
1.14	润滑			2.5.1.2	台试		
1.14.1	装置（油嘴）			2.5.2★	驻车制动性能		
1.14.2	油（脂）规格及添加量			2.5.2.1	路试		
1.15	轴距			2.5.2.2	台试		
1.16	紧固件			2.6★	前照灯		
1.16.1	关键紧固件			2.6.1	近光灯		
1.16.2	一般紧固件			2.6.1.1	光轴位置		
1.17	铆接与焊接			2.6.1.2	发光强度		
1.17.1	铆接件			2.6.2	远光灯		
1.17.2	焊缝			2.6.2.1	光轴位置		
				2.6.2.2	发光强度		
2	主要性能要求			2.7	车速表		
2.1★	动力性			2.7.1	车速表波动		

（续）

车牌号码		车型		发动机号码		车架号/VIN		
序号	检验项目		检验结果	序号	检验项目			检验结果
2.7.2★	车速表指示误差			3	发动机运转			
2.8	排放、噪声			3.1★	起动性能			
2.8.1★	汽油车怠速污染物排放			3.2★	发动机怠速运转			
2.8.2★	柴油车尾气排放			3.3★	发动机运转性能			
2.8.3	噪声			3.4★	润滑油压力			
2.8.3.1	车内噪声							
2.8.3.2	车外噪声			4	传动机构工作状况			
2.8.3.3	喇叭声级			4.1	离合器			
2.9△	密封性			4.2	变速器			
2.9.1△	防雨密封性			4.3	传动轴及中间轴承			
2.9.2△	防尘密封性			4.4	差速器及减速器			
竣工检验意见					质量总检验员签字			

注：1. 本表一式三份，承修方、托修方、车辆维修管理部门各一份。
  2. 本表使用要求：
   1）带★号项目为关键项。
   2）带△号项目，轿车为关键项，货车为一般项。
   3）检验方法：路试、台试选其一。
   4）检验结果：合格打√，不合格打×。
   5）检测项目以检测报告为准，检测报告附于该表后作为竣工出厂的检验依据。

2. 二级维护

汽车经二级维护作业合格，必须填写竣工检验表，表格内容见表1-10。

表1-10 汽车二级维护竣工检验表

托修方：
车牌号： 进厂日期： 年 月 日 竣工出厂合格证号：

序号	检验项目	技术要求	检验结果
一、人工检查			
1	清洁	汽车外部、各总成外部、三滤应清洁无油污	
2	紧固	各总成外部紧固螺栓、螺母按规定力矩拧紧，各锁销垫可靠	
3	润滑	1）发动机、变速器、转向器、驱动桥润滑油适量，各通气塞、孔畅通 2）各润滑点油脂加注有效、油嘴齐全、安装位置正确	

（续）

序号	检验项目	技术要求	检验结果
一、人工检查			
4	离合器	踏板力合适，踏板自由行程符合原厂规定	
5	转向系统	1）转向盘最大自由转动量符合 GB 7258—2012《机动车运行安全技术条件》中 6.4 的规定（最高设计车速大于 100km/h 者≤15°，三轮汽车≤35°，其他机动车≤25°） 2）横、直拉杆球销不松旷，各部螺栓、螺母紧固、锁止可靠 3）前束符合原厂规定	
6	灯光、仪表、信号	稳固、齐全、有效	
7	轮胎	轮胎磨损、胎压符合规定	
8	密封	各部油、水、气密封良好，不漏电	
9	其他	刮水器工作有效，车门开闭灵活、锁止有效	
二、路试			
1	发动机动力及异响	发动机功率大于额定值的 80%，运转平稳，加速圆滑，无"回火、放炮"现象，润滑油压力正常，无异响（允许有轻微的气门脚响）	
2	离合器	接合平稳、分离彻底，无打滑、振抖、异响现象	
3	传动系统	变速器、差速器、传动轴各部无异响，变速器操纵机构灵活有效、不松旷	
4	转向系统	转向机构操作轻便灵活、无摆振	
5	制动、滑行性能	1）整车制动性能符合 GB7258—2012《机动车运行安全技术条件》中 7.10 的规定 2）驻车制动性能符合 GB7258—2012《机动车运行安全技术条件》中 7.11.2 的规定 3）轮毂不松旷，制动鼓不过热，以 30km/h 初速在平直光滑路面滑行距离 >200m	
三、仪器检测（上检测线）			
1	废气排放	汽油车：CO，HC 含量≤GB18565—2001 中 9.1.1 规定 柴油车：烟度排放≤GB18565—2001 中 9.1.2 规定	
2	车轮动平衡	符合 GB7258—2012 中 9.2 要求	
3	前轮定位参数	符合 GB18565—2001 中 7.4 要求（原厂要求）	
4	综合性能	上线检测，各项性能符合相关技术要求（附检测报告）	

检验结论	结论： 承修单位（盖章）：	总质量检验员（签字）： 托修方接车人（签字）： 出厂日期　　年　月　日

注：1. 本表一式三份，承修方、托修方、车辆维修管理部门各一份。
　　2. 本表使用要求：检验方法可依维修企业实际情况选择；所有检测项目必须正确填写检验检测结果；对检验技术要求"符合有关标准规定"的，必须查询出具体规定的参数，作为合格与否的评判依据。

第三节　常见汽车故障及诊断

对于从事汽车行业的人员，尤其是从事汽车维修、汽车维修接待职业的相关人员，必须要对汽车的常见故障类型有所了解，并能通过熟练的汽车故障诊断方法找出汽车常见故障的成因。

一、常见汽车故障的现象与成因

（一）汽车技术状态

1. 汽车技术状态的定义

汽车技术状态是表征汽车某一时刻外观和性能参数值的总和。汽车技术状况的好坏一般用汽车使用性能指标、汽车装备的完善程度以及车辆外部完好状况来进行综合评价。

2. 汽车技术状况分类

汽车技术状况分为完好、不良和极限三种状况。

（1）完好技术状况。完好技术状况是汽车完全符合技术文件规定要求的状况，包括使用性能、配合间隙、外观（动静态）、排放、油耗、功率等化学物理量。

（2）不良技术状况。不良技术状况是汽车不符合技术文件规定的任一要求的技术状况。

（3）极限技术状况。极限技术状况是汽车的技术状况参数达到了技术文件规定的极限值的技术状况。

（二）技术状态发生变化的外观特征

1. 动力变差

在用汽车固有动力性在使用过程中不是恒定不变的，而是随着运行过程中部件、零件的磨损、老化等逐渐衰退变差，直至跑不动，丧失工作能力。这样动力性衰退便是汽车技术状况变差的征兆。

2. 油耗变大

发动机油耗变大主要原因有：发动机内积炭过多、车辆氧传感器损坏、"三滤（空气滤清器、燃油滤清器、机油滤清器）"长时间未换、发动机某控制单元有问题等。

3. 制动性能变坏

制动性能变坏主要是指汽车制动力不足、制动距离偏长、制动时的减速度过小等情况。

4. 排放超标

排放超标是指汽车排放物超过国家对人为污染源排入环境的污染物的浓度或总量所做的限量规定。

5. 空调变差

空调变差主要是指汽车空调的制冷效果不明显或是没有制冷效果等情况。

（三）汽车故障

1. 汽车产生故障的原因

汽车产生故障的原因主要包括以下几个方面：汽车生产设计制造缺陷、汽车使用不当、汽车维护不当、汽车零件失效、汽车维修不当、汽车自然老化等。

2. 汽车故障分类

（1）间歇性故障与永久性故障。间歇性故障就是有时发生、有时消失的故障。永久性故障是故障出现后，如果不经人工排除，它将一直存在。

（2）急剧性故障与渐变性故障。急剧性故障是故障一经发生后，工作状况急剧恶化，不停机修理汽车就不能正常运行。渐变性故障发展较缓慢，故障出现后一般可以继续行驶一段时间后再修理。

（3）整体故障与局部故障。整体故障是指发生在局部能引起整体性能变坏的故障，如发电机不发电、燃油泵性能下降等。局部故障是指怠速、点火角度、冷却液温度等方面出现的故障。

（4）一般故障、严重故障与致命故障。一般故障使汽车性能下降，但不至于引起总成严重损坏。严重故障指重要部件严重损坏，汽车不能行驶。致命故障能引起车毁人亡事故，如飞车、连杆螺栓断裂、轮胎螺栓断裂、高速爆胎、制动油管破裂等。

3. 汽车故障现象

汽车故障现象主要包括以下几个方面。

（1）工作异常。汽车工作异常主要表现在发动机不能起动、空调不制冷、制动失效、散热器"开锅"、行驶跑偏、转向沉重等情况。

（2）声音异常。声音异常是指汽车零部件因磨损松旷或因修理质量不高，调整不当，破坏了配合间隙，则会发出的一种不正常响声。

（3）温度异常。汽车机件经长时间使用后，技术状况会发生变化，再加上操作不当和机件损坏等因素，就会出现温度异常故障现象，比如发动机冷却液温度过高，空调温度过低等。

（4）排气异常。排气异常是指排气管排出的烟与以往有差别，比如排气管排出黑烟、白烟、蓝烟。

（5）气味异常。汽车零部件有金属的、塑料的，还有橡胶的，在不正常的磨损和消耗时，会发出刺鼻的气味，比如焦煳味、臭味、塑料味等，根据这些发出来的气味，用鼻子就可判断出车辆的某些故障。

（6）渗漏。渗漏主要是由于汽车生产缺陷、修理质量不高、调整不当等使得液体能通过很小的缝隙渗漏出来。主要表现有渗漏油、渗漏水。

（7）磨损异常。汽车机件经长时间使用后，技术状况会发生变化，再加上操作不当和机件损坏等因素，汽车机件就会出现异常磨损故障现象。

二、汽车故障诊断

（一）汽车故障诊断的基本原则

1. 基本原则

汽车故障诊断的基本原则是搞清现象、结合原理、区别情况、从简到繁、由表及里、诊断准确、少拆为益。

2. 具体要求：

汽车故障诊断具体要求如下：

（1）搞清故障现象的特征。是高速还是低速时；是高温还是低温时；是转向还是直行时；是修前还是修后出现；是换件前还是后；是突然出现还是慢出现。

（2）分析造成故障的实质。根据掌握的汽车结构、工作原理、正常工作的状态及条件确定故障实质原因。

（二）汽车故障诊断方法

汽车随着行驶里程的不断增加，其技术状况将逐渐下降，出现动力不足、经济性变差和可靠性降低等现象，这是必然的变化过程。但是如果能按一定的使用周期和行驶里程检查整车技术状况，并采取相应的维修措施，就能延长整车使用寿命。汽车常见故障诊断及检查方法分为两种：一种是凭人工经验诊断，另一种是靠仪器设备检测。

1. 人工经验诊断

人工经验诊断（也称之为直观诊断），不需要什么设备或条件，检验人员凭实践经验和一定的理论知识，在整车不解体或局部解体情况下，借助简单工具，用眼看、耳听、手摸和鼻嗅等手段，对汽车技术状况进行定性分析和判断。这种方法不需要专用仪器或设备，投资少，可在任何场合下进行诊断。缺点是对复杂故障诊断慢，而且诊断的准确性在很大程度上取决于诊断人员的技术水平和经验。

2. 仪器诊断

仪器诊断即仪器设备检测法，这是在人工凭经验诊断的基础上发展起来的现代检测方法。例如捷达轿车五气门发动机故障主要依靠专用的检测仪来判定。用仪器或设备可测试发动机性能和故障的参数、曲线或波形，甚至能自动分析、判断发动机的技术状况。用这种方法检测速度快，准确性高，能定量分析，并易于掌握，但需要的仪器和设备多，因此投资也大。通常，上述两种方法常常结合应用。但无论哪种方法，都要正确掌握和熟悉汽车的构造、工作原理及其他有关技术理论。即使利用检测设备、仪器和工具进行诊断，其信号的输入、输出以及传感器的模拟形式都离不开这些相关基本理论知识。

3. 汽车电子监测自诊断系统

现代汽车普遍使用电子控制技术，采用电子计算机及各种传感器实现发动机、变速器等装置的精确控制，同时，还可在汽车工作时进行动态监测，当可能出现故障时，能及时在显示仪表上提供故障信息，提醒驾驶人注意，以便及早发现并排除即将出现的故障。

（1）自诊断系统介绍。①OBD-Ⅰ：1994年以前采用的随车故障自诊断系统，称为第一代随车诊断系统。该系统是由各汽车制造厂家自行开发的，车辆的生产厂家、车型不同，其故障检测诊断插座、故障码的位数和含义不同，故障码的读取方法、故障诊断的内容也不同。故障码的读取既可以用人工方法进行，也可以利用微机故障检测仪进行。②OBD-Ⅱ：指第二代随车诊断系统，1994年美国汽车工程师协会研发第二代随车故障自诊断系统，即OBD-Ⅱ。OBD-Ⅱ将故障检测插座的形式、故障码的位数和含义、故障码的读取方法等均做了统一，并增加了较强的数据流检测功能和系统配置功能，但故障码和数据流只能用微机故障检测仪获得，人工无法读取故障码。到目前为止，只有1996年以后美国生产的车辆、引进美国技术生产的车辆（如上海别克等）和销往美国的车辆等只采用OBD-Ⅱ，而完全抛弃了OBD-Ⅰ，其他品牌车辆一般是OBD-Ⅰ和OBD-Ⅱ并存。

（2）自诊断系统特点：①各型汽车按标准装用统一的16端子诊断座，如图1-16所示，并将诊断座统一安装在驾驶室仪表板下方。②OBD-Ⅱ具有数据传输功能，并规定了两个传输线标准：欧洲统一标准（ISO-Ⅱ）规定数据传输用7号和15号端子；美国统一标准

（SAE-J1850）规定数据传输用 2 号和 10 号端子。③OBD-Ⅱ具有行车记录功能，能记录车辆行驶过程的有关数据资料；能记忆和重新显示故障码的功能，可利用仪器方便、快速地调取或清除故障码。④装用 OBD-Ⅱ的汽车，采用相同的故障码及故障码意义统一。故障码由 1 个英文字母和 4 个数字组成，SAE 共规定了 100 个统一的 OBD-Ⅱ故障码。

图 1-16 OBD-Ⅱ诊断座

【案例分析 1】 奥迪 A6 排气管冒黑烟

1. 故障现象

一辆奥迪 A6 1.8T 手动档轿车行驶 15 万 km，车主反映前段时间在外地该车出现冒黑烟、加速无力的症状。在当地服务站维修，更换了发动机控制单元，清洗了空气流量计后正常。但过了段时间后，又出现加速无力、冒黑烟的现象，且黑烟更浓。

2. 故障分析

（1）读故障码和数据流。让发动机怠速运转，并关闭空调，用 VAG1552 检测，无故障码存储，进 01-08-002 读取数据块，第二、四区分别为平均喷油时间和进气量，其数据分别为 3.4ms 和 3.7g/s，两数据都在正常值范围之内（正常值分别为 1～4ms 和 2～4g/s），但有些偏大；再进 01—08—030，其二、四区分别为 111 和 110，说明氧传感器自适应值和氧传感器 G39 的电压值分别为 21% 和 0.120V 左右（正常值分别为 -10%～10% 和 0.130～1.800V）。氧传感器自适应值 21% 说明预先设定的基本喷油时间太短，为使混合气的空燃比达到最佳，实际喷油时间延长了 21%，使自适应值过高。

（2）故障产生原因。根据对数据分析，故障产生原因有：①进气系统漏气。②排气歧管漏气。③空气流量计损坏。④燃油压力下降。⑤喷油器氧传感器 G39 的电压值为 0.120V 左右，说明混合气过稀，可能原因有：氧传感器与控制单元导线对正极短路；氧传感器损坏。

（3）故障分析过程。排气冒黑烟，而氧传感器却检测到混合气过稀。于是用 VAG1318 检测怠速时燃油压力，显示约 3.5bar（1bar=100kPa），正常。排气歧管也无漏气处，喷油器刚清洗过，不可能漏气。用 VAG1598 检测氧传感器 G39 与控制单元之间的导线，结果正常。只好尝试更换 G39，当拆下 G39 时，发现 G39 未拧紧，拆下 G39 并清除其上面的积炭，再按正确力矩拧紧 G39，起动发动机怠速运转。用 VAG1552 进 01—08—033 检测，其一、二区分别为 -3%～3%，1.5V 左右，正常。再看排气管内的黑烟明显变淡，但加速仍无力。更换空气流量计，再试车，一切正常，车后也不再冒黑烟，且加速有力。用 VAG1552 进 01—08—002 检测，其三、四区分别为 2.3ms 和 2.7g/s。

3. 故障总结

经仔细分析发现，该车在外地维修时，因原车空气流量计 G60 的响应性变差，使其检测值不准或滞后，造成混合气空燃比不能达到最佳，燃烧不充分，从而导致加速无力、冒黑烟。当清洗空气流量计后，其响应性暂时变好，但盲目换上发动机控制单元，氧传感器也未拧紧，当车行驶一段时间后，空气流量计的响应性变差，而且氧传感器也因车辆颠簸而松动，使外部空气通过氧传感器与排气管间的缝隙到达氧传感器的检测头周围，导致氧含量过高，使氧传感器电压值约为0.120V，即混合气过稀。当氧传感器信号传给发动机控制单元后，发动机控制单元控制延长喷油时间，即增加喷油量，从而导致排气冒黑烟更浓。奥迪A6的空气流量计使用一段时间后，其响应性可能变差，导致加速无力、不易起动、冒黑烟等现象，而氧传感器和发动机控制单元一般不易损坏，切不可盲目更换而造成不必要的浪费。

此故障是由于电喷电控单元故障导致发动机不能起动的问题。由于电控单元的故障率较低，同时通过换件以外的其他方法不容易检查，因此这类故障只能在排除熔丝、电路及其他元件故障的基础上，最后考虑电控单元的问题。

【案例分析2】 凌志轿车发动机异响故障

1. 故障现象

一辆凌志轿车，行驶里程8万km。在良好的路面减速行驶后，发动机突然出现异响，接着便熄火了。

2. 故障分析

（1）首先检查一下电路。将某一缸点火线圈总成拔下，装上火花塞，起动发动机，查看火花情况良好。

（2）再次检查油路。接上燃油压力表，起动油泵后，发现燃油压力仅为160kPa，而正常油压应为310～350kPa。这说明燃油系统存在故障。

（3）经过检查，确定油压调节器失效。换上新件后，燃油系统压力达到正常。可起动发动机瞬间转速提到2000r/min，但随后便熄火了，而且并未听到异响声。再次起动时，须将加速踏板踩到底才能起动发动机。从这种现象来看，可能是由配气正时有误，混合气不良造成的。

（4）分别进行检修与纠正配气正时和混合气，大致解决这种故障。但发动机还是有异响。

（5）重新检查整个发动机，在检查过程中，发现八缸发动机中的1个缸不工作。

（6）解体发动机，看到六缸进气门由于气门锁片意外脱落，导致气门下滑后受到活塞撞击而弯曲，并卡死在了气门开度相当大的位置。

3. 故障总结

此车的故障原因，如果只是某个进气门封闭不严，最多只是1个缸工作不良，而不会对发动机整体工况造成很大影响。而这辆车进气门卡死的位置可以理解为几乎没有了进气门，使与之相关的各气缸均受到严重的气流干扰，从而出现了该车的故障现象。在对已损坏的零件进行更换和修理后，故障彻底解决。

第四节 汽车配件基本知识

汽车是由近两万个具有不同功能的零件组成，并按一定的工艺流程和技术要求装配而成的整体。掌握汽车配件损耗规律是对汽车维修接待员的重要要求，同时更应该掌握汽车配件编号，并能迅速查找出汽车配件价格。另外也要了解配件质量鉴别方法。

一、汽车配件损耗规律

汽车零部件失去原设计所规定的功能称为失效。汽车在运行过程中，零部件会逐渐丧失原有的性能导致汽车技术状况恶化。要了解零部件失效理论，针对零部件失效规律，采取有效措施，防止零部件失效。

（一）汽车配件失效模式

汽车配件按失效模式分类可分为磨损、疲劳断裂、变形、腐蚀及老化等五类。一个零件可能同时存在几种失效模式。要研究失效原因，找出主要失效模式，提出改进和预防措施，从而提高汽车零部件的可靠性和使用寿命。汽车配件失效分类方法如表1-11所示。

（二）汽车配件失效原因

引起零件失效的原因很多，主要可分为工作条件（包括零件的受力状况和工作环境）、设计制造（设计不合理、选材不当、制造工艺不当等）以及使用与维修等三个方面。

零件的受力状况包括载荷的类型、载荷的性质以及载荷在零件中的应力状态。绝大多数的汽车零件是在动态应力作用下工作的。由于汽车的起步、停车以及速度的变化等，使动态应力的波形，应力幅的大小、方向、周期等都随时间而变化，使零件承受动载荷，从而加速零件的早期磨损。

汽车零件在不同的环境介质（气体、液体、酸、碱、盐介质、固体磨料、润滑剂等）和不同的工作温度作用下，可能引起腐蚀磨损、磨料磨损以及热应力引起的热变形、热膨胀、热疲劳等失效，还可能造成材料的脆化，造成高分子材料老化等。

设计不合理和设计考虑不周到是零件时效的重要原因之一。紧配合零件的装配精度不够，导致相配合零件的滑移和变形，将产生微动磨损，从而也加速零件的失效过程。

汽车在使用中超载、润滑不良、滤清效果不好，违反操作规程，出现偶然事故以及维修不当等，也都会造成零件的早期破坏。

表1-11 汽车配件失效分类

失效类型	失 效 模 式	举 例
磨损	粘着磨损、磨料磨损、表面疲劳磨损、腐蚀磨损、微动磨损	气缸工作表面"拉缸"、曲轴"抱轴"等
疲劳断裂	高应变低周疲劳、低应力高周疲劳、腐蚀疲劳、热疲劳	曲轴断裂、齿轮轮齿折断等
腐蚀	化学腐蚀、电化学腐蚀、穴蚀	湿式气缸套外壁麻点孔穴
变形	过量弹性变形、过量塑性变形	曲轴的弯曲、扭曲，基础件（气缸体、变速器壳）变形
老化	龟裂、变硬	橡胶轮胎、塑料器件

（三）汽车配件失效曲线图

总的来说，汽车的损坏规律与零部件相似。图1-17给出了故障与运行时间（或是行驶里程）的关系曲线，简称为故障率曲线。曲线可分为三个阶段，即早期故障期、偶发故障

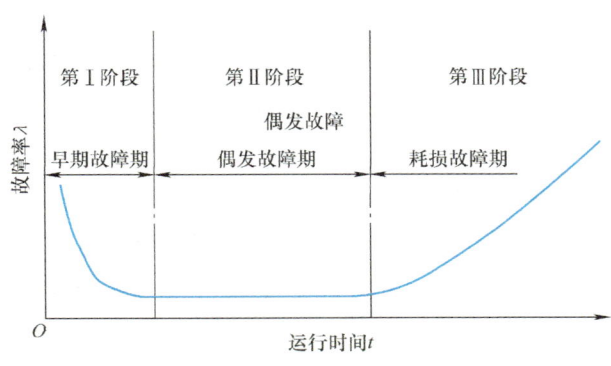

图 1-17 汽车的损坏规律曲线

期和耗损故障期。

1. 早期故障期

早期故障期的特点是故障率高，且随时间的增加会迅速下降。就汽车而言，一般是由设计、制造或修理质量不良而引起的。例如，新车或大修车在刚投入使用时，有一个走合过程，在此过程中，某些设计、制造及装配上的缺陷就会暴露出来，一般该时期的故障与零配件的使用寿命无关。

2. 偶发故障期

偶发故障期是由设计不合理、材料缺陷等偶然因素引起的。偶发故障期是汽车的正常工作期，汽车使用性能保持在正常水平，该时期的故障率低而且稳定其长短标志着汽车的有效寿命。因此，应采取各种措施来维持汽车在这一时期内正常运行。

3. 耗损故障期

耗损故障期是汽车使用的后期，在此期间某些零部件已经出现老化耗损，故障率随时间增加迅速上升。耗损故障的出现将使汽车丧失使用性能，所以为延长汽车的使用寿命，在耗损故障期到来之前应及时进行维修。

二、汽车配件编号规则

（一）国产汽车配件的编号规则

国家汽车工业联合会于 1999 年 1 月 1 日颁布实施的 QC/T265—1999《汽车产品零部件编号规划》目前已替换为 QC/T 265—2004《汽车零部件编号规则》，该标准于 2004 年 8 月 1 日正式实施，对汽车零部件进行了统一编制，具体方法如下。

1. 汽车零部件编号

汽车零部件编号由企业名称代号、组号、分组号、源码、零部件顺序号和变更代号组成，如图 1-18 所示。结构区分号位于组号或分组号之后，表示该组或该分组的系统总成或装置的不同结构；结构区分号位于零件号之号，表示该零件总成或总成装置的不同结构。

对零件变化差别不大，或总成通过增加或减少某些零部件构成新的零件和总成后，在不影响其分类和功能的情况下，其编号一般在原编号的基础上仅改变其源码。

2. 汽车组合模块编号

汽车组合模块编号由企业名称代号、组合功能码、零件顺序号、源码、变更代号组成，

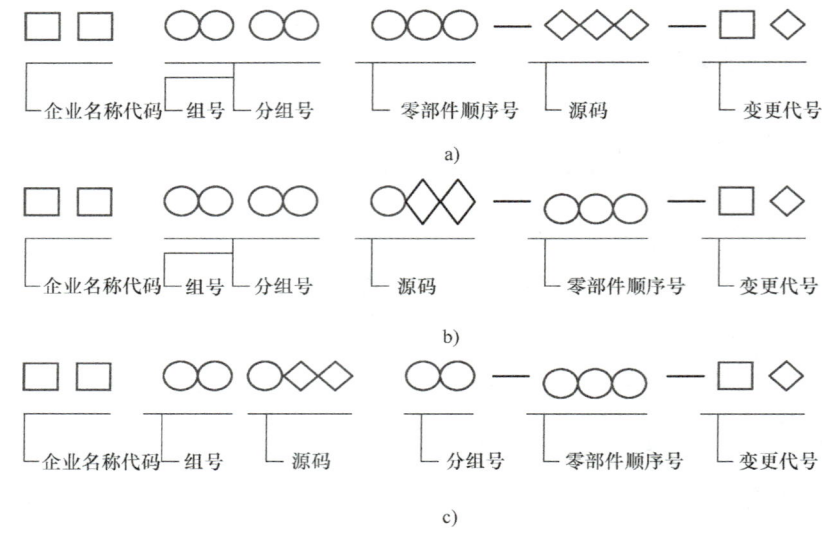

图1-18　汽车零部件编号组成

□—字母　　○—数字　　◇—字母或数字

如图1-19所示。

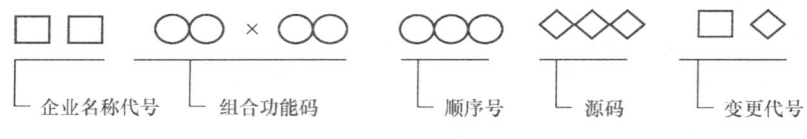

图1-19　汽车组合模块的组成

□—字母　　○—数字　　◇—字母或数字

汽车组合模块其组合功能码前两位组合描述模块的主要功能特征，后两位组号描述模块的辅助功能特征，例如10×16表示发动机带离合器组合模块；17×35表示变速器带手动制动器组合模块。

（二）进口汽车配件的编号规则

国外各大品牌汽车的配件编码都不尽相同，没有严格的规律可循。下面简单介绍不同品牌的汽车配件编号规则。

1. 大众车系配件编号规则

大众车系配件编号一般都由14位数字和字母组成，如图1-20所示。

（1）车型或机组代码。113表示该车型为甲壳虫。

图1-20　大众甲壳虫后视镜编码编号

（2）大类及小类。8为大类，称为主组，表示车身、空调暖风控制系统；57为小类，称为子组，表示后视镜。

（3）配件号。由000~999三位数组成；501为后视镜的配件编码。

（4）设计变更号。由一个或两个字母组成。AB表示设计更改号。

(5) 颜色代码。由三位数字或字母组合表示；01C 表示黑色带有光泽。

2. 奥迪汽车配件标号规则

奥迪汽车的配件编码一般由 10 位阿拉伯数字和英文字母组成，如图 1-21 所示。

图 1-21　奥迪汽车配件编码图

例如 C3100 前翼子板的编码为 443821105（左侧）；443821106（右侧）

主组 1—发动机；主组 2—油箱、油管、排排气系统、制冷系统；主组 3—变速器；主组 4—前轴、差速器、转向器；主组 5—后桥；主组 6—车轮、制动系统；主组 7—手操纵系统、脚踏板系统；主组 8—车身；主组 9—电气；主组 0—附件。

3. 日系汽车配件编号规则

丰田汽车配件编码一般由 13 阿拉伯数字或英文字母组成，如图 1-22 所示。

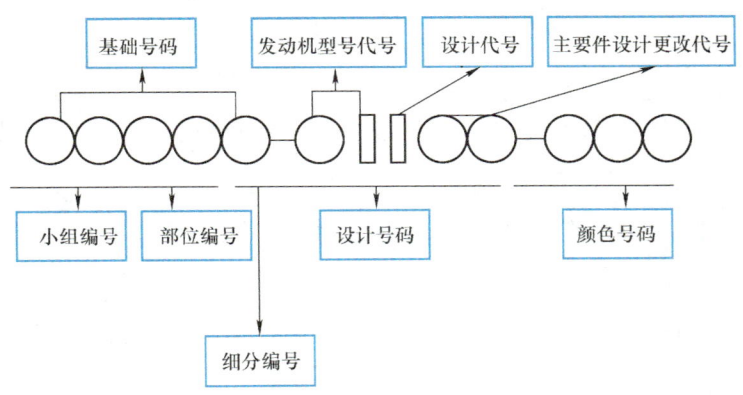

图 1-22　丰田汽车配件编号规则

（三）汽车配件电子目录

汽车 EPC 电子配件目录主要是 4S 店为了查询方便，而将自己所做品牌的所有车型、汽车配件、内部组成等信息等资料编成的一个软件，其主要应用于全国各大，中，小型汽车修理厂（修理，采购）以及汽车配件商店（销售，采购）。

汽车配件电子目录附有厂家对该配件目录的适用范围，使用方法的详细说明。它非常方便、直观地让客户了解每个车型汽车零部件的专业正规名称、形状、数量、安装位置、所属车型、配件零件号，与哪个配件相连，全车线束及电器的分布，每个插头的连接，还有配件价格等。里面还有各种组成部分的内部图片，例如发动机总成，发电机总成等，里面都有比较清楚的图片可以参考。通过它客户可以直接查询到配件的各种资料。如图 1-23 为汽车配件电子目录查询界面。

三、汽车配件价格和汽车配件质量鉴别

（一）汽车配件价格

根据参与售后配件市场的主要生产厂商不同，生产出来配件可以分为四种不同类型：

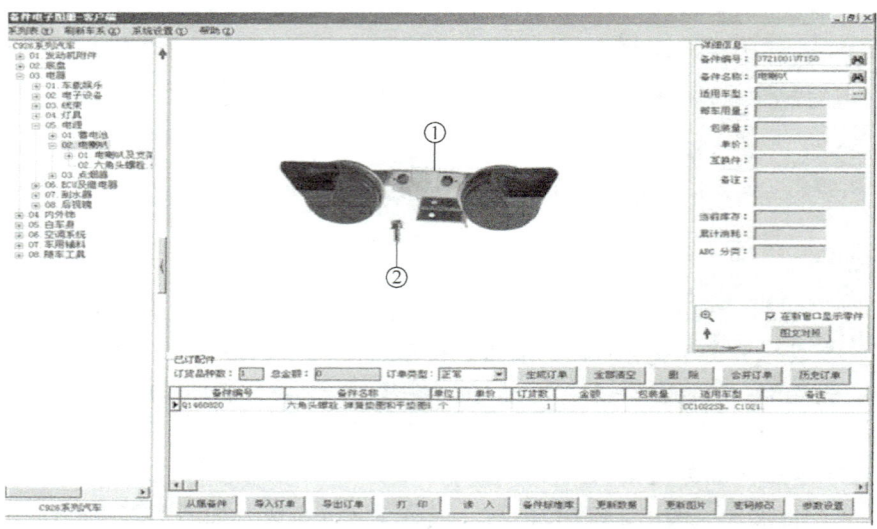

图 1-23　汽车配件电子目录查询界面

OEM 件/OES 件（原厂件）、品牌件、副厂件、假冒件。另外市场还流通着另外一种说法："原厂翻新件""拆车件""下线零件"等。当然，配件价格也有很大区别，见表 1-12。

表 1-12　不同汽车品牌的部分配件价格对比表

品牌 配件	捷达	富康	桑塔纳	桑塔纳 2000	爱丽舍	宝来	帕萨特
空气滤清器	76	29.5	57	70	29.8	176	60
燃油滤清器	40	26	96	95	26	70	100
机油滤清器	27	19	24	25	19	26	38
制动盘	112	163.5	475	340	163.3		550
制动片（对）	190	118.5	210	200	134.5		420
刮水器	35	22	39	39	29	150	100
前风窗玻璃	280	450	360	360	650	1780	1550
正时带	251	88	165	550	88		113
火花塞	13	27.2	6	6	27.2	180	65
轮胎	370	365	321	321	365	1200	570
蓄电池	300	345	353	353	345	400	40
保险杠	700	805	310	385	815	1200	970
前照灯	450	285	280	490	485	700	730

（二）配件质量鉴别

车辆修理与维护质量的高低，除了修理人员技术水平外，配件的质量影响最大。影响汽车配件质量的主要因素，与产品的设计、制造、使用和回收等全生命周期相关，配件质量不好会影响到使用者的人身安全、周围人群的公众安全以及生态安全。下面是汽车配件质量鉴别常说的五看四法。

模块一 汽车维修业务接待员应具备的汽车专业知识

1. 五看

（1）看商标。要当真查看商标，上面的厂名、厂址、等级和防伪标记是否真实，由于对有短期行为的制假者来说，防伪标志的制作不是一件轻易的事，需要一笔不小的支出。另外在商品制作上，正规的厂商在零配件表面有硬印和化学印记，注明了零件的编号、型号、出厂日期，一般采用自动打印，字母排列整洁，笔迹清晰，小厂和小作坊一般是做不到的。

（2）看包装。汽车零配件互换性很强，精度很高，为了能较长时间存放、不变质、不锈蚀，需在产品出厂前用低度酸性油脂涂抹。正规的生产厂家，对包装盒的要求也十分严格，要求无酸性物质，不产生化学反应，有的采用硬型透明塑料抽真空包装。考究的包装能提高产品的附加值和身价，箱、盒大都采用防伪标记，常用的有激光、条码、暗印等，在采购配件时，这些很重要。

（3）看文件资料。一定要查看汽车配件的产品仿单，产品仿单是出产厂进一步向用户宣传产品，为用户做某些提示，帮助用户准确使用产品的资料。通过产品仿单可增强用户对产品的信任感。一般来说，每个配件都应配一份产品仿单（有的厂家配用户须知）。假如交易量相当大，还必须查询技术鉴定资料，进口配件还要查询海关进口报关资料。国家划定，入口商品应配有中文说明，一些假冒进口配件一般没有中文说明，且包装上的外文，有的文法不通，甚至写错单词，一看便能分辨真伪。

（4）鉴别金属机械配件，可以查看表面处理。所谓表面处理，即电镀工艺、油漆工艺、电焊工艺、高频热处理工艺。汽车配件的表面处理是配件出产的后道工艺，商品的后道工艺尤其是表面处理涉及良多现代科学技术。国际名牌大厂在利用提高前辈工艺上投入的资金是很大的，特别对后道工艺更为正视，投入资金少则几百万元，多则上千万元。一些制造假冒伪劣产品的小工厂和手工作坊有一个共同特点，就是采取低投入攫取式的短期经营行为，很少在产品的后道工艺上投入技术和资金，而且也没有这样的资金投入能力。

（5）看非使用面的表面伤痕。从汽车配件非使用面的伤痕，也可以分辨是否为正规厂出产的产品。表面伤痕是在中间工艺环节因为产品相互碰撞留下的。优质的产品是靠提高前辈科学的治理和提高前辈的工艺技术制造出来的。出产一个零件要经由几十道甚至上百道工序，而每道工序都要配备工艺装备，其中包括工序运输设备和工序安放的工位用具。

2. 四法

（1）检视法。①表面硬度是否达标。配件表面硬度都有规定的要求，在征得厂家同意后，可用钢锯条的断茬去试划（注意试划时不要划伤工作面）。划时打滑划后无痕的，说明硬度高；划后稍有浅痕的说明硬度较高；划后有明显划痕的说明硬度低。②结合部位是否平整。零配件在搬运、存放过程中，由于振动、磕碰，常会在结合部位产生毛刺、压痕、破损，影响零件使用，选购和检验时要特别注意。③几何尺寸有无变形。有些零件因制造、运输、存放不当，易产生变形。检查时，可将轴类零件沿玻璃板滚动一圈，看零件与玻璃板贴合处有无漏光来判断是否弯曲。选购离合器从动盘钢片或摩擦片时，可将钢片、摩擦片举在眼前，观察其是否翘曲。选购油封时，带骨架的油封端面应呈正圆形，能与平板玻璃贴合无挠曲；无骨架油封外缘应端正，用手握使其变形，松手后应能恢复原状。选购各类衬垫时，也应注意检查其几何尺寸及形状。④总成部件有无缺件。正规的总成部件必须齐全完好，才能保证顺利装配和正常运行。一些总成件上的个别小零件漏装，将使总成部件无法完成工作，甚至报废。⑤转动部件是否灵活。在检验机油泵等转动部件时，用手转动泵轴，应感到灵活无卡滞。检验滚动轴承时，一手支撑轴承内环，另一手打转外环，外环应能快速自如转动，然后逐渐停转。若转动零件发卡、转动不灵，说明内部锈蚀或产生变形。

（2）敲击法。判定部分壳体和盘形零件是否有裂纹、用铆钉连接的零件有无松动以及轴承合金与钢片的结合是否良好时，可用小锤轻轻敲击并听其声音。

（3）比较法。用标准零件与被检零件做比较，从中鉴别被检零件的技术状况。例如气门弹簧、离合器弹簧、制动主缸弹簧和轮缸弹簧等，可以用被检弹簧与同型号的标准弹簧比较长短，即可判断被检弹簧是否符合要求。

（4）测量法。①检查结合平面的翘曲采取平板或钢直尺做基准，将其放置在工作面上，然后用塞尺测量被测件与基准面之间的间隙。②检查轴类零件测量曲轴轴颈尺寸的误差，一般用外径千分尺测量，除测量外径，还需测量其圆度和圆柱度。

第五节　汽车维修企业制度、工艺流程和术语

一、汽车维修企业制度

（一）汽车维修企业组织机构

如图 1-24 所示为汽车维修企业组织结构。

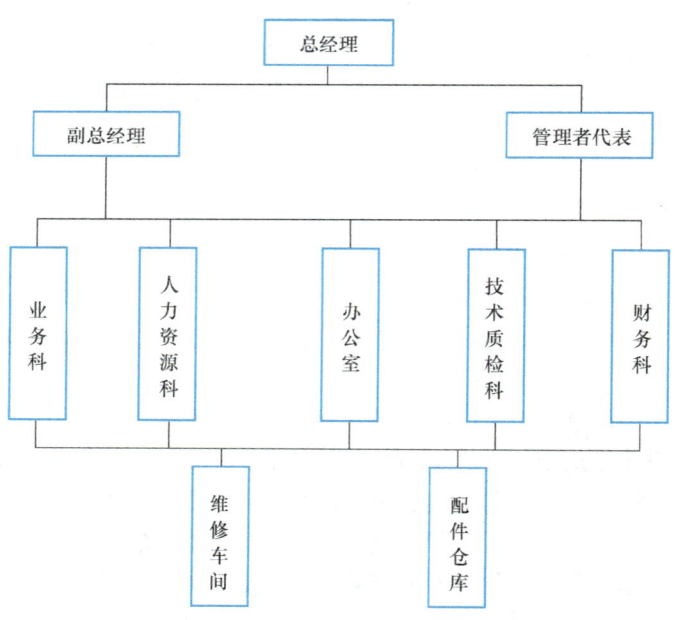

图 1-24　汽车维修企业组织结构图

（二）汽车维修企业制度内容

汽车维修企业制度包含内容因不同的组织机构有所不同，但是基本上都包含以下几个方面。

（1）汽车维修企业生产管理制度。内容包括汽车维修收费管理、汽车维修工时定额与时间控制、汽车维修核心流程等。

（2）汽车维修企业技术管理制度。内容包括汽车维护技术管理、汽车修理技术管理、汽车修理技术检验、汽车检测与诊断、技术责任事故及处理等。

（3）汽车维修企业质量管理制度。内容包括全面质量管理和质量管理小组、汽车维修质量检验、汽车维修质量监督等。

（4）汽车维修企业物资与设备的管理制度。内容包括汽车维修物资管理、汽车配件管理、汽车维修设备管理等。

（5）汽车维修企业人力资源管理制度。内容包括组织设计和岗位研究、人力资源规划、员工招聘、员工培训等。

（6）汽车维修企业财务管理制度。内容包括汽车维修企业营业收入管理、汽车维修企业成本费用管理等。

二、汽车维修工艺流程

（一）就车修理工艺流程

采用就车修理时汽车大修的工艺流程如图 1-25 所示，其特点是：所有的总成都是由原车拆下的总成和零件装成的，由于各总成的修理周期不同，采用就车修理法时，必须等修理周期最长的总成修理完毕后方能装配汽车，因此大修周期较长。

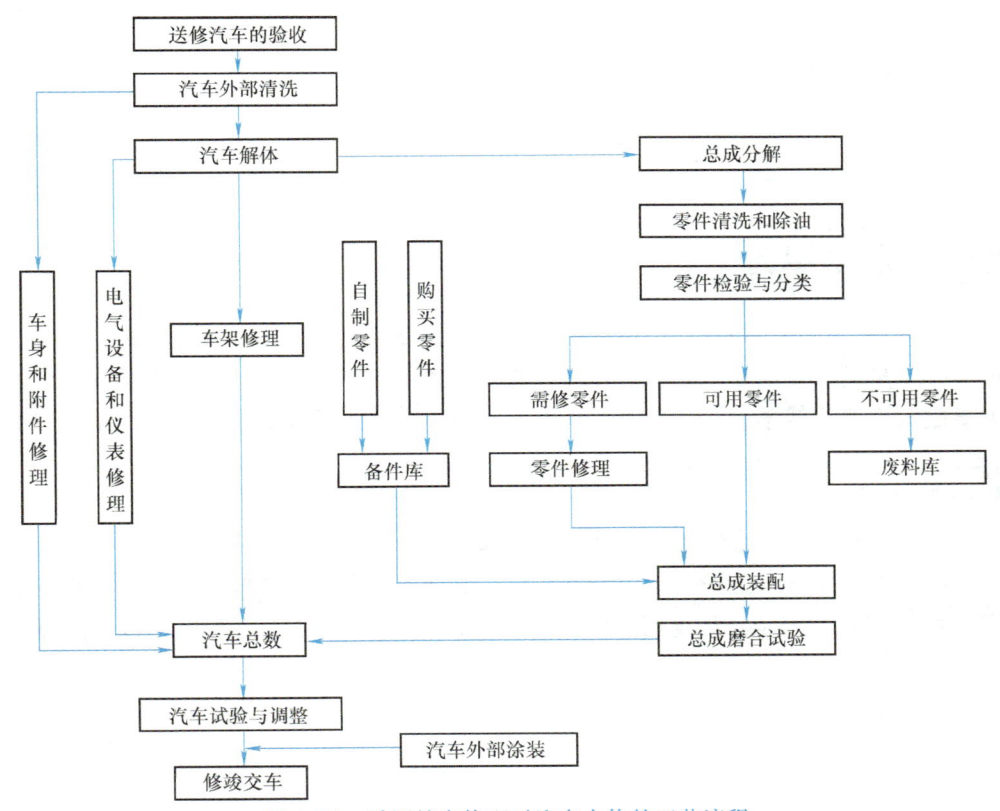

图 1-25　采用就车修理时汽车大修的工艺流程

（二）总成互换修理工艺流程

采用总成互换修理法修理汽车时，其工艺流程如图 1-26 所示。汽车大修时将验收并经外部清洗的汽车拆成总成修理汽车车架（或轿车车身），然后用备用总成库的周转总成、组合件和零件来装配汽车。而拆下的总成经拆散检验分类和修复后，交备用总成库，以备其他车辆修理时使用。

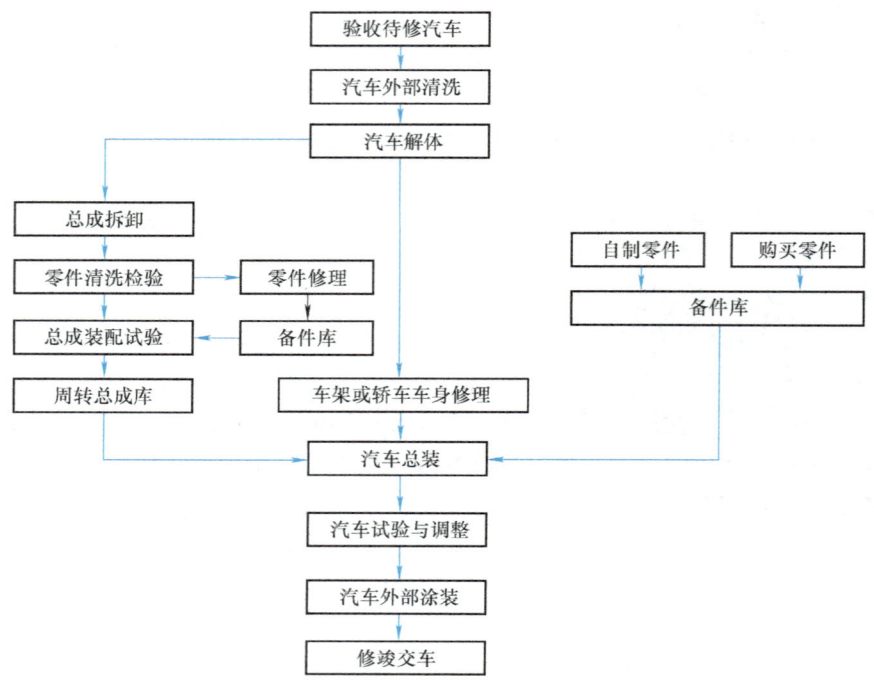

图 1-26　采用总成互换修理法时汽车大修的工艺流程

三、汽车维修术语

业务接待员应该了解和掌握有关汽车维修术语及其定义，了解和掌握的内容越多、越深刻，业务接待员的专业功底越充实，在与客户打交道时业务接待员就会显得越专业。有关国家标准规定的汽车维修学科和生产中专用的或常用的主要术语及其定义，可归纳为以下三大方面。

（一）总概念

（1）汽车维修。汽车维修是汽车维护和修理的泛称。

（2）汽车维护。汽车维护是指为维持汽车完好技术状况或工作能力而进行的作业。

（3）汽车修理。汽车修理是指为恢复汽车完好技术状况或是工作能力和寿命而进行的作业。

（4）汽车维修制度。汽车维修制度是指为实施汽车维修工作所采取的技术组织措施的规定。

（二）汽车技术状况变化

汽车各种损坏和磨损现象的总称。

模块一　汽车维修业务接待员应具备的汽车专业知识

1. 汽车技术状况

汽车技术状况是指定量测得的表征某一时刻汽车外观和性能的参数值的总和。

（1）汽车完好技术状况。汽车完好技术状况是指车完全符合技术文件规定要求的状况。

（2）汽车不良技术状况。汽车不良技术状况是指汽车不符合技术文件规定的任一要求的状况。

（3）汽车工作能力。汽车不良技术状况是指汽车按技术文件规定的使用性能指标，执行规定功能的能力。

（4）汽车技术状况参数。汽车技术状况参数是指评价汽车外观和性能的物理量和化学量。

（5）汽车极限技术状况。汽车极限技术状况是指汽车技术状况参数达到了技术文件规定的极限值的状况。

（6）汽车技术状况变化规律。汽车技术状况变化规律是指汽车技术状况与行驶里程或时间的关系。

2. 汽车耗损

汽车耗损是指汽车各种损坏和磨损现象的总称。

（1）汽车零件磨损。汽车零件磨损是指汽车零件工作表面的物质由于相对运动而不断损耗的现象。

（2）磨损过程。磨损过程是指相对运动零件的表面物质不断损耗的过程。

（3）正常磨损。正常磨损是指汽车零件磨损率在设计允许或技术文件规定的范围内。

（4）极限磨损。极限磨损是指导致配合副进入极限状况，又不能保持技术文件规定的工作能力的汽车零件磨损量。

（5）允许磨损。允许磨损是指小于极限磨损，尚能保持技术文件规定的工作能力，并受经济因素制约的汽车零件磨损量。

（6）磨损率。磨损率是指磨损量与产生磨损的行程或时间之比。

（7）擦伤。擦伤是指摩擦表面沿滑动方向形成细小擦痕的现象。

（8）刮伤。刮伤是指摩擦表面沿滑动方向形成宽而深的刮痕的现象。

（9）点蚀。点蚀是指摩擦表面材料由于疲劳脱落在摩擦表面形成凹坑现象。

（10）黏附。黏附是指两摩擦表面由于分子作用导致局部吸附的现象。

（11）老化。老化是指汽车零件材料的性能随使用时间的增长而逐渐衰退的现象。

（12）疲劳。疲劳是指汽车零件在较长时间内由于交变载荷的作用，性能变差，甚至产生断裂的现象。

（13）变形。变形是指汽车零件在使用过程中零件要素的形状和位置发生变化而不能自行恢复的现象。

（14）缺陷。缺陷是指汽车零件任一参数不符合技术文件要求的状况。

（15）损伤。损伤是指在超过技术文件规定的外因作用下，使汽车或其零件的完好技术状况遭到破坏的现象。

3. 汽车故障

汽车故障是指汽车部分或完全丧失工作能力的现象。

（1）完全故障。完全故障是指汽车完全丧失工作能力，不能行驶的故障。

(2) 局部故障。局部故障是指汽车部分丧失工作能力,即降低了其使用性能的故障。

(3) 致命故障。致命故障是指导致汽车、总成重大损坏的故障。

(4) 严重故障。严重故障是指汽车运行中无法排除的完全故障。

(5) 一般故障。一般故障是指汽车运行中能即是排除的故障,或不能排除的局部故障。

(6) 汽车故障现象。汽车故障现象是指汽车故障的具体表现。

(7) 异响。异响是指汽车总成或机构在工作中产生的超过技术文件规定的不正常的响声。

(8) 泄漏。泄漏是指汽车上有密封要求部位的漏气(液)量超过技术文件规定的现象。

(9) 过热。过热是指汽车总成或机构的工作温度超过技术文件规定的现象。

(10) 乏力。乏力是指汽车运过程中动力明显不足的现象。

(11) 污染超限。污染超限是指汽车运行过程中产生的有害排放物和噪声超过技术文件规定的现象。

(12) 费油。费油是指汽车燃料、润滑油消耗超过技术文件规定的现象。

(13) 振抖。振抖是指汽车在工作中产生技术文件所不允许的自身抖动的现象。

(14) 故障树。故障树是表示故障因果关系的分析图。

(三) 汽车维修工艺

1. 汽车维护类别

汽车维护类别是指汽车维护按汽车运行间隔期、维护作业内容或运行条件等划分的不同类别或等级。间隔期是指汽车运行的行程间隔或时间间隔。

(1) 日常维护。以清洁、补给和安全性能检视为中心内容的维护作业。

(2) 定期维护。按技术文件规定的运行间隔期实施的维护。

(3) 一级维护。除日常维护作业外,以润滑、紧固为作业中心内容,并检查有关制操纵等系统中的安全部件的维护作业。

(4) 二级维护。除一级维护作业外,以检查、调整制动系、转向操纵系、悬架等安全部件,并拆检轮胎,进行轮胎换位,检查调整发动机工作状况和汽车排放相关系统等为主的维护作业。

(5) 季节性维护。为使汽车适应季节变化而实施的维护。

(6) 走合维护。汽车在走合期满实施的维护。

(7) 汽车维护方法。进行汽车维护作业的工艺和组织规则的总和。

(8) 汽车维护设备。完成汽车维护作业的器械。

(9) 汽车维护周期。汽车进行同级维护之间的间隔期。

2. 汽车修理类别

汽车修理类别是按汽车修理时的作业对象、作业深度、执行作业的方式或组织形式等划分的不同的修理等级

(1) 汽车大修。通过修复或更换汽车零部件(包括基础件),恢复汽车完好技术状况和完全(或接近完全)恢复汽车寿命的修理。

(2) 汽车小修。通过修理或更换个别零件,消除车辆在运行过程或维护过程中发生或发现的故障或隐患,恢复汽车工作能力的作业。

(3) 总成修理。总成修理是指为恢复汽车总成完好技术状况、工作能力和寿命而进行

的作业。

(4) 零件修理。零件修理是指恢复汽车零件性能和寿命的作业。

(5) 计划修理。计划修理是指按照技术文件规定预先安排的修理。

(6) 定期修理。定期修理是指按照规定的间隔期和等级进行的修理。

(7) 视情修理。视情修理是指按照技术文件规定对汽车技术状况进行诊断或检测后，决定修理内容和实施时间的修理。

(8) 非计划修理。非计划修理是指非预先安排的修理。

3. 汽车维护工艺

汽车维护工艺是指利用生产工具按照一定要求维护汽车的方法，是维护汽车作业中积累起来并经过总结的操作技术经验。

(1) 汽车维护作业。汽车维护作业是指汽车维护工艺中的技术操作。

(2) 汽车维护工艺过程。汽车维护工艺过程是指汽车维护的各种作业按照一定方式组合，顺序协调进行的过程。

(3) 汽车维护规范。汽车维护规范是对汽车维护作业技术要求的规定。

4. 汽车维修工艺

汽车维修工艺是指利用生产工具按照一定要求修理汽车的方法，是修理汽车中积累起来并经过总结的操作技术经验。

(1) 汽车修理工艺过程。汽车修理工艺过程是指汽车修理的各种作业按照一定方式组合，顺序、协调进行的过程。

(2) 技术检验。检视按规定的技术要求确定汽车、总成及零部件技术状况所实施的检查。

(3) 检视。检视是指主要凭感官或使用简单的工具，对汽车、总成及零部件的技术状况所实施的检查。

(4) 零件检验分类。零件检验分类是指根据修理技术条件，将零件按技术状况分为可用、可修和报废。

(5) 磨合。磨合是指汽车总成或机构组装后，改善零件摩擦表面几何形状和表面层物理机械性能的运转过程。

(6) 修理尺寸。修理尺寸是指零件磨损表面通过修理形成负荷技术文件规定的大于原设计基本尺寸的尺寸。

(7) 极限间隙。极限间隙是指配合副达到技术文件规定的极限状况时的间隙值。

(8) 允许间隙。允许间隙是指小于极限间隙，尚能保持技术文件规定的工作能力，并受经济因素制约的配合副间隙。

(9) 汽车维修工艺设备。汽车维修工艺设备是指对汽车修理全过程的技术要求、检验规则所做的统一规定。

(10) 汽车修理技术标准。汽车修理技术标准是指对汽车修理全过程的技术要求、检验规则所做的统一规定。

5. 汽车诊断

汽车诊断是指汽车不解体（或仅拆卸个别小件）的条件下，确定汽车技术状况，查明故障部位及原因的检查。

（1）汽车检测。汽车检测是指确定汽车技术状况或工作能力的检查。
（2）诊断参数。诊断参数是指供诊断用的表征汽车、总成及机构技术状况的参数。
（3）诊断规范。诊断规范是指汽车诊断作业技术要求的规定。

本 章 小 结

一、汽车的基本组成

（1）发动机。发动机是汽车的重要组成部分，它本身的性能如动力性、经济性、舒适性等指标是用户非常关注的问题。

（2）底盘。底盘是承载整车的基础，是确保汽车正常运行的重要总成，是影响汽车使用稳定性、可靠性、安全性的重要因素。

（3）车身及附件。车身及附件对汽车安全性、舒适性、美观等影响很大，对汽车使用性能没有直接的影响。承载式车身是乘用车的主要结构形式，具有结构紧凑、轻便、空间利用率大、成本低的特点。

（4）汽车的主要性能。汽车的主要性能包括动力性、经济性、制动性、舒适性、通过性、稳定性等指标。

（5）车辆识别码。车辆识别码也称17位VIN，它由17位字母及数字组成，出厂时记录在车身的指定位置，具有唯一性，它包含有制造厂、车辆结构、生产日期等信息。

二、汽车维护

（1）维护制度　国家法规规定从事营运的汽车需要执行强制性的二级维护制度，车辆运行一定里程（时间）必须完成。

（2）定期维护制度。针对非营运的乘用车辆，可以按照汽车生产厂家规定的维护要求，定期进行。

（3）质量管理。维护作业范围、作业标准要按照国家及厂家规定执行，完工车辆要按照国家相关法规严格检验方能出厂。

三、汽车故障诊断

（1）产生故障的原因。汽车由于使用不当、维护不当、维修不当、自然老化等原因，会导致故障。

（2）汽车故障诊断原则。汽车故障诊断要遵循以下原则：搞清现象、结合原理、区别情况、从简到繁、由表及里、诊断准确、少拆为宜。

（3）汽车自诊断系统。现代汽车基本都采用电控技术，同时系统自身带有一个自诊断系统OBD-Ⅱ，通过连接外置的诊断电脑可以方便快速地进行故障诊断。

四、汽车配件基础

（1）配件编号规则。不同车系都有自己的配件编号规则，便于区分不同车型、不同生产年份的配件，具有唯一性。

（2）配件质量的鉴定。配件质量的好坏，直接影响维修质量，鉴别配件质量主要依靠人工经验法，日常经营管理要注意控制好进货渠道。

复习思考题

1. 汽车由哪几部分组成？汽车车身结构有哪几大类？
2. 汽车维修企业的组织结构是什么？
3. 汽车维护常见项目有哪些？请指出其大致耗时和费用。
4. 汽车维修企业每天作业最多的项目是哪 3 项？
5. 汽车维修接待员应具备的汽车相关知识有哪些？
6. 请说出汽车维修常用术语。

同步测试

一、单选题

1. 间隔期是指汽车运行的行程间隔或_____。
   A. 时间间隔　　　　　　　　B. 路程间隔
   C. 空间间隔　　　　　　　　D. 公里间隔
2. 汽车零部件故障率曲线可分为三个阶段，即_____、偶发故障期和耗损故障期。
   A. 后期故障期　　　　　　　B. 早期故障期
   C. 损坏故障期　　　　　　　D. 中期故障期
3. 汽车维修与维护竣工出厂一般都实行"_____"。
   A. 一级检验制度　　　　　　B. 二级检验制度
   C. 三级检验制度　　　　　　D. 四级检验制度
4. 车辆识别代码 VIN（Vehicle Identification Number），根据其各自代表的含义划分为三个部分，分别是世界制造厂识别代号、_____和车辆指示部分。
   A. 中国制造厂识别代号　　　B. 车辆说明部分（VDS）
   C. 发动机说明部分　　　　　D. 底盘说明部分
5. 车身结构按用途的不同可分货车车身、_____和客车车身三种。
   A. 轿车车身　　　　　　　　B. 挂车车身
   C. 半挂车车身　　　　　　　D. 微型车车身

二、多选题

1. 汽车一般都由_____、电气设备、车身附件等四大基本总成组成。
   A. 尾箱　　　　　　　　　　B. 发动机
   C. 驾驶室　　　　　　　　　D. 底盘
2. 汽车主要性能指标包括_____和汽车尾气参数等。
   A. 汽车动力性指标　　　　　B. 汽车燃油经济性
   C. 制动性能　　　　　　　　D. 汽车噪声参数

3. 配件质量鉴别的五看四法，其中四法指的是检视法和_____等四法。
A. 敲击法　　　　　　　　B. 测量法
C. 检查法　　　　　　　　D. 比较法
4. 汽车配件按失效模式分类可分为_____等。
A. 磨损　　　　　　　　　B. 变形
C. 疲劳断裂　　　　　　　D. 腐蚀及老化
5. 汽车维护类别是指汽车维护按汽车_____等划分的不同类别或等级。
A. 运行间隔期　　　　　　B. 维护作业内容
C. 运行条件　　　　　　　D. 运行环境

三、问答题
1. 汽车维修项目、耗时及收费标准有哪些？
2. 汽车常见故障及其故障成因有哪些？
3. 汽车维修术语有哪几大方面？
4. 汽车故障诊断方法有哪些？

同 步 训 练

项目一：拓印汽车 VIN 码、发动机编码。
实训目的：
通过拓印汽车 VIN、发动机编码实训，使学生掌握汽车 VIN 码、发动机编码的布置位置。让学生熟悉汽车 VIN 码、发动机编码的编码规则及各编码的含义。
实训组织：
1. 分组进行：每组 15～18 人。
2. 时间安排：2 学时。
3. 实训设备：不同品牌轿车、铅笔、白纸等。
4. 实训场地：汽车实训室、室外汽车停靠地。
成绩考核：
成绩考核参考下表 5 个方面内容。

姓名	找出汽车 VIN 位置(10分)	拓印 VIN (15分)	找出发动机编码位置(10分)	拓印发动机编码(15分)	讲述汽车 VIN、发动机编码的含义(50分)	总评

项目二：常见汽车故障项目诊断。

实训目的：

通过对常见故障项目的诊断训练，使学生掌握常见故障的一般诊断方法，熟悉常见故障的诊断步骤以及常见故障的诊断注意事项。

实训组织：

1. 分组进行：每组 15～18 人。
2. 时间安排：2 学时。
3. 实训设备：发动机台架一台、常用工具一套、故障诊断仪等。
4. 实训场地：汽车故障诊断实训室。

成绩考核：

成绩考核参考下表 5 个方面内容。

姓名	故障项目	正确描述故障现象（20分）	找出故障诊断接口、接上故障诊断仪（10分）	读取故障码（10分）	分析故障产生的原因（40分）	验证诊断结果正确性（20分）	总评
	发动机无法起动						
	发动机起动无力						
	发动机怠速不稳						
	发动机加速不良						

项目三：汽车零件目录的使用。

实训目的：

通过让学生查阅汽车零件目录获取相关零件的训练，使学生掌握如何应用汽车零件目录，让学生对汽车零件电子目录系统有初步的认识。

实训组织：

1. 分组进行：每组 15～18 人。
2. 时间安排：2 学时。

3. 实训设备：汽车零件电子目录系统等。
4. 实训场地：汽车维修接待实训室。

成绩考核：

成绩考核参考下表 5 个方面内容。

姓名	零件目录的准备（10分）	零件查阅步骤（20分）	零件信息的描述（20分）	零件信息的准确性（20分）	相同零件不同厂家区别描述（30分）	总评

模块二 汽车维修业务接待员应具备的素质与职责

知识目标

- 了解接待工作的重要意义及作用
- 了解接待员素质要求和接待员岗位职责
- 掌握汽车4S店维修接待员岗位职责及工作标准
- 了解社会主义职业道德规范
- 掌握汽车服务企业职业道德规范与具体要求
- 掌握礼仪规范原则与作用
- 掌握接待员的基本礼仪规范及要求

技能目标

- 能说出接待工作的重要意义
- 熟记接待员素质要求
- 能说出4S服务店接待员岗位职责
- 能熟悉接待岗位工作内容及标准
- 能说出社会主义职业道德规范
- 熟记汽车服务企业道德规范与要求
- 能按照岗位要求着装打扮
- 能按照电话礼仪规范要求接听服务电话

重点与难点

- 接待工作的重要性
- 接待员素质要求
- 接待员岗位职责
- 工作内容及标准
- 汽车服务企业道德规范与具体要求
- 行为礼仪
- 个人礼仪

第一节　汽车维修业务接待员的作用和素质要求

一、业务接待的重要性

（一）没有业务接待将会怎样

进入21世纪以来，维修业务接待已逐步成为汽车维修企业经营管理的重要组成部分，业务接待员越来越显示出其在汽车维修企业中的重要作用。尤其是近年来，人们常把业务接待工作的好坏作为衡量汽车维修企业质量水平的直接标准。客户这样看，绝大多数汽车4S店维修经理也这样看。把业务接待所起的作用绝对化固然不对，认为业务接待可有可无则更失偏颇。

假如，你是一位客户，去一个没有业务接待员的汽车4S店或汽车修理厂修车，你的期望是得到热情的接待，故障诊断准确，修车费用合理。可现在去的是一个没有业务接待员的汽车4S店或修理厂，你的期望与实际将会有很大差距，你将会遇到一件或几件使你不愉快的事：你的到来不被重视，无人理会；接待人员回答修车技术问题含糊其辞，且模棱两可，既不专业也不规范；故障判断不准，甚至有误；维修环境差，设备不齐全；更换零件时，告诉你换的是正厂件，但事实上换的是副厂件，有的甚至是"三无"产品；价格无规范，不明码标价，收费可能虚高。

无论遇到以上哪几件事，都会引起你的不满，肯定会得出以下结论：第一，这个汽车4S店的售后服务或修理厂不正规、档次低；第二，服务差，厂家与客户之间缺少沟通；第三，维修条件差，在这儿修车不放心，于是决定不在这个汽车4S店或修理厂修车了。

虽然这是个假设，但其确实反映了客观现实。在实际运作中，某些条件尚可而又不设业务接待的汽车修理厂确实存在客户少、回头率低和维修维护业务量少的"三少"现象。认为业务接待可有可无的业主们在激烈的市场竞争中缩手缩脚，只顾眼前利益，忽略了业务接待的作用，势必"捡了芝麻，丢了西瓜"，导致大批客户流失。

当然，业务接待作为一个关键岗位在主流品牌汽车4S店售后服务部门是必须设置并经专业培训，不会有这种无业务接待岗位的情况出现。

（二）汽车维修业务接待的重要性

1. 设置业务接待员的必要性

作为一个汽车维修企业，有和没有业务接待员大不一样。如果有合格的业务接待员，将给客户留下好的印象：这个修理厂够规范、上档次；服务态度好，有亲近感；解答修车、保险、索赔等有关问题都足够专业；在这儿维修维护汽车很放心。客户就会决定在这个修理厂修车了。若是修车质量好客户会更加满意，不但其会成为这家汽车修理厂的忠实顾客，还会通过其宣传引来更多的客源，对企业的经营发展起到关键作用。

2. 设置业务接待要全盘考虑

从汽车服务企业本身来说，设置业务接待要通盘考虑许多相关问题，并不只是摆上几张办公桌，随便安排几个人就算有了业务接待了。业务接待员需要精心挑选并经过严格的培训，要把业务接待会同业务、检验、维修、配件、销售、派工、收银等管理环节协调起来，有分工，有合作，步调一致地完成企业的经营目标。

3. 设置业务接待的好处

业务接待员将给企业带来生机，带来效益。业务接待的重要性归纳起来有如下四点：

(1) 业务接待是服务行业实现现代化管理的重要步骤，业务接待的设立，充分体现了汽车维修企业的经营管理日趋完善。

(2) 业务接待带动与协调各个管理环节，明确了职责，提高了工作效率，使各部门步调一致地完成企业的经营总目标。

(3) 业务接待协调了客户利益与厂家利益，好的业务接待员既能满足顾客需求，又能顾及企业利益，在两者之间建立一个纽带。

(4) 业务接待凝聚了广大客户，提高了企业的经济效益和社会效益。

二、业务接待员的作用

客户来修车，第一步迈进的就是汽车维修企业的业务接待大厅，第一个接触的就是汽车维修业务接待员。业务接待大厅的环境，尤其是业务接待员的服务水平和素质，决定着客户是否信任这家企业，决定着客户是否在这家企业修车，也决定着客户是否能成为这家企业的回头客。也就是说，业务接待员对汽车维修企业有着至关重要的作用。

1. 窗口作用

汽车维修企业的形象主要是由企业文化、企业效率、企业信誉及经营环境等要素组成。良好的企业形象会在公众中产生深刻的认同感和信任感，进而转化为巨大的经济效益。业务接待员在顾客中的形象就是企业形象的直接反映，是企业形象的"窗口"，其言谈举止、待人接物、服务水平等直接关系到企业形象的好坏。

2. 桥梁作用

汽车维修业务接待岗位工作人员的重要性体现在其是顾客进厂碰到的第一人，是和顾客接触时间最多的一个人，甚至可能是顾客在4S店内唯一接触的人。因为顾客的时间有限、专业不足，所以很容易将爱车交给后维修顾问就放心等待结果。

从理论上讲，来4S店维修车辆的顾客是由汽车维修业务接待员从头到尾完成接待工作的。

3. 影响效益

提高顾客的满意度是汽车4S店全体员工的责任，也是企业盈利的关键。因此，各个部门之间应当密切配合。销售部门每卖出一辆车，就有责任把这个新的顾客介绍给售后部门（新车交付时）。新购车顾客将来会成为售后部门的忠诚顾客，而业务接待员的责任是当发现维修顾客有重购汽车动机的时候就必须及时把这个顾客介绍给销售部门。这样，使顾客能够再回过头来购买新车。

4. 反映4S店整体的服务水平

4S店整体素质的高低，无论是有关技术的、管理的，都可以从业务接待员身上反映出来。业务接待员在接车、交车等环节中所表现出的解决问题和处理问题的能力，直接体现了4S店技术水平的高低；业务接待员从接车到交车的全过程中所表现出的工作条理性和周密性，具体体现了4S店服务和管理水平的高低。

【案例分析】 汽车维修业务接待日常工作实例

> 情境一
>
> 客户问：为什么我不能自己开车进车间或者进车间看自己的车辆维修过程？
>
> 维修接待员：您的心情我们完全可以理解，对于检修质量您也可以完全放心，维修工都是技术过硬的技师，再则检修完毕后，我们会做验车的。您在这段维修期间里，完全可以安心处理您的事务，如有什么问题，我们会及时与您联系的。
>
> 如果顾客依然执意要求进车间的情境：
>
> 在车间车辆不断地移动，举升机不断上下举升车辆，从安全的角度上来说，我们不建议您进车间。另外您可以设想一下，如果我们的每个客户都进车间看维修过程，我们的车间会成什么样。况且修理汽车是一个十分精密、仔细的过程，就像医生在做外科手术。如果您是医生，周围站着很多人看您动手术，您会有什么感觉？
>
> 情境二
>
> 客户问：你们是怎么修车的，同样的问题都修了好几遍？你们到底能修好吗？
>
> 维修接待员：十分抱歉给你造成不便，我们会对您的车再做一个全面的检测，请放心，您会在最短时间内得到圆满的答复。如果是维修质量问题，再做一些道歉，和顾客协商可以接受的方案；如不是维修质量问题，礼貌地向顾客解释检测结果，得到顾客谅解，认同后，提出解决方案。
>
> **分析：** 上述两个例子为汽车维修接待过程中接待员经常出现的情境，在这过程中，维修接待员为了保证汽车维修企业在客户心中的形象，很好地协调维修企业和客户利益，确保客户满意度。维修接待员必须具备一定的岗位技能。因此，在汽车维修企业招聘该岗位员工时，设置了相应的岗位应聘要求。

三、担任汽车维修业务接待员必须具备如下条件

（1）具有中技、中专、职高或高中以上文化程度。

（2）身体健康，品貌端正，会说普通话，具有较强的表达能力和应变能力。

（3）熟悉国家和汽车维修行业有关价格、法律、法规、政策。

（4）熟悉汽车售后服务工作流程和方法。

（5）掌握友善、有效、可信的谈话技巧。

（6）掌握以客户为导向的思维与处理方式。

（7）具备一定的车辆定损和故障初步判断能力。

（8）具备一定的处理投诉知识和能力。

（9）具备车辆技术和配件专业知识。

（10）熟练掌握驾驶技能（持C照以上），会一般计算机操作。

（11）熟悉车辆索赔程序。

（12）具有初步财务知识，熟悉汽车维修价格结算流程。

（13）有高度的责任心和良好的职业道德。

第二节　汽车维修业务接待员的岗位职责

作为汽车维修服务企业专业化形象的代言人，汽车维修前台接待员对工作职责和流程应清楚并牢记，每个企业都会对汽车维修前台接待员的服务流程进行仔细设计，确立规范标准，尽量考虑工作效率，进而优化客户的满意度和忠诚度。那么，汽车维修前台接待员的工作职责是什么？

在汽车售后服务企业中，汽车维修接待是指主要负责客户的接待，以及客户来电咨询的接听和解答，仔细问诊和安排好维修工作，做好维修人员和客户之间车辆信息的准确、及时传递，与客户沟通并为客户制定维修方案，推荐定期维护及精品，定期对客户进行回访的工作人员。

一、两种类型的企业

（一）以自我为中心的汽车维修企业

以自我为中心的企业视企业内部经济目标的增长为第一位，知识、技术及管理为第二位。所以，这类企业集中精力来实现企业利益的内部目标，比如削减费用、撤销与生产无直接关系的部门、裁减与生产无直接关系的人员等。称其为以自我为中心，是因为企业经理主要考虑的是使自己满意而不是让客户满意。

以自我为中心的汽车维修企业有如下典型特征：

1）在完成企业内部目标方面表现突出的人受到赏识，而不赏识那些提供优质服务的人员。

2）员工们的大部分精力用来完成企业内部工作以取悦于企业经理，而不是让客户满意。

3）只注重生产、投资、设备等生产要素。

4）生产管理得到加强，经营管理不完善而不重视对知识的投资，尤其是业务接待工作非常薄弱。

5）员工们只是受到有关工作职责的培训，而很少接受服务质量、流程、员工素质方面的培训。

6）企业领导层认为参加业务培训是员工的事情，总以各种理由不参加。

7）那些不与客户直接打交道的部门并不认为其也有责任令客户满意。

（二）以客户为中心的汽车维修企业

以客户为中心的企业，注重企业利益更注重客户服务质量。所以，这类企业知道只有更好地为客户服务，听取其意见，按照其需求行事，才能获得更多的利润，占领更大的市场份额。以客户为中心的汽车维修企业有如下典型特征：

1）那些既能保证工作效率，又能使客户满意的人员受到企业的赏识。

2）企业经理既注重发展生产，搞好经营，又注重优质服务。

3）重视对员工进行技术、业务管理及与顾客关系管理方面的培训。

4）为了搞好优质服务，改善经营环境，增强业务接待力量。

5）所有部门、所有员工都知道自己的工作有责任令客户满意。

6）企业领导层不但重视对员工的培训，更重视对自身的学习提高。

二、汽车维修业务接待员的职责

汽车维修业务接待员的职责有：
1）在约定地点在车辆旁为客户提供服务咨询；进行故障诊断。
2）安排试车检查，以确保由维修技师和维修车间技术主管进行正确诊断。
3）创建完整详细的工单，工单中记有车辆信息、诊断、预计操作时间和工时、完成日期、费用范围、故障详细描述。
4）在开始维修前检查零件的供应情况。
5）销售尚未实施的服务（电话报价）。
6）确保为客户安排交通工具。
7）根据维修动态看板做出维修车间作业计划，并分派技师与维修车间技术主管合作完成工单。
8）新增项目内容与客户沟通并办理确认手续，及时将相关信息提供给车间主管以做安排。
9）检查并确认完整、正确的维修结算单。
10）检查维修项目和内容。
11）安排最终检验和试车并检查结算单。
12）将车辆交给客户。
13）进行区域市场调查和竞争对手服务报价调查。
14）提供有关价格的信息并就时间安排达成一致。
15）将保修工作卡转交给保修专员。
16）根据与总经理制定的原则，与客户就支付条款达成一致。
17）为客户档案记录车辆数据。
18）对没有进行维修的项目草拟分析报告。
19）在考虑全包价格和维护（根据现行价格）的前提下进行成本预算。
20）定期组织员工以需求为导向通过电话挖掘维修客户。
21）将信息传达给零件销售部门以使零件供应达到最优化。
22）组织并检查产品召回活动。
23）为完工任务开好结算单。
24）分列保修项目。
25）收集再次购车的客户信息，将信息反馈给维修顾问主管。
26）参加新车交付仪式。
27）进行新车交付后回访。
28）售后服务部促销活动执行人。

三、业务接待工作内容及要求

业务接待工作是业务工作的一个重要组成部分，它包括业务接待工作程序，内容解说，工作内容与要求。以下是某汽车4S店提供的具体业务接待制度（仅供参考）：

（一）业务接待工作程序

业务接待工作从内容上分为两个部分：迎接客户送修程序与恭送客户离厂程序。工作程序具体内容如下：

1. 迎接顾客

接待前来公司送修的客户。

2. 受理业务

询问客户来意与要求；技术诊断；报价，决定是否进厂，或预约维修或诊断报价；送客户离厂。图 2-1 所示为标准的 4S 店外景。

图 2-1　汽车 4S 店外景

3. 车辆交接

将接修车清洗送入车间，办理交车手续。

4. 联系纽带

维修期间，就维修进展及可能增项与客户及时沟通、经常与车间交换工作意见。

5. 车辆移动

将竣工车从车间接出，检查车辆外观技术状况及有关随车物品，准备交车。

6. 通知顾客

电话通知客户前来接车，准备客户接车资料。

7. 迎候顾客到来

业务厅内接待前来公司取车的客户，引导客户视检竣工车，汇报情况，办理结算手续、恭送客户离厂。

8. 跟踪服务

定期对客户开展跟踪服务。

（二）业务接待工作内容

1. 接待送修或咨询业务的客户

（1）工作内容：①迎接顾客。见到客户驾车驶进公司大门，立即起身，带上工作用具（笔与接修单）走到客户车辆驾驶室一侧向客户致意（微笑点头）；当客户走出车门或放下车窗后，应先主动向客户问好，表示欢迎（一般讲"欢迎光临！"）。同时做简短自我介绍。②引导停车。如客户车辆未停在本公司规定的接待车位，应礼貌引导客户把车停放到位。③寒暄交流。简短问明来意，如属简单咨询，可当场答复，然后礼貌地送客户出门并致意（一般讲"请走好""欢迎再来"）。如属需诊断、报价或进厂维修的应征得客户同意后进接待厅仔细商洽；或让客户先到接待厅休息，我方工作人员检测诊断后，再与客户商洽。情况简单的或客户要求当场填写维修单或预约单的，应按客户要求办理手续。④新顾客处置。如属新客户、应主动向其简单介绍我公司维修服务的内容和程序，再进行其他问题的商谈。⑤预约顾客处置。如属维修预约、应尽快问明情况与要求，填写"维修预约单"，并呈交客户；同时礼貌告之客户：请记住预约时间。如图2-2所示接待人员为顾客检查送修车辆。

图2-2 维修接待员为顾客初检送修车辆

（2）工作要求：接待人员要文明礼貌，仪表大方整洁、主动热情，要让客户有"宾至如归"的第一印象。客户在客厅坐下等候时，应主动倒茶，并示意"请用茶"，以表示我待客礼貌诚挚。

2. 业务咨询与诊断

（1）工作内容：在客户提出维修养护方面诉求时，我方接待人员应细心专注聆听，然后以专业人员的态度通俗的语言回答客户的问题。在客户车辆需作技术诊断才能做维修决定时，应先征得客户同意，然后我方人员开始技术诊断。如图2-3所示为4S

图2-3 车辆预检车间

店预检车间。接待人员对技术问题有疑难时，应立即通知技术部专职技术员迅速到接待车位予以协助，以尽快完成技术诊断。技术诊断完成后应立即打印或填写诊断书，应明确车辆故障或问题所在然后把诊断情况和维修建议告诉客户，同时，把检测诊断单呈交客户，让客户进一步了解自己的车况。

（2）工作要求：在这一环节，我方接待人员要态度认真细致，善于倾听，善于专业引导。在检测诊断时，动作要熟练，诊断要明确，要显示公司技术上的优越性、权威性。

3. 业务洽谈

（1）工作内容：①与客房商定或提出维修项目，确定维修内容、收费定价、交车时间，确定客户有无其他要求，将以上内容一一填入"进厂维修单"，请客户过目并决定是否进厂。②客户审阅"进厂维修单"后，同意进厂维修的，应礼貌地请其在客户签字栏签字确认；如不同意或预约进厂维修的，接待人员应主动告诉并引导客户到收银处办理出厂手续——领"出厂通知单"，如有我方诊断或估价的，还应通知客户交纳诊断费或估价费；办

完手续后应礼貌送客户出厂，并致意"请走好，欢迎再来"。

（2）工作要求：与客户洽谈时，要诚恳、自信、为客户着想，不卑不亢、宽容、灵活、要坚持"顾客总是对的"的观念。对不留厂维修的客户，不能表示不满，要保持一贯的友好态度。

4．维修估价

（1）工作内容：与客户确定维修估价时，一般采用"系统估价"即按排除故障所涉及的系统进行维修估价；对一时难以找准故障所涉及系统的，也可以采用"现象估价"，即按排除故障现象为目标进行维修估价，这种方式风险大，我方人员定价时应考虑风险价值。针对维修内容技术含量不高，或市场有相应行情价的或客户指定维修的，可以用"项目定价"，即按实际维修工作量估价，这种方式有时并不能保证质量，应事先向客户做必要的说明。维修估价洽谈中，应明确维修配件是由我方还是由客方供应，用正厂件还是副厂件；并应向客户说明：凡客户自购配件，或坚持要求关键部位用副厂件的，我方应表示在技术质量不作担保，并在"进厂维修单"上说明。

（2）工作要求：这一环节中，我业务接待人应以专业人员的姿态与客户洽谈，语气要沉稳平和，灵活选用不同方式的估价，要让客户对我公司有信任感。应尽可能说明本公司价格合理性。

5．维修质量承诺与交车时间约定

（1）工作内容：业务洽谈中，要向客户明确承诺质量保证，应向客户介绍我公司承诺质量保证的具体规定。要在掌握公司现时生产情况下承诺交车时间，并留有一定的余地。特别要考虑汽车配件供应的情况。

（2）工作要求：要有信心，同时要严肃，特别要注意公司的实际生产能力，不可有失信于用户的心态与行为。

6．办理交车手续

（1）工作内容：客户在签订维修合同（即维修单）后，接待人员应尽快与客户办理交车手续；接收客户随车证件（特别是二保、年审车）并审验其证件有效性、完整性、完好性，如有差异应当时与客户说明，并做相应处理，请客户签字确认差异。接收送修车时，应对所接车的外观、内饰表层、仪表、座椅等做一次视检，以确认有无异常；如有异常，应在"进厂维修单"上注明；对随车的工具和物品应清点登记，并请客户在"随车物品清单"上签字（详见"随车物品清单"），同时把工具与物品装入为该车用户专门提供的存物箱内。接车时，对车钥匙（总开关钥匙）要登记、编号并放在统一规定的车钥匙柜内。对当时油表、里程表标示的数字登记入表。如即时送车于车间修理的，车交入车间时，车间接车人要办理接车签字手续。

（2）工作要求：视检、查点、登记要仔细，不可忘记礼貌地请客户在"进厂维修单"上签名。

7．礼貌送别客户

（1）工作内容：客户办完一切送修手续后，接待员应礼貌告知客户手续全部办完，礼貌暗示可以离去。如客户离去，接待员应起身致意送客，或送客户至业务厅门口，致意："请走好，恕不远送"。

（2）工作要求：热情主动、亲切友好、注意不可虎头蛇尾。

8. 派工修车

（1）工作内容：

1）客户离去后，迅速清理"进厂维修单"，（这时通过电脑，一些车辆统计报表也同时登记），如属单组作业的，直接由业务部填列承修作业组；如属多组作业的，应将"进厂维修单"交车间主管处理。

2）由业务接待员通知清洗车辆，然后将送修车送入车间，交车间主管或调度，并同时交随车的"进厂维修单"，并请接车人在"进厂维修单"指定栏签名、并写明接车时间，时间要精确到十分钟。

（2）工作要求：认真对待、不可忽视工作细节，更不可省略应办手续。洗车工作人员洗完车后，应立即将该车交业务员处理。

9. 追加维修项目处理

（1）工作内容：业务部接到车间关于追加维修项目的信息后，应立即与客户进行电话联系，征求对方对增项维修的意见。同时，应告之客户由增项引起的工期延期。得到客户明确答复后，立即转达到车间。如客户不同意追加维修项目，业务接待员即可口头通知车间并记录通知时间和车间受话人；如同意追加，即开具"进厂维修单"填列追加维修项目内容，立即交车间主管或调度，并记录交单时间。

（2）工作要求：咨询客户时，要礼貌，说明追加项目时，要从技术上做好解释工作，事关安全时要特别强调利害关系；要冷静对待此时客户的抱怨，不可强求客户，应当尊重客户选择。

10. 查询工作进度

（1）工作内容：业务部根据生产进展定时向车间询问维修任务完成情况，询问时间一般定在维修预计工期进行到70%至80%的时候。询问完工时间、维修有无异常。如有异常应立即采取应急措施，尽可能不拖延工期。

（2）工作要求：要准时询问，以免影响准时交车。

11. 通知客户接车

（1）工作内容：

1）做好相应交车准备：车间交出竣工验收车辆后，业务人员要对车做最后一次清理；清洗、清理车厢内部，查看外观是否正常，清点随车工作和物品，并放入车上。结算员应将该车全部单据汇总核算，此前要通知、收缴车间与配件部有关单据。

2）通知客户接车。一切准备工作之后，即提前一小时（工期在两天之内），或提前四小时（工期在两天以上包括两天）通知客户准时来接车，并致意："谢谢合作！"；如不能按期交车，也要按上述时间或更早些时间通知客户，说明延误原因，争取客户谅解，并表示道歉。

（2）工作要求：通知前，交车准备要认真；向客户致意、道歉要真诚，不得遗漏。

12. 迎候顾客取车

（1）工作内容：①主动起身迎候取车的客户，简要介绍客户车辆维修情况，指示或引领客户办理结算手续。②结算：客户来到结算台时，结算员应主动礼貌向客户打招呼，示意台前座位落座，以示尊重；同时迅速拿出结算单呈交客户；当客户同意办理结算手续时，应迅速办理，当客户要求打折或其他要求时，结算员可引领客户找业务主管处理。③结算完毕，应即刻开具该车的"出厂通知单"，连同该车的维修单、结算单、质量保证书、随车证件和车钥匙一并交给客户手中，然后由业务员引领客户到车场作随车工具与物品的清点和外形视检，如无异议，则请客户在"进厂维修单"上签名。④客户办完接车手续，接待员送客户出厂，并致意思："XX 先生（小姐）请走好""祝一路平安！欢迎下次光临！"

（2）工作要求：整个结算交车过程、动作、用语要简练，不让客户觉得拖拉烦琐。清点、交车后客户接收签名不可遗漏。送客要至诚。

13. 客户档案管理

（1）工作内容：客户进厂后业务接待人员当日要为其建立业务档案，一般情况，一车一档案袋。档案内容有客户有关资料、客户车辆有关资料、维修项目、修理维护情况、结算情况、投诉情况，一般以该车"进厂维修单"内容为主。老客户的档案资料表填好后，仍存入原档案袋。

（2）工作要求：建立档案要细心，不可遗失档案规定的资料，不可随意乱放，应放置在规定的车辆档案柜内，由专人保管。

14. 咨询解答与投诉处理

（1）工作内容：客户电话或来业务厅咨询有关维修业务问题，业务接待人员必须先听后答，听要细心，不可随意打断客户；回答要明确、简明、耐心。答询中要善于正确引导客户对维修的认识、引导对我公司实力和服务的认识与信任；并留意记下客户的工作地址、单位、联系电话，以便今后联系。客户投诉无论电话或上门，业务接待员都要热情礼貌接待；认真倾听客户意见，并做好登记、记录。倾听完意见后，接待员应立即给予答复。如不能立即处理的，应先向客户致意：表示歉意并明确表示下次答复时间。处理投诉时，不能凭主观臆断，不能与客户辩驳争吵，要冷静而合乎情理。投诉对话结束时，要致意："XX 先生（小姐），感谢您的信任，一定给您满意答复"。

（2）工作要求：受理投诉人员要有公司大局观，要有"客户第一"的观念，投诉处理要善终，不可轻慢客户。客户对我方答复是否满意要做记录。

15. 跟踪服务

（1）工作内容：根据档案资料，业务人员定期向客户进行电话跟踪服务。跟踪服务的第一次时间一般选定在客户车辆出厂二天至一周之内。跟踪服务内容有：询问客户车辆使用情况，对我公司服务的评价，告知对方有关驾驶与维护的知识，或针对性地提出合理使用的建议，提醒下次维护时间，欢迎保持联系，介绍公司新近服务的新内容、新设备、新技术，告之公司免费优惠客户的服务活动。做好跟踪服务的记录和统计。通话结束前，要致意："非常感谢合作！"

（2）工作要求：跟踪电话时，要文明礼貌，尊重客户，在客户方便时与之通话，不可强求；跟踪电话要有一定准备，要有针对性，不能漫无主题，用语要简明扼要，语调应亲切自然。要善于在交谈中了解相关市场信息，发现潜在维修服务消费需求，并及时向业务主管汇报。

16. 预约维修服务

工作内容及要求：受理客户提出预约维修请求，或我公司根据生产情况向客户建议预约维修，经客户同意后，办理预约手续。业务员要根据客户与我公司达成意见，填定预约单，

并请客户签名确认。预约时间要写明确，需要准备价值较高的配件量，就请示客户预交定金（按规定不少于原价的二分之一）。预约决定后，要填写"预约统计表"；要于当日内通知车间主管，以便到时留出工位。预约时间临近时，应提前半天或一天，通知客户预约时间，以免遗忘。

17．业务统计报表填制、报送

（1）工作内容：周、月维修车的数量、类型、维修类别、营业收入与欠收的登记、统计及月统计分析报告由业务部完成，并按时提供财务部、分管经理、经理，以便经营管理层的分析决策。

（2）工作要求：按规定时间完成报表填报，日报表当日下班前完成，周报表周六下班前完成，月报表月末一天下班前完成。统计要准确、完整，不得估计、漏项。

18．本制度使用的表格

本制度使用以下 17 种表格：进厂维修单、维修追加项目单、维修估价单、维修预约单、维修结算单、出厂通知单、售后服务卡、跟踪服务客户电话记录表、跟踪服务电话登记表、跟踪服务信函登记表、维修预约登记表、客户档案资料表、随车物品清单、行业相关市场情况报告表、公司业务状况分析报告表等。

第三节　汽车维修行业职业道德

一、职业与职业道德

（一）职业

在现实生活中，人们习惯于把每一个社会成员，在社会中所从事的并作为主要生活来源的工作称为职业。职业也指人们在社会生活中，对社会所承担的一定职责和从事的专门业务。由于职业固有的社会性质和社会地位，它集中联系着社会关系的三大要素：责、权、利。每种职业都意味着承担一定的社会责任，享受一定的社会权利，体现一定的利益关系。

1．职业是以工作性质作为基本原则来分类的

根据原劳动和社会保障部（现为人力资源和社会保障部）、原国家质量技术监督局（现为国家质量监督检验检疫总局）和国家统计局联合组织编制的《中华人民共和国职业分类大典》（1999 年），我国职业分为 8 大类，66 个中类，413 个小类，1838 个细类。其中 8 大类职业为：①国家机关、党群组织、企业、事业单位负责人。②专业技术人员。③办事人员和有关人员。④商业、服务业人员。⑤农、林、牧、渔、水利业生产人员。⑥生产、运输设备操作人员及有关人员。⑦军人。⑧不便分类的其他从业人员。

2．职业对劳动者有着极其重要的作用

1）劳动者的谋生手段。

2）劳动者谋求发展、实现和创造自身价值的途径。每个劳动者都可以在职业活动中尽情地展示自己的才能，使自己得到充分发展，实现和创造更高的人生价值。

3．职业的发展趋势

我国加入世界贸易组织后，随着与世界各国合作与交流机会的增加，职业也在不断发展

变化，目前我国的职业有以下三大发展趋势：

1）职业的种类大量增加。人均一生职业转换次数增加，职业活动的内容不断弃旧更新，职业出现了多样化的发展趋势。

2）随着科学技术的发展，职业将向高科技化、智能化、专业化方向发展。

3）随着第三产业在国民经济发展中所起作用的增大，与第三产业有关的职业将得到继续发展，为人们创造更多的发展机会。

（二）道德

1. 什么是道德

道德是依靠人们的传统习俗、内心信念和社会舆论来调整人与人之间，以及人与社会之间关系的行为准则和行为规范的总和。道德的概念包含以下三个方面的含义：

（1）道德是人们的一种行为准则和规范。人们的行为准则和规范很多，法律、规章制度、道德等都是人们的行为准则和规范。道德与法律、规章制度有共同之处，也有许多不同之处。从作用的范围看，道德规范比法律规范更为广泛。法律只对有明确规定的违法行为起作用，而道德起作用的范围比法律大得多，道德能调节许多不违反法律或无法可依的不良行为。

（2）道德是人们的一种内在约束。道德是通过人们的传统习俗、内心信念和社会舆论对人起作用的，它与其他行为规范对人们起作用的方式不同。道德对人们来说是一种内在约束，而且这种约束完全是建立在自觉自愿、没有外在压力的基础上的。

（3）道德具有调整人与人之间以及人与社会之间关系的社会作用。有人类社会，就有道德存在。道德遍及社会各个领域，渗透于各种社会关系中。只要有人和人的关系存在，就有调整人与人相互关系的道德。

道德是人们最熟悉的一种社会现象，是做人的根本，也是社会文明进步的基本标志之一，道德在个人成长与成才、社会的安定团结、国家的繁荣富强中发挥着独特的作用。

2. 道德的本质

道德是一种特殊的社会意识形态，受社会关系特别是经济关系的制约。生产关系对道德起决定性作用，在社会物质生活中主要表现在以下四个方面：

（1）生产关系直接决定着道德的性质。生产关系包括生产资料所有制的形式、各种社会集团在生产过程中的地位及相互关系、消费资料的分配方式三个方面，这三个方面都对道德有直接的作用，其中生产资料所有制的形式决定着道德的性质。

（2）生产关系所表现出来的利益关系，决定着道德的基本原则和主要规范。

（3）生产关系的变革决定着道德的发展变化。当生产关系发生变化时，道德便会随其改变，即便在同一社会里，生产关系的部分变化和调整，也会引起道德的某些变化。在改革开放和发展社会主义市场经济过程中，自主意识、竞争意识、效益意识、民主法制意识和开拓创新意识等观念日益为人们所接受。

（4）生产力的发展推动着道德的进步与发展。随着科学技术的不断发展，生产工具的不断改进，劳动者素质的不断提高，必然引起生产力的不断进步和人类社会的发展，并由此推动着人类道德的进步。

3. 道德的社会功能

道德和其他社会意识一样，一经产生，就表现出巨大的能动作用。道德的这种能动作用贯穿于经济基础变化过程的始终。道德对经济基础的反作用，有保守或反动的区别。当道德所代表的生产关系适应生产力发展的需要时，对社会的发展就起着积极促进的作用；否则，就对社会的发展起阻碍的作用。

道德对社会的能动作用，主要表现为认识功能、调节功能和教育功能三个方面：

（1）道德的认识功能。

（2）道德的调节功能。在社会生活中，人们之间形成了多种多样的交际关系和利益关系。道德就发挥着调节这些关系的社会功能，以维护社会生活的正常进行。可以说，道德是社会生活的重要调节器。

（3）道德的教育功能。对于一个人思想道德素质形成过程的本身，就体现了对人的一种特殊教育功能。

（三）职业道德

人类社会生活可分为公共生活、职业生活和家庭生活三大领域，与此相适应的道德规范也可分为社会公德、职业道德和家庭美德三大部分。其中，职业道德在整个社会道德体系中，占有相当重要的地位。所以，当前我国社会主义道德建设要以职业道德建设为重点。只有搞好各行各业的职业道德教育，才能影响和带动整个社会道德的好转。

1. 什么是职业道德

职业道德是指从事一定职业的人们，在职业活动中应当遵循的职业行为规范，即道德观念、行为规范和风俗习惯。

职业产生于社会分工。随着生产力的发展，不断地产生新的职业，而每个职业都具有各自特征的职业道德，无论何种职业道德，都有其共同的特点，这就是对职业充满情感、信念与责任感。职业情感使人产生爱业、敬业乃至殉业精神；职业信念使人形成求生存、谋发展、争创一流的决心与行动；职业责任感使人刻苦钻研业务，诚实高效地完成工作任务。

2. 职业素质

职业素质由思想政治素质、职业道德素质、科学文化素质、专业技能素质和身心健康素质五部分组成。职业素质是一个有机整体，身心健康素质是前提，科学文化素质是基础，专业技能素质是手段，思想政治素质、职业道德素质是灵魂和保证。

职业素质有五大特征：专业性、稳定性、内在性、整体性和发展性。

1）职业素质的专业性是指从业者要从事某种职业所应具备的专业知识和技能。

2）职业素质的稳定性是指职业素质一经形成，便会在从业者的个性品质中，在从业者的一言一行、一举一动中稳定地表现出来。

3）职业素质的内在性是指从业者的专业知识和技能以潜能的形式存在，通过职业活动来充分展现。职业活动是职业素质形成的中介，也是职业素质外化的桥梁。

4）职业素质的整体性是指从业者在职业活动中整体素质的统一。在职业活动中，一个从业者需要一种整体的综合的素质，既需要专业知识和技能，又需要有理想、信念、责任感、沟通能力、自控能力等。

5）职业素质的发展性是指随着社会的发展和科技的进步，需要对从业者的职业素质不断提出新要求和新标准。从业者的职业素质越高，就越能在职业活动中发挥主观能动性、积极性和创造性。职业素质的提高有利于提高劳动生产率，推动科技进步和社会发展，有利于促进人的全面发展，实现人生价值。

模块二　汽车维修业务接待员应具备的素质与职责

3. 职业道德的构成要素

职业道德由职业理想、职业纪律、职业责任、职业义务、职业态度、从业技能、职业荣誉和职业作风构成。这八个要素相辅相成、互为补充，构成一个统一整体——职业道德。

（1）职业理想是伴随人生观的确定而逐渐形成的。职业理想是在客观决定和主观选择的辨证权衡中确定的。职业理想的实现既要考虑个人的发展，又要注重社会的需要。

（2）职业纪律是一种行为规范，要求从业者在职业生活中遵守秩序、执行命令、履行责任，是调整从业者与职业、从业者与社会以及职业生活中局部与全局关系的重要方式。

（3）职业责任是人们在履行义务过程中形成的道德责任感、向善的意念和自我评价的能力，是一定道德观念、道德情感、道德意志和道德信念的统一。

（4）职业义务是职业团体和从业者被赋予的职权、职责及对社会、对人民所承担的责任和义务要求。

（5）职业态度是指从业者对所从事的职业的评价和表现出的行为倾向，是从业者对其他职业和广大社会成员履行职业义务的基础。

（6）从业技能是指从业者完成本职工作、承担职业责任所必须具备的科学文化知识、专业技术能力。

（7）职业荣誉是指从业者对职业行为的社会价值所做的公认的客观评价和正确的主观认识。

（8）职业作风是指从业者在其职业活动中表现出来的，体现其职业特点的态度和风格，是社会对职业特定的共同要求。

4. 职业道德的基本特征

职业道德是社会道德的一种重要形态，既具有一般道德的特征，又具有不同于一般道德的特征。

（1）职业道德的阶级性。在阶级社会中，职业道德都不同程度地受统治阶级道德原则的制约，或多或少地打有阶级的烙印。

（2）职业道德的行业性和群体性。由于各种职业的从业内容、从业方式和从业要求不尽相同，所以其职业道德所规范的是每一种行业的从业人员的职业行为，不具有普遍适用性，只适用于本行业。群体的职业道德即行风，其对社会风气或是行业中的每一个成员都产生很大的影响。因此，要正确认识和处理好群体职业道德和个体职业道德以及个人与集体的关系。

（3）职业道德的继承性和相对稳定性。无论何种职业，都是随着社会的发展而逐渐形成的。每个时代的职业都是在继承的基础上发展起来的，虽然每种职业在不同的历史时期都有着不同的特点，但无论哪个时代，每种职业道德所调整的基本的道德关系都是大致相同的，而且基本道德规范都具有历史继承性和相对稳定性。

当然，职业道德也不是完全静止不变的，它会随着时代的发展而不断赋予自身以新的内涵，并适当地进行补充丰富和修正更新。

（4）职业道德的确定性和简易性。在各种各样的职业活动中，各行各业一般都会根据本行业的特点和要求，采取简明扼要的"行业公约""职工守则""岗位须知"等形式，制定一些明确的保证、承诺、条例和规章，以此作为职业道德的具体要求，来教育、规范本行业的从业人员，并将其公之于众，接受社会的监督检查。因此，职业道德规范的要求非常明确，十分具体且简便易行，并具有很强的针对性和可操作性，以保证职业活动的顺利开展。

（5）职业道德的灵活性和多样性。每一种职业，都有各自的职业道德，所以职业道德具有多样性。另外，职业道德在行为准则的表达方式方面，也比较具体、灵活、多样。职业道德对从业人员的道德要求，不仅仅只是原则性的规定，而是很具体的约束性的规范条文，如章程、职工守则、行业公约、岗位须知、誓词、保证书等。职业道德的这种灵活性和多样性，便于从业者接受和实行，有助于养成忠于职守的道德习惯。

二、社会主义职业道德

社会主义职业道德是社会主义社会的从业者，在职业活动中所应遵循的行为规范的总和。社会主义职业道德是人类社会崭新的职业道德，是在人类社会各个历史时期职业道德发展成果的基础上形成的，批判地继承了人类社会各个历史时期职业道德的优秀成果。这是一种以公有制为主体、以集体主义为原则，并与市场经济、商品交换关系相适应的社会主义道德观念，与传统的、建立在私有制基础上的职业道德有着本质的区别。

（一）社会主义职业道德的内容

在社会主义国家里，只要为了国家的富强、为了人民的需要做出了贡献，不管从事的职业是什么，都会受到国家和人民的尊重。因此，热爱自己的职业，树立职业的责任感和荣誉感，对职业充满情感，坚定信念，是社会主义职业道德的重要内容。

（二）社会主义道德的核心

社会主义道德的核心是为人民服务。为人民服务是社会主义道德建设的出发点和落脚点。从业者在社会活动或是职业活动中，都要以最大多数人民的根本利益为出发点。

对于不同思想觉悟水平的公民，为人民服务有不同层次的要求，对于共产党员和有觉悟的先进分子，为人民服务的要求是全心全意地为人民服务，先公后私、大公无私，一切以为人民服务为出发点；对于一个普通劳动者来说，为人民服务的要求是倡导义务地为人民服务，但也肯定有偿服务的实践意义，只要诚实劳动，合法经营，不坑蒙拐骗，不损公肥私，不损人利己，有偿服务也是为人民服务。

（三）社会主义职业道德建设的作用

社会职业道德水平的高低，是衡量其文明程度的显著标志。社会主义职业道德建设的社会作用表现在以下几个方面：

1. 能够促进人的自我完善

加强职业道德建设，能够促进人的自我完善，提高从业人员的职业素质，提高全民族的思想道德素质。

在现实生活中，职业生活是人们社会生活的主要内容。人的一生大约1/3的时间是在职业生活中度过的。人们的职业道德品质主要是在各种职业活动中得到培养和锻炼，并通过职业活动不断提高。在此过程中，通过职业道德训练和约束，经过长期职业生涯的磨砺，不断提升个人思想道德素质，促进人的完善，推动全民族的思想道德素质的提高。

2. 能够调动广大劳动者的积极性

加强职业道德建设，能够培育适应社会主义市场经济需要的职工队伍，调动广大劳动者的积极性，推动物质文明的建设，促进社会经济的健康发展。

社会主义职业道德教育紧紧围绕经济建设和改革开放展开，具有鲜明的职业特点和生动具体的道德要求。它比一般的思想政治工作更容易渗透到本职工作的全过程，对培育适应社会主义市场经济需要的职工队伍起着明显的促进作用。各行各业的从业人员的良好职业道德素质，能为社会的健康发展提供强大的精神。

3. 有助于纠正行业不正之风

加强职业道德建设，有助于纠正行业不正之风、净化社会风气，使整个社会的道德面貌和社会风气日益好转和进步。

各行各业的风气是职工的道德水平和道德面貌的总的体现，而整个社会风气又是各行各业道德水平和道德面貌的综合反映。如果行业风气都端正了，整个社会也就会出现崭新的面貌。因此，树立良好的社会风气，就是要使各行各业的全体成员都从我做起，严格履行自己的职业义务，正确行使自己的职业权利，自觉遵守职业道德，这样就会形成良好的社会风气。

（四）社会主义职业道德规范

1. 职业道德规范

规范是指约定俗成、明文规定的标准，也就是准则。道德规范是人们道德关系和道德行为普遍规律的反映，是一定的社会制度对人们提出的应当遵循的行为准则。

2. 职业道德规范的条件

社会主义职业道德规范是在社会主义条件下，在社会所有职业活动中处理各种道德关系的行为准则，是对从业人员的社会主义职业道德要求的概括。社会主义职业道德规范也就是在社会主义社会里，无论从事什么职业的人，工人、农民、教师或机关干部，都要共同遵守的行为准则。它是由社会主义经济关系所决定，并在社会主义道德原则的指导下，在从业人员的长期职业实践中逐步形成的。

3. 社会主义职业道德规范的内容

《公民道德建设实施纲要》中对社会主义职业道德规范的内容进行了规定，这些基本规范包括：爱岗敬业、诚实守信、办事公道、服务群众、奉献社会。

（1）爱岗敬业。爱岗敬业是职业道德的基础和核心，是社会主义职业道德所倡导的首要规范，是职业道德建设的首要环节，是社会主义职业道德的最基本要求。

爱岗敬业是对人们工作态度的一种普遍的要求。任何从业人员都应该热爱自己的本职工作，用一种恭敬严肃的态度对待自己的工作，勤奋努力、精益求精、尽职尽责。

在社会主义社会里，尽管人们在不同的工作岗位，从事着不同的职业，但其爱岗敬业的职业道德要求都是相同的。

如何做到爱岗敬业，概括起来有以几点：①树立正确的职业观，即从业者要对自己所从事职业的意义有明确的认识，从内心热爱并热心于自己从事的职业和岗位，把干好本职工作当作最快乐的事。②热爱职业，即乐业，也就是对自己的工作有一种崇高的职业尊严感和荣誉感，对自己的工作抱有浓厚的兴趣，倾注满腔的热情，把职业生活看作是一种乐趣，以苦为荣，以苦为乐，尽职尽责，无怨无悔，默默奉献。乐业是爱岗敬业的前提，是一种职业情感。③勤业，即对自己的职业忠于职守、认真负责、刻苦勤奋、不懈努力。勤业是爱岗敬业的保证，是一种优秀的工作态度。④精业，即对本职工作业务纯熟、精益求精，有好学上进的态度，不断追求工作完美。在职业活动中，充分发挥人的主观能动性，有所创新，有所发明，有所作为。精业是爱岗敬业的条件，是一种完美的人生追求。

(2) 诚实守信。诚实守信是中华民族的传统美德，是社会主义职业道德的基本规范之一，是人们在职业生活中处理人与人之间关系的重要行为准则，是做人做事的基本准则。诚实守信作为职业道德，要求从业人员诚实劳动、讲求信誉，树立起值得他人信赖的道德形象。

在社会主义市场经济条件下，诚实守信是每一个经济主体得以在市场竞争中立足的基本条件，是各行各业的生存之道，是维系良好的市场经济秩序必不可少的职业道德准则。

诚实守信，概括起来有以下几点：①要自觉抵制各种行业不正之风，树立诚实守信的观念和意识，树立诚实守信的企业经营理念和企业文化，反对"别人都不讲诚信，我何必讲诚信"的"随大流"思想。②要自觉遵守诚实守信的职业道德规范，在社会生活和职业活动中，都应该讲老实话，做老实人，办老实事。③要谨慎、实事求是地做出承诺。一旦承诺，就应以认真的态度尽心尽力地去兑现自己的承诺。当出现始料未及的情况，未能兑现全部承诺时，要想方设法地予以弥补。④从业人员要坚持诚实守信的职业道德规范，就必须旗帜鲜明地反对以假充真、以次充好、弄虚作假的欺诈行为，与不诚信的行为做斗争。

(3) 办事公道。办事公道是职业道德的基本规范。它是指各行各业的从业人员，在本职工作中以国家法律、法规、各种纪律一、规章以及公共道德准则为标准，秉公办事，公平、公正地处理问题，平等待人，不徇私情，遵守工作行为准则。

办事公道是维持一个社会正常运转，形成良好的社会秩序的重要保证，有助于社会风气的改善和市场经济健康有序的运作。

办事公道，概括起来有以下几点：①要坚持真理，主持正义，遵守国家法律，严守职业纪律。②要待人公平、客观公正，要有"实事求是"的科学态度和正直无私、刚正不阿的道德品格。③要不徇私情，不谋私利，不计较个人得失，不惧怕各种权势。④要提高认识能力和是非辨别能力，这就能避免差错，维护公道。

(4) 服务群众。服务群众是各行各业的从业人员必须遵循的职业道德规范。服务群众揭示了职业与人民群众的关系，指出了从业人员的主要服务对象是人民群众。

服务群众就是全心全意地为人民服务，一切以人民的利益为出发点和归宿点。每个从业人员在职业劳动时，都应自觉地尽心尽力、尽职尽责地服务群众，并将这些看作是社会健康有序、良好运行的保证。

良好的服务是企业生存和发展的内在要求，也是社会主义市场经济健康发展的要求。良好的服务有益于激发从业人员的工作热情，有利于构建和谐社会，并能实现个人的价。

服务群众，概括起来有以下几点：①要树立全心全意为人民服务的思想，做到心中装着群众，急群众所急，想群众所想。②要尊重群众，诚心诚意地对待群众，做到文明服务、礼貌待人、热情、周到。③要在安排工作时，以方便群众为目的。

(5) 奉献社会。奉献社会是新时期社会主义道德建设中的一个重要规范。奉献社会提倡一种忘我无私的精神，就是一心为社会做贡献，全心全意地为人民服务、为社会服务，丝毫不计较个人恩怨与得失。

奉献社会是社会主义职业道德中的最高境界，是每个从业者的最终目标，更是职业道德的出发点和归宿点。它表现为一种乐于助人、无私奉献的精神，是一种高尚的人格和情操。

奉献社会有助于培养社会责任感和无私奉献精神，有助于人的自我价值的充分实现。人们所做的事不论大小，只要有益于国家、有益于人民，就是奉献。

奉献社会，概括起来有以下几点：①要自觉自愿、不计报酬地为他人、为社会贡献力量，为增进社会公共福利而积极劳动。②要有为社会服务的责任感，充分发挥主动性、创造性，竭尽全力贡献自己的力量。③要坚持把公众利益、社会效益放在第一位。④要正确处理好"义"和"利"的关系，处理好社会效益和经济效益的关系，处理好个人利益和单位利益、个人利益和社会效益的关系，把奉献社会真正落到实处。

三、汽车维修职业道德

汽车维修是以提供劳务的形式，使汽车维持、恢复应有的技术性能，延长其使用寿命的一项具有很强服务性的工作。汽车维修从业人员工作的好坏，直接影响着汽车维修的质量，关系到行车安全。因此，作为一个汽车维修人员，不仅要有良好的职业技能，而且要有良好的职业道德。

（一）汽车维修职业道德的含义

汽车维修职业道德是汽车维修从业人员，在工作和劳动过程中应遵循的与其职业活动相适应的，依靠社会舆论、传统习惯和内心信念来维持的行为规范的总和。它是一般社会道德在汽车维修职业活动中的具体体现，是调整汽车维修人员职业活动中各种道德关系的基本准则。

（二）汽车维修职业道德的特点

汽车维修职业道德作为社会主义职业道德的重要组成部分，除了具有一般社会道德的特点外，还具有以下特点：

1. 服务性

汽车维修的生产过程，需要运用一些技术装备，依靠系统的经营管理，消耗一定的劳动和物化劳动，向社会提供的只是劳动服务，其生产作业具有鲜明的服务性。

2. 协作性

汽车维修作业是一个多工种的组合，其生产过程处处体现着协作精神。特别是流水作业的修理厂，只要一个工序不能按期完成，就会影响整个生产任务的按期完成。协作性，既是汽车维修行业的特征，又是汽车维修职业道德的具体体现。

3. 时效性

汽车维修任务的组织、安排、调度、检验等，是在维修计划基础上进行的。如果不能按计划完成维修车辆任务，进厂维修的车辆不能按时出厂，就会影响整个维修任务的正常进行。因此，按时完成维修任务，保证为修车客户正点及时地提供完好的车辆，反映在汽车维修职业道德上就是时效性特点。

4. 安全性

汽车维修质量的好坏，直接关系到行车安全，关系到国家财产和人民生命财产的安全。在汽车维修过程中，大至各类总成，小至一个螺栓螺母，无不与汽车安全行驶密切相关，只有确保维修质量，才能保证车辆的安全行驶。牢固树立质量意识、安全意识就成为汽车维修职业道德的鲜明特点。

5. 规范性

汽车维修是一项技术要求很高的工作。为了保证汽车维修的质量和行车安全，国家有关部门和汽车维修行业陆续颁布了一系列有关汽车综合性能和总成部件的技术规范、修理工艺等方面的标准和法规性文件。这些技术标准、工艺标准和法规性文件在汽车维修职业道德中就表现为鲜明的规范性的特点。

任何一个汽车维修企业，从车辆进厂检查、维修到竣工检验，都离不开标准、规范。汽车维修的过程，实际上就是标准化、规范化活动的过程，汽车维修工作质量的好坏，在很大程度上取决于标准化、规范化工作水平的高低。严格遵守汽车维修各项标准和规范，并以此指导自己的行动，是对汽车维修从业人员的基本要求，也是衡量汽车维修从业人员职业道德水平高低的重要依据。

（三）汽车维修职业道德的基本原则

汽车维修职业道德的基本原则，是对汽车维修职业道德体系的总体概括和对从事汽车维修职业的人们提出的基本道德要求，它反映了汽车维修职业活动的基本方向。正确认识和理解汽车维修职业道德的基本原则，并把它贯穿于职业活动的始终，是每一个汽车维修从业人员义不容辞的职责和义务。

汽车维修职业道德的基本原则，概括起来有以下几个方面：

1. 热爱和忠实于汽车维修职业

热爱和忠实于社会主义汽车维修职业作为社会主义汽车维修职业道德的基本原则，是社会主义道德在汽车维修职业活动中的具体体现。只有对自己所从事的汽车维修职业有充分的认识，才可能对自己的职业产生热爱的道德情感，才可能迸发出忠实于自己职业的诚挚的道德理想，以及把毕生的精力献身于汽车维修职业的坚定的道德意志和信念。

2. 坚持为人民服务的根本宗旨

为人民服务，对社会负责，是社会主义职业道德的基本要求。把全心全意为人民服务的根本宗旨作为汽车维修职业道德的基本原则，指明了汽车维修职业活动的总方向。汽车维修行业的一切工作，都必须围绕这一根本方向进行。汽车维修从业人员不论在任何时候处理任何问题，都应当把客户的利益放在首位，而把个人利益融于为客户服务这个大前提之中，这才符合社会主义汽车维修职业道德的根本要求。

3. 自觉做到安全优质，文明高效

汽车维修最基本的社会职责就是以合理的价格、上乘的服务、按所要求的修理期限，使车辆得到及时的维护和修理，保证车辆的技术性能得到充分的发挥，确保交通的安全畅通。这就要求汽车维修人员必须把安全、优质、文明、高效作为汽车维修职业道德规范的基本原则。

（四）汽车维修职业道德的基本规范

汽车维修从业人员在职业活动中，不仅要遵循社会公德和汽车维修职业道德的基本原则，而且还要遵守具体的行为标准和规则。这些具体的行为标准和规则就是职业道德规范。

根据汽车维修职业道德的基本原则和汽车维修职业特点的客观要求，汽车维修从业人员在职业活动中应遵循的主要道德规范有：爱岗敬业，钻研技术；精工细修，优质高效；遵章守纪，规范操作；顾全大局，团结协作；勤俭节约，爱护器材。

1. 爱岗敬业，钻研技术

（1）爱岗敬业是职业道德的基本精神，爱岗敬业精神的基础是对劳动者的社会价值和自我价值的确认。爱岗敬业这一道德规范要求汽车维修从业人员热爱自己所从事的职业，以恭敬、虔诚的态度对待自己的工作，自觉承担对社会、对他人的责任和义务，忠于职守，兢兢业业，以高度的责任感和使命感，为修车客户提供良好的维修服务。

（2）钻研技术是指认真学习和掌握从事职业活动所必需的业务知识和专业技能。钻研技术这一职业道德规范，要求汽车维修从业人员必须认真学习从事本职工作的知识和技能，熟悉自己的业务范围和职业责任，努力掌握过硬的职业技能，以精湛的技术、优良的服务，为修车客户提供优质的车辆。

（3）爱岗敬业、钻研技术的具体要求。具体体现在以下几点：①立足本职，爱岗敬业，献身汽车维修事业。②树立正确的职业观，干一行爱一行，干一行专一行。③增强主人翁责任感，树立正确的苦乐观，与企业同呼吸、共命运。④努力学习，钻研技术，不断提高专业知识和技术水平。

2. 精工细修，优质高效

（1）精工细修作为汽车维修从业人员的职业道德规范，是指汽车维修从业人员在职业生活中，以高度的主人翁责任感和对国家、对人民、对社会负责的工作态度对待职业生活。在维修工作中要以精确的工艺、细心的修理和认真负责的工作态度维修车辆，为修车客户提供安全、优质、低耗、高效的维修服务。

（2）优质高效就是要求汽车维修从业人员，在汽车维修工作中以过硬的维修质量、高效率的工作和热情的态度为客户提供满意的服务，保质保量地完成汽车维修生产任务，从而赢得良好的经济效益和社会效益。

（3）精工细修、优质高效的具体要求：①增强安全责任感，牢固树立"安全第一，质量第一"的思想。②端正工作态度，自觉把好质量关。③钻研修理技术，提高修理技能。④强化环保意识，坚持文明生产。

3. 遵章守纪，规范操作

（1）遵章守纪，就是遵守各种职业规章和纪律。遵章守纪作为汽车维修从业人员的基本道德规范，就是要求汽车维修从业人员，在职业活动中严格遵守国家的法律、法规和有关政策；严格执行汽车维修职业纪律、工艺要求和操作规程；严格执行单位的规章制度、条律条令；服从调度、听从指挥、恪尽职守、诚实劳动，自觉养成良好的职业道德风范。

（2）规范操作，就是按照科学的维修方法和工艺要求，规范地从事汽车维修工作。规范操作作为汽车维修职业道德规范的重要组成部分，要求汽车维修从业人员在维修作业中必须严格执行各项技术标准、工艺规范和操作规程，按照规定的维修项目、内容和程序，科学地进行作业。

（3）遵章守纪、规范操作的具体要求，表现在：①加强纪律观念和法制观念，认真学习有关法律、法规和规章制度。②自觉遵守职业规章和纪律，认真维护生产秩序。③坚守工作岗位，遵守操作规程，严格遵守汽车维修技术标准和工艺规范。④遵守工作时间，服从生产指挥和调配。⑤提高自身素质，坚持原则，严于律己，自觉抵制行业不正之风。

4. 顾全大局，团结协作

（1）顾全大局，是社会主义集体主义道德原则在汽车维修职业活动中的体现。顾全大局这一道德规范，要求在处理汽车维修行业与社会、行业内部和单位内部各部门、各职业岗位之间的相互关系时，要自觉地把整体利益放在首位，局部利益要服从整体利益。

（2）团结协作，就是要求汽车维修从业人员从社会主义现代化建设的目标出发，树立集体主义观念，努力使人与人之间，不同职业之间，单位与单位之间形成相互支援、相互配合、相互尊重、相互理解、团结互助的局面。

（3）顾全大局、团结协作的具体要求，具体表现为：①正确认识和处理全局和局部的关系；②正确认识和处理经济效益和社会效益的关系；③正确认识和处理汽车维修企业与客户之间的关系；④正确处理单位内部各工种之间的关系。

5. 勤俭节约，爱护器材

（1）勤俭节约是指人们在生产活动和生活过程中，勤劳节俭，努力多生产国家经济建设和人民生活所需要的物质财富，并爱惜、节俭使用生产设备、原材料和一切公共财产，努力降低生产成本和费用的一种职业行为。

勤俭节约是发展生产，为社会增加财富的一个基本条件。勤俭节约的实质，就是从国家和人民的利益出发，从"四化"建设的需要出发，在职业活动中，合理地使用财力、物力和人力，精打细算，节约开支。

（2）爱护器材是指人们在职业活动中，精心管理、使用和爱护生产设备、工具、原材料和一切公共财产的职业行为。

（3）勤俭节约、爱护器材的具体要求：①发扬主人翁精神，艰苦创业、爱厂如家，把自己的一切与企业的发展紧密地联系在一起；②修旧利废、挖潜节约，合理用料、降低成本，精打细算、增收节支；③提高效率，加强维护与管理；④爱护器材，减少损耗。

四、汽车维修业务接待员职业道德规范

汽车维修业务接待员职业道德规范是指汽车维修业务接待员进行汽车维修业务接待工作过程中必须遵循的道德标准和行为准则。

汽车维修业务接待员职业道德规范是在汽车维修职业道德的指导下，结合业务接待的工作特性形成的。由此，汽车维修业务接待员职业道德规范可归纳为：真诚待客，服务周到，收费合理，保证质量。

（一）真诚待客

真诚待客是指主动、热情、耐心地对待客户，做到认真聆听客户的述说，耐心回答客户提出的问题，设身处地地理解客户的期望与要求，最大限度地与客户达成共识。

客户到企业来，无论是要修车、选购零配件还是咨询有关事宜，归纳起来无非有两个要求：一是对物质的要求，希望能得到满意的商品；二是对精神的要求，希望其到来能被重视，能得到热情的接待。如果业务接待员真的是按"真诚待客"的要求接待了客户，对其欢迎、尊重和关注，都会打动客户，业务接待员的谈吐举止及服务热情会给客户留下既深刻又美好的印象。客户在精神上得到满足和对业务接待员的好感，内心感到业务接待员可亲可信，还会延伸到对这家企业产生好感与信任。真诚待客做得好，也给客户在下一步与企业要进行的业务活动开了个好头。

对待新客户是这样，对待老客户更要维护好业已形成的良好关系，不要因为已经熟识了而怠慢。业务接待员出色的工作，使企业已给老客户留下了良好印象，但其仍在随时地考察公司。如果待客户冷淡了、不以为然了，其会马上做出反应：从思想上，会认为公司对待其态度前后不一致，进而认为对其是虚伪的、不诚实的；从行动上，其会向一些客户宣传不利于企业形象的言论。因此，做好真诚待客，无论是新客户还是老客户，都同等对待，做到前

后一致、亲疏一致，是非常重要的。

（二）服务周到

服务周到是指在修前、修中和修后向客户提供全方位的优质服务。

1. 修前服务内容

修前服务内容主要包括以下几个方面：

1) 认真倾听客户对汽车故障的描述。
2) 迅速诊断汽车故障。
3) 对维修内容、估算费用和竣工时间进行详细说明，并使客户认可。
4) 向客户提供有关汽车维护等一些小建议和其他有关信息。

2. 修中服务内容

1) 修理项目要合理，避免重复收费和无故增加不必要的修理项目。
2) 需要增加维修项目时，要耐心、详细地向客户说明，同时要征得客户认可。
3) 随时了解生产部门施工进度，督促生产部门按时完工。如发现不能按时完工，要及早通知客户，说明因由，取得客户的谅解。
4) 结算前要向客户详细说明维修内容、维修费用等，并征得客户认可，交车时要简要介绍修车过程中的一些特殊情况、汽车现在的状况及使用当中应注意的问题等。

3. 修后服务内容

1) 建立健全汽车维修技术档案。
2) 回访客户时要诚恳，对客户提出的所有问题要认真调查。对企业的问题要承担，对一些疑问要耐心解释，必要时要勇于承担责任，不可推诿和敷衍，对客户的表扬和建议要表示感谢。
3) 处理好质量投诉，处理客户投诉时要做好"双面人"，切勿当着客户的面责怪工人或是当着工人的面责怪客户。
4) 做好电话跟踪服务。

（三）收费合理

收费合理是指汽车维修企业在承接汽车维修业务时，要做到价格公道，付出多少劳务，就收取多少费用，严格按照交通行政管理部门制定的汽车维修工时定额和收费标准核定企业的维修价格。不乱报工时，不高估冒算，不小题大做（小修当大修），更不能采取不正当的经营手段招揽业务。例如，采用请客送礼、给回扣等做法引诱、拉拢一些贪图小利的个别客户。这种行为，不仅不符合公平交易、公平竞争的道德原则，损害了国家、集体的利益，而且还腐蚀了人们的灵魂，败坏了行业风气乃至社会风气。对这种行业不正之风，业务接待员都应该自觉抵制。

收费合理，还体现在严格按照工作单上登记的维护、修理项目内容进行收费，不能为了达到多收费的目的擅自改变修理范围和内容，更不能偷工减料，以次充好。这种行为，既有悖于汽车维修职业道德的要求，也是一种自毁信誉、自砸牌子的短期行为。

（四）保证质量

保证质量主要是指保证修车的质量。具体来说修车过程中各工序要严格按照技术要求和操作规程进行生产；使用的原材料及零配件的规格、性能符合规定的标准；按规定的程序严格进行检验与测试；汽车故障完全排除，原来丧失的功能得以恢复；车辆使用寿命得以延

长等。

汽车维修质量是修车客户最关心的问题。修车质量好，客户满意，其他存在的一些小争议、小问题就都会变得无所谓了。由此可见，保证质量是实现客户利益之必需，也是保证企业继续在市场竞争中取得优势之必需。

第四节　汽车维修业务接待礼仪规范

汽车维修业务接待员不仅要具有良好的职业道德修养，还要有较好的气质、风度和仪表，给人以较好的职业形象。做到这些必须认真从我做起，在职业活动中严格按照职业礼仪的要求规范自己的行为，成为标准的业务接待员。

一、什么是礼仪

礼是表示敬意的通称，是表示尊敬的语言或动作；仪则表示准则、表率、仪式、风度等。通常讲的"礼仪"，是"礼"和"仪"两个字的合成词。

礼仪是人类社会生活中，在语言行为方面的一种约定俗成的符合礼的精神，要求每一个社会成员共同遵守的准则和规范。也就是说，礼仪是人们在长期的生活实践中，在语言行为方面由于风俗习惯而形成的为大家共同遵守的准则。

二、礼仪的基本原则和作用

礼仪是人类社会发展到一定历史阶段的必然产物，现代礼仪是现代社会文明的具体体现。在讲究礼仪时，还需要提高对现代礼仪的理论认识，只有在思想上认清现代礼仪的基本原则和作用等理论问题，才能自觉地、正确地把握礼仪。

（一）礼仪的基本原则

礼仪的基本原则主要有遵守社会道德、顾全大局、相互尊重、真诚守信和注重仪表五项基本原则。

1. 遵守社会道德

道德是人们共同生活及行为的准则和规范。社会道德是调整人与人之间、个人与社会之间、组织与公众之间利益关系的准则和规范。社会道德是礼仪的基础，礼仪是社会道德的外在表现形式。离开社会道德，礼仪就不能存在。因此，遵守社会道德是礼仪最重要的原则之一。

2. 顾全大局

顾全大局是礼仪的又一重要原则，顾全大局包括局部利益服从整体利益，眼前利益服从长远利益，个人利益服从国家利益。顾全大局的礼仪风范，是与良好的道德修养及博大的胸怀相关联的，一个有着顾全大局雅量的人往往能取得交际的成功。要做到这一点，就需要把握好以下几个方面：一是严于律己，尤其是当个人利益与集体利益、国家利益发生冲突时，要舍"小我"、取"大我"；二是要求大同、存小异，对一些非原则性问题不要斤斤计较，患得患失；三是有理也让三分，不可得理不让人。

3. 相互尊重

尊重，是互相的，不是单向的。每个人都有自尊心，都希望得到别人的尊重，而要得到他人的尊重，首先要尊重别人，只有这样才能赢得他人的尊重。若不然，只强调自我尊严，忽略他人的存在，这就很难得到他人的尊重。只强调自我尊严是一种自私自利、不懂礼仪常识的表现。

相互尊重有利于营造一个讲究礼仪、实施礼仪的良好氛围，有利于职业活动、社会活动及各种人际交往活动的展开。

4. 真诚守信

真诚守信是指感情真实诚恳、言行一致、遵守诺言。真诚是建立良好人际关系的基础，是一个人外在行为与内在道德修养的有机统一。待人真诚的人会很快得到别人的信任。

守信是指言必信、行必果，不失信于人。一个守信的人，在与他人交往中能做到前后一致、言行一致、表里如一。遵从真诚守信的原则，必将促进礼仪交际正常的、健康的、长期的、稳定的发展。

5. 注重仪表

仪表是指礼仪的外在表现形式。人们的内在道德修养要依靠完美的外在形式表现出来。也就是说，只有内在美与外在美的和谐统一，才能做到尽善尽美。

仪表包括人的容貌、服饰、行为举止等方面，注重仪表还体现着对他人的尊重。如果不修边幅、举止粗俗、语言不当，就会令人生厌。不过，注重仪表应适度、恰到好处，不能过分追求外在美，而忽略了内在美的修养。

(二) 礼仪的作用

1. 沟通的作用

人们在社会交往中，只要双方都能自觉地遵守礼仪规范，就容易沟通感情，从而使交往容易成功。

2. 协调的作用

礼仪所表达的意义主要是尊重，尊重可以使对方在心理需要上感到满足，产生好感与信任。人们在交往时按礼仪规范去做，有助于加强交往双方相互尊重、坦诚相待的良好关系，缓解或避免某些不必要的情感对立与障碍。

职业礼仪是社会生活尤其是职业生活中的润滑剂和调节器，是协调交际关系的纽带和桥梁。人与人之间、业务接待员与客户之间的相互理解、信任、关心和友谊会营造良好的社会氛围，使每个健康的、合理的心理需要得到程度不同的满足，从而产生乐观、融洽的情绪，对生活、对事业更加热爱、更加追求，使经营环境保持着一种稳定与和谐的秩序。当业务接待员与客户发生了不快、误会或摩擦时，通过一句礼貌用语、一个礼节形式，就会得到化解，重新获得彼此的理解和尊重。对于新客户，只要礼仪周全，也会得到其信任和好感。反之，即便是老客户，如果与客户进行非礼仪交往，也会变得关系疏远与冷淡。可见，礼仪的协调作用是很大的。

3. 教育的作用

礼仪是一种高尚的、美好的行为方式，它可以净化人的心灵，陶冶人的情操，提高人的品行。在礼仪实践中通过评价、劝阻、示范等教育形式纠正人们不正确的行为习惯，倡导人们按礼仪规范的要求去协调人际关系，维护社会的正常生活。讲究礼仪的人，客观上还起着榜样作用，无声地影响着周围的人。

一个人如果处处遵守礼仪，就会使自己心胸开阔，谦虚诚恳，遵守纪律，乐于助人。在礼仪形式的熏陶下，人们在耳濡目染之中接受教育，提高修养，改正缺点，成为道德高尚的人。

4. 创效的作用

一个经济实体在市场竞争中，主要是人才质量与服务质量的竞争。经济实体的生存与发展、市场与客源、声誉与效益，靠的是向客户提供全方位的优质服务，而优质服务主要由职业礼仪体现出来。当客户在接待过程中处处受到尊重并享受到热情周到的服务时，会在感官上、精神上产生自尊感、信任感和留恋感，其就会认为接待的人是值得信赖的人，就会认为这家企业是最理想的企业。由此可见，员工良好的职业形象和企业良好的社会形象，会吸引更多的客户，使企业在激烈的市场竞争中得以生存和发展，给企业带来丰厚的经济效益和社会效益。

三、个人礼仪

个人礼仪是一个人的生活行为规范与待人处事的准则，是个人仪表、仪容、言谈、举止、待人、接物等方面的具体规定，是个人道德品质、文化修养、教养良知等精神内涵的外在表现。

个人礼仪所形成的一种具有较强的约束力的道德力量，使每一个社会成员能自觉地按照要求，调整行为，摒弃陋习。

（一）个人仪表

个人仪表应注意以下六个方面：

1. 头发

头发应保持清洁，修饰得体，并与本人自身条件、身份和工作性质相适应。

2. 面容

男士应每天修面剃须，女士应化妆得体，并注意化妆时间及所在正式的场合，女士不化妆被认为是不礼貌的。女士还要注意在公众场合不能补妆。

3. 表情

自然从容，目光温顺平和，嘴角略带微笑，让人觉得真诚可信，和蔼可亲。

4. 手部

保持清洁、勤洗手、剪指甲，在正适的场合忌留长指甲和修饰不当。

5. 衣着

整洁大方，忌另类服装。

6. 体态

保持端庄、典雅，不做作。

（二）着装礼仪

1. 把握好合体、合适、合意的尺度

（1）合体。要与身材、体形相协调，根据自己的体形和特点做到扬长避短。

（2）合适。在服装穿着和饰物佩戴等方面，必须适应具体的时间、情境、场合和目的的要求。

（3）合意。根据自己的爱好、情趣、个性和审美观，按照着装的基本要求选择合意的服装，穿出自己的风格和魅力，如图2-4所示。

2. 搭配好服装的颜色

（1）同类色组合。以某种颜色为中心，全部搭配成这一色系，以其色彩的深浅变化及不同的明度进行组合。西服套装、套裙就是典型的同色系组合，这种组合能够产生和谐统一的整体美感。

（2）相近色组合。利用色环上相近的颜色进行搭配，如黄与绿、绿与蓝、蓝与紫等，这种相近色搭配方法既丰富多彩，又柔和协调。但需注意的是色彩之间的深浅、明暗要有差别，否则会杂乱而刺眼。

图2-4　商务着装示意图

（3）对比色组合。利用两种特性相反的色彩进行搭配，如用柔和的青绿色配红色，鲜艳的黄色配紫色，白色配黑色等。这种色彩搭配方法，醒目清新，能够表现鲜明的个性，给人留下深刻的印象。

（4）无论用何种色彩组合法，颜色不要过多，尤其是正式场合的服装搭配，一个人全身服装的颜色，最好不要超过三种。

3. 男士着装礼仪规范

（1）讲究规格。男士西装有两件套和三件套之分，穿着时务必整洁、笔挺。正式场合应穿着统一面料、统一颜色的套装，内穿单色衬衫，系好领带，领带夹，穿深色皮鞋。三件套的西装，在正式场合下不能脱下外套。按照国际惯例，西装里面不能穿毛背心和毛衣，在我国最多只加一件"V"形领毛衣，以保持西装的线条美。

（2）穿好衬衫。衬衫的领子要挺阔，不可有污垢、油渍。衬衫下摆要塞进裤子里，系好领扣和袖扣；衬衫领口和袖口要长于西服上装领口和袖口1～2cm，以显得有层次感；衬衫里面的内衣领口和袖口不能外露。

（3）系好领带。领带结要饱满，与衬衫领口吻合要紧；领带的长度以系好后大箭头垂到皮带扣为准。西服穿着系纽扣时，领带夹夹在衬衫的第二粒与第三粒纽扣之间为宜；西服敞开穿时，领带夹夹在衬衫的第三粒与第四粒纽扣之间为宜。

（4）注意鞋袜。鞋子最好是黑色，面料为牛皮或羊皮，穿着时注意鞋子的保洁和完好；袜子应选择深色的，切忌黑皮鞋配白袜子。

4. 女士着装礼仪规范

（1）内衣。内衣不能外露，不能外穿。

（2）丝袜。穿裙子时穿丝袜，不仅是礼仪的需要，而且还能掩饰腿部的缺陷，增加腿部的美感。袜子的颜色原则上与裙子的颜色相协调，腿粗的人适合穿深色袜子，腿较细的人适合穿浅色袜子。一般不要选择鲜艳的、带有网格的或明显花纹的丝袜。袜子口避免露在裙子外面，避免穿破损的袜子，如果这样是很不雅的。

（3）鞋子。要根据舒适、方便、协调而不失文雅的原则选择不同款式的鞋子。根据自己的身高,选择高或矮跟的鞋子。年纪大的女士,选择鞋跟不能过高。

(4) 短裙。年轻女性的短裙至膝盖上3～6cm,但不能短至只有大腿根部到膝盖处的1/2长。中老年女性的短裙一定要长及膝下3cm左右。

5. 饰物的佩戴

(1) 饰物是能起到装饰作用的物件,如耳环、项链、戒指、手镯、眼镜、领带等。

(2) 饰物的佩戴要顾及人体本身的因素,与体形一致,与发型、脸型、肤色和服装和谐。

(3) 要考虑到场合、环境和活动的内容。如上班、旅游、聚会、参加会议等,饰物的佩戴是不同的。

(4) 男女有别。女士饰物种类繁多,选择范围比较广;男士只能佩戴戒指、领饰、袖饰、项链等,并注重少而精,以显阳刚之气。

(5) 注意协调。考虑到人、环境、心情、服饰风格等诸多因素间的关系,力求整体搭配协调,遵守少而精、同质同色、符合身份和传统习俗的原则。

四、谈话中的礼仪规范

规范一　谈话时态度要诚恳、自然、大方,语言要和气亲切,表达得体。

规范二　要注意听取对方的话。

规范三　对长辈、师长、上级说话,要表示尊重;对下级、晚辈、学生说话,则注意平等待人和平易近人。

规范四　谈话时不可用手指指人,可做手势但动作幅度要小。

规范五　同时与几个人谈话,不要把注意力集中在一两个人身上,要照顾到在场的每一个人,不要冷落了任何人。

规范六　当遇到意见不一致时,保持冷静,或者以豁达的态度包容异己,或回避话题。忌在公众场合为非原则性问题大声喧哗、争执打闹。

规范七　在公众场合,男女之间不要耳鬓厮磨或与非亲属关系的异性长时间攀谈、耳语。

规范八　不可出言不逊、强词夺理,不可谈人隐私、揭人短处,不可背后议论他人、拨弄是非。不说荒诞离奇、耸人听闻的事,不搞小广播以充"消息灵通人士"。

规范九　遇有攻击、侮辱性言辞,一定要表态,但要掌握尺度。

规范十　谈话者之间应保持一定距离。

五、服务礼仪

服务礼仪通常是指礼仪在服务行业的具体运用。服务礼仪主要泛指服务人员在自己的工作岗位上所应严格遵守的行为规范。服务礼仪的实际内涵是指服务人员在自己的岗位上向服务对象提供服务时的标准的、正确的做法。

(一) 服务礼仪的内容

服务礼仪主要以服务人员的仪容规范、仪态规范、服饰规范、语言规范和岗位规范为基本内容。

（二）服务礼仪文明用语特征

这种特征主要是指服务人员在服务过程中所表示的自谦、恭敬之意的一些约定俗成的语言及其特定的表达形式。其主要特征包括主动性、约定性、亲密性。通常分为问候用语、迎送用语、请托用语、致谢用语、征询用语、应答用语、赞赏用语、祝贺用语、推托用语、道歉用语等。

（三）微笑的特征及其作用

1. 主要特征

面含笑意，但是不明显。不闻其声，不见其齿。

2. 作用

保持微笑，不但可以调节情绪，还可以消除隔阂，获取回报，有益身心健康。

（四）服务礼仪的一般要求

1. 服务人员要热心本职工作

正确认识和理解本行业工作的意义，提高和增强专业水平，在工作中保持饱满的精神。

2. 以热情耐心的态度去接待服务对象

尤其当服务对象比较挑剔或遇到麻烦的时候，一定要注意保持耐心、冷静，不厌其烦，把工作做完。无论是行走还是坐着，服务人员都应按照礼仪的标准严格要求自己。

3. 注意自己的服务形象

（1）形象是一种服务。个人形象塑造好了，不仅会令顾客受到应有的尊重，而且还会使其在享受服务时感到赏心悦目，轻松舒畅。

（2）形象是一种宣传。个人形象塑造好了，就会有口皆碑，使服务对象广为宣传，进而吸引更多的消费者。

（3）形象是一种品牌。个人形象是企业形象的基础，当个人形象和企业形象真正为社会所认同，久而久之，就能形成一种"形象品牌"。

（4）形象是一种效益。就形象塑造而言，投入与产出是成正比的。

六、汽车维修业务接待礼仪规范

（一）仪表、仪容、仪姿的礼仪要求

1. 仪表端庄、整洁的具体要求

（1）按季节统一着装，整齐、清洁、得体、大方。

（2）衬衫平整干净，领子与袖口无污秽。

（3）穿西装应佩戴领带，并注意西服与领带颜色相配，领带不得肮脏、破损或歪斜松弛。

（4）胸卡佩戴在左胸位置，卡面整洁、清晰。

（5）穿西服可以不扣纽扣，如果扣，正确的方法是只扣上边一粒，下边不扣。

（6）胸部口袋只是装饰，不能装东西，如遇隆重场合，仅可装作为胸饰的小花等，其他口袋也不可装许多东西，如果外观鼓鼓囊囊的很不雅观。

（7）穿深色皮鞋，每日都要擦亮，不穿破损、带钉和异形的鞋。

（8）工作期间不宜穿大衣或过分臃肿的服装。

（9）女性业务接待员的服装要淡雅得体，不得过分华丽。

2. 仪容洁净、自然，不过分修饰的具体要求

（1）头发要经常洗，保持清洁，发型普通，不染彩发。男性业务接待员不留长发，女性业务接待员不留披肩发。

（2）面部清洁。男性业务接待员不留胡须，并经常剃须；女性业务接待员要化淡妆，不能浓妆艳抹，不用香味浓烈的香水。

（3）指甲不能太长，还要经常注意修剪。女性业务接待员不留长指甲，不做美甲、不涂有色指甲油。

（4）口腔保持清洁，上班前不喝酒、不吃有异味的食品。

3. 仪姿（包括站、坐、行）的具体要求

（1）站姿。上身挺拔、收腹、双目平视，双臂自然，不耸肩。男性业务接待员站立时双脚可齐肩宽分开，双臂自然下垂或在背后交叉；女性业务接待员双脚后跟并拢，脚尖分开约45度，亦可用小丁字步，即一脚稍微向前，脚跟靠在另一脚内侧，双手在体前交叉互握。如图2-5所示为女性接待员标准站姿。

图2-5　女性接待员标准站姿

（2）坐姿。上身挺拔、端正、收腹，坐椅子的2/3，双目平视。男性业务接待员双腿齐肩宽分开；女性业务接待员双腿并拢。不得把腿向前或向后伸，更不可翘"二郎腿"。需移动座椅位置时，应先把座椅移动后放好，然后再坐。如图2-6所示为标准坐姿。

（3）走姿。头正，双目平视，收颌，表情自然平和；肩平，两肩平稳，双臂自然在体侧摆动；躯挺，上身挺直，收腹立腰，重心稍前倾；目光，目光自然，不可左顾右盼；行进步幅适当，步速平稳，不得忽快忽慢、低头驼背、摆头晃肩或双臂大甩；引导步，是用于走在前边给客人带路的步态，引导时要尽可能走在客人左侧前方，整个身体半转向客人方向，保持两步的距离，遇到上下楼梯、拐弯、进门时，要伸左手示意，并提示请客人上楼、进门等；后退步，与客人告别时，应当先后退两三步，再转身离去，退步时脚轻擦地面，步幅要小，先转身后转头（图2-7）。

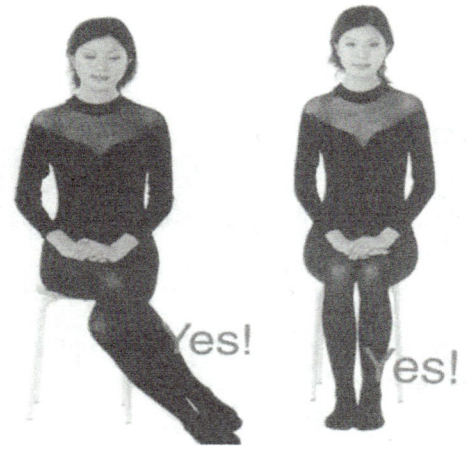

图2-6　标准坐姿示意图

图2-7　标准走姿示意图

（二）接待客户的礼仪要求

1. 基本举止规范

（1）握手。主动热情地将手伸向客户，表达诚意，但对女客户不可主动先伸手，更不可用双手握，正确的握手姿势如图2-8所示。

（2）目光微笑。对客户在任何情况下要保持微笑。

（3）打招呼。主动与客户打招呼，目光注视着客户。

（4）安全距离。与客户保持1m左右的距离。

（5）做介绍。先介绍主人，后介绍客人。

（6）指方向。紧闭五指，指示方向，不可只伸一个或两个手指。

（7）引路。在客人的左侧为其示意前进方向。

（8）送客。在客人的右侧为其示意前进方向。

（9）交换名片。双手接客户名片，仔细收藏好，不可随意放在桌上；递送名片要双手送出，同时自报姓名，如图2-9所示。

图2-8　握手示意图

图2-9　名片使用礼仪示意图

2. 业务接待员的礼仪要求

1）客户来到，应面带微笑，主动热情地问候招呼："小姐（先生），您好，我能为您做些什么？"务必使客户感到你是乐于助人的。

2）对待客户应一视同仁，依次接待，认真问询，做到办理前一个，接待第二个，招呼后一个。在办理前一个时要对第二个说："谢谢您的光临，请稍等"。招呼后一个时要说："对不起，让您久等了"。使所有客户都感到不受冷落。

3）接待客户时，应双目平视对方脸部三角区，专心倾听，以示尊重和诚意。对有急事而来意表达不清的客户，应劝其先安定情绪，然后可说："请您慢慢讲，我在仔细听"。对长话慢讲、语无伦次的客户，应耐心、仔细听清其要求后再回答。对口音重说话难懂的客户，一定要弄清其所讲的内容与要求，不能凭主观推测和理解，更不能敷衍了事将客户拒之门外。

4）答复客户的问询，要做到百问不厌，有问必答，用词用语得当，简明扼要，不能说"也许、可能、好像是、大概是…"之类模棱两可或是含混不清的话。对一些难以回答的问题，不要不懂装懂，随意回答，也不能草率地说"我不知道"，更不能不耐烦地说"你问我，我问谁"等。应该实事求是地说，"抱歉得很，这个问题现在无法解答，让我了解清楚后再告诉您，请您留下联系电话"。

5）客户较多时，应做到先问先答，急问快答，不可先接待熟悉的客户，按顺序依次接待，注意掌握顾客情况，避免怠慢，使不同的客户都能得到应有的接待和满意的答复。

6）在验证客户的证件资料时，要注意使用礼貌用语，验完后要及时交还，并表示谢意，说："X 小姐（先生），让您久等了，请您收好，谢谢"。

7）对有意见的客户，要面带微笑，以真诚的态度认真倾听，不得与客户争辩或反驳，而要真诚地表示歉意，妥善处理。对个别有意为难、过分挑剔的客户，仍应坚持以诚相待、注意服务态度，要热情、耐心、周到，要晓之以理，动之以情。

8）及时做好客户资料的存档工作，以便查阅检索和对客户进行有针对性的服务。

9）坚持售后服务电话跟踪，及时与客户通电话跟踪询问，以体现对其尊重。

3. 接听电话时的礼仪要求

（1）接听电话要使用礼貌用语，如："您""请""对不起""谢谢"，接电话态度要友好、亲切，音调适中，语速平缓。

（2）上班时间必须保证电话的畅通，严禁占用工作电话接听私人电话。

（3）不要让电话响过四声才接听，最好是响第三声便接听。

（4）电话接起时，要先问候客户并自报家门，如"您好/早上好/下午好！X 公司 X 服务顾问，请问有什么可以帮到您的？"

（5）代接电话流程。①依照接电话标准，问候客户，通话过程中使用礼貌用语；②代接电话时应以非常友好的态度，如："对不起，先生/小姐，X 正在接听电话/暂时不在位置上，有什么可以帮您的吗/请问您需要留言吗？"；③若代接人不能马上给客户回复的，必须致歉并让客户留言，让客户要联络的同事给客户回电；④留言必须记录清楚主要信息（如客户姓名、电话、车牌、内容），并与客户复述一遍，避免记错信息，留言必须使用专用留言便条；⑤接到留言者应及时回复客户。

（6）电话预约或咨询。①依照接听电话标准，问候客户，通话过程中使用礼貌用语；②辨别客户来电的需求，如"我有什么可以帮您的呢/请问您是需要预约，还是需要一些技术帮助呢？"；③如客户需要服务预约，应以亲切的态度告知客户，如："X 先生/女士，我是负责服务预约的 X"，记录下预约车辆的相关信息（车型、车牌号、服务内容、预约时间等）。若接电话的人不负责预约时，应对客户说："很抱歉，我这里不负责预约，请您拨打（电话号码），谢谢！"或"很抱歉，负责预约的同事现在不在位置上，请您留下您的电话，稍候让她给您回电，谢谢！"④在做好预约记录后，还应尽可能了解客户是否有其他需求，可以在电话中询问一些有针对性的问题，如"我们还能为您再做些什么？""除此之外还有什么重要的事情需要我们做的吗？"如有额外的工作，应将其记录在预约表上；⑤如客户是需要咨询的，应耐心给客户做解答；⑥当接到客户咨询的技术问题自己不能准确做出解答时，应记录详细的情况，并请客户留下联系方式，咨询相关人员后或请相关人员回复客户；⑦在通话结束前，总结预约/咨询的细节，避免客户出现误解，对客户示感谢并致以良好的祝愿。

（7）业务咨询。①依照接电话标准，问候客户，通话过程中使用礼貌用语；②辨别客户来电的需求，如"您好，这里是中达桂宝，我是销售顾问 X，请问有什么可以帮您的呢/

请问您是需要买车，还是需要进行业务咨询呢？"③获得客户的需求以后，应以亲切的态度告知客户，如："先生/女士，我是销售顾问 X（如果前面已自报家门，这里就可以省略），很高兴接到您的电话/很高兴为您服务"。接着跟客户交谈，必要时候记录下客户的相关信息或要了解的事项。若接听电话者不是销售顾问或者不熟悉销售业务时，应亲切地对客户说："很抱歉，我这里是 X 部/总机，我帮您将电话转接到销售顾问那里好吗？/请您拨打销售热线（电话号码），谢谢！/请问您方便留下姓名和联系方式吗？我稍后让我们的销售顾问（或相关人员）给您回电，谢谢！"④如果客人留下姓名和联系方式后，做好记录，在通话结束前对客户表示感谢并致以良好的祝愿，然后将留言/记录交给相关人员给客户予以答复。

（8）其他礼仪。①请来电者稍等的时候要说："先生/女士，请您稍候/请您稍等，我马上帮您查一查！"；②不要请来电者等候超过半分钟，及时拿起电话说："先生/女士，对不起，让您久等了……"；③对于来电者咨询的问题，务必准确回答，不要含糊其辞，如果不清楚，请其他有资质的同事给予答复。④对于来电者的咨询，要注意聆听，不要在电话里论理，在适当的时候加一些反应："唔""我明白""我清楚"之类；⑤请不要向着听筒叫嚷同事听电话，应稍用手掌按住话筒部位才叫同事接听；放下电话筒找同事时，一定要轻放，不要让对方听到声音；⑥挂上电话前要向对方致谢，等对方挂上电话后再轻轻将电话挂上；⑦电话是不见面的沟通，"未见其人，只闻其声"，别忘了接听电话时要面带笑容，对方能感觉到你的善意与友好。

本 章 小 结

1. 汽车维修企业，有和没有业务接待员大不一样，维修业务接待是一项很重要的工作。
2. 业务接待员的作用：窗口作用、桥梁作用、影响效益、反映 4S 店整体的服务水平。
3. 担任汽车维修业务接待员必须具备相关条件：熟悉汽车售后服务工作流程和方法，具备车辆技术和配件专业知识，处理投诉的知识和能力；具备一定的车辆定损和故障初步判断能力，熟悉索赔程序等；驾驶技能（持 C 照以上）。
4. 汽车维修业务接待员的职责通常有：为客户提供车旁服务咨询，进行故障初步诊断；预约服务安排、工单处理、跟进零件的供应情况、跟车间联系车辆维修进展、终检、向客户解释结算情况、服务召回、保修申请、客户的安抚和交通等服务，参加新车交付仪式和客户回访等。
5. 道德是一种特殊的社会意识形态，受社会关系特别是经济关系的制约。
6. 职业道德是指从事一定职业的人们，在职业活动中应当遵循的职业行为规范，即道德观念、行为规范和风俗习惯。
7. 汽车维修职业道德的特点：服务性、协作性、时效性、安全性、规范性。
8. 汽车维修业务接待员职业道德规范：真诚待客、服务周到、收费合理、保证质量。
9. 礼仪的基本原则：遵守社会道德、顾全大局、相互尊重、真诚守信、注重仪表。
10. 个人礼仪是个人仪表、仪容、言谈、举止、待人、接物等方面的具体规定，是个人道德品质、文化修养、教养良知等精神内涵的外在表现。
11. 汽车维修业务接待礼仪规范：仪表端庄、整洁；仪容洁净、自然；站、坐、行，动作标准规范。

12. 汽车维修业务接待员的礼仪要求：全程微笑待人，咨询问答有礼有序，真正做到"来有迎声、问有答声、走有送声"。

复习思考题

1. 汽车维修接待员共有几个称谓？
2. 接待员最基本的素质要求是什么？
3. 接待员的岗位职责有哪些？
4. 为什么接待员要有严格的礼仪要求？
5. 如何去了解顾客的需求？
6. 汽车维修行业的职业道德要求是什么？

同 步 测 试

一、填空题

1. 道德是依靠人们的_____、_____和_____来调整人与人之间，以及人与社会之间关系的行为准则和行为规范的总和。

2. 职业素质由_____素质、_____素质、_____素质、_____素质和_____素质五部分组成。

3、在与客户交换名片时，应_____手拿好客户的名片，仔细收藏好，不可随意放在桌上；在递送名片时要_____手送出，同时自报姓名。

二、单项选择题

1. （　　）是指调整人与人之间、人与社会之间关系的行为规范的总和。
　A. 道德　　　　　　　　　B. 职业道德
　C. 社会公德　　　　　　　D. 汽车维修技术人员职业道德规范

2. （　　）是业务接待工作内容之一。
　A. 结算费用　　B. 维修车辆　　C. 签发合格证　　D. 受理咨询

三、多项选择题

1. 道德对社会的能动作用，主要表现为以下（　　）功能。
　A. 认识功能道德　B. 调节功能　C. 教育功能　D. 引导功能

2. 在社会主义市场经济条件下，诚实守信是每一个经济主体得以在市场竞争中立足的基本条件，是各行各业的生存之道，是维系良好的市场经济秩序必不可少的职业道德准则。诚实守信，概括起来有以下几点（　　）。
　A. 自觉抵制各种行业不正之风，反对"别人都不讲诚信，我何必讲诚信"的"随大流"思想
　B. 讲老实话，做老实人，办老实事
　C. 谨慎、实事求是地做出承诺

D. 正确处理好"义"和"利"的关系

E. 反对以假充真、以次充好、弄虚作假的行为

3. 汽车维修业务接待员职业道德规范是在汽车维修职业道德的指导下，结合业务接待的工作特性形成的。其道德规范可归纳为以下16个字（　　）。

A. 真诚待客　B. 顾全大局　C. 服务周到　D. 收费合理　E. 保证质量

4. 维修业务接待员不仅要有良好的职业道德修养，还要有较好的气质、风度和仪表，给人以较好的职业形象。下列属于汽车维修业务接待礼仪规范的有（　　）。

A. 工作期间穿深色皮鞋，每日都擦亮

B. 男性业务接待员不留长发，女性业务接待员留披肩发

C. 在接待客户时与客户保持1m左右的距离

D. 送客时，在客人的右侧为其示意前进方向

E. 交换名片时，右手接客户的名片，并顺手放在桌上

5. 下列属于接听电话时的礼仪范畴（　　）。

A. 接电话态度友好、亲切，音调适中，语速平缓

B. 代接电话时，主动问候客户，并让客户留言

C. 电话响过四声才接听

D. 客户需要电话预约时，做好留言记录

四、简答题

1. 汽车4S店设置业务接待员有什么必要性？

2. 如何加强职业道德修养？

3. 汽车维修业务接待应注意哪些礼仪规范？

同步训练

项目一：个人礼仪训练。

单元1　站姿、走姿、坐姿训练

单元2　汽车维修接待礼仪

实训目的：

训练学生正确运用个人礼仪规范；使学生具有良好的仪容仪表修饰能力；能按规范标准完成坐姿、走姿、蹲姿、引导等仪态规定动作。在虚拟的维修接待情景中，能正确运用握手礼仪、名片礼仪、使用恰当话术接待顾客，为汽车接待业务处理打下良好基础。

实训组织：

1. 分组进行：每组15~18人。

2. 时间安排：每个单元4学时。

3. 实训场地：教室、草坪、广场等。

成绩考核：

成绩考核参考下表 5 个方面因素，每项配分 20 分。

姓名	语言	形体	表情	胆量	风采	总评

项目二：电话礼仪

单元 1　接听电话（被动）训练

单元 2　电话预约（主动）训练

实训目的：

通过实训，使学生掌握接打电话的礼仪，尤其是接听咨询电话的技巧和拨打主动预约维修客户电话的技巧。训练学生掌握标准话术。电话礼仪作为学生的基础训练项目，为汽车维修接待业务处理打下良好基础。

实训组织：

1. 分组进行：每组 15～18 人。

2. 时间安排：每个单元 2 学时。

3. 实训场地：教室

成绩考核：

成绩考核参考下表 5 个方面因素，每项配分 20 分。

姓名	语言	形体	表情	胆量	风采	总评

汽车维修业务接待员应具备的基本技能

知识目标

- 掌握办公软件的使用方法
- 掌握计算机常规运用技术
- 了解客户关系管理知识
- 掌握社交言谈的技巧
- 掌握与陌生人寒暄的技巧
- 了解消费者需求及动机分析方法
- 学会把握消费者个性心理特征
- 掌握自我情绪管理方法,提高自身心理素质

技能目标

- 具有熟练的计算机运用能力
- 具有速记能力
- 具有初步人际关系管理能力
- 具有初级汽车维修维护咨询能力
- 能在日常的学习、生活中注意养成良好的职业习惯
- 能正确使用称谓
- 能把握交谈礼节
- 学会与陌生人寒暄交谈
- 能初步分析消费心理和动机
- 能说出服务人员应有的心理素质

重点与难点

- 计算机运用能力
- 办公软件的熟练使用
- 客户关系管理能力
- 职业习惯的养成

汽车维修接待实务

- 称谓与礼节
- 如何寻找交谈话题
- 与陌生人沟通交流能力
- 消费心理和动机分析

第一节　计算机基础知识

在现代汽车修理厂，使用计算机管理业务已经十分流行。使用计算机管理，可以将烦琐的业务管理变得程序化、标准化、科学化，大大提高工作的效率和准确性。为了保证计算机管理系统的正常运行，一般汽车修理厂都应配备计算机系统管理员，负责计算机系统更新、维护、软硬件安装调试等业务。由于计算机系统管理员的工作涉及汽车修理厂中从接待、车间、结算、财务、库房、市场等各个部门的工作内容，具有很强的综合性，因此，计算机系统管理员往往也要兼职担任汽车修理厂的综合协调者。

作为业务接待员，对计算机的掌握程度，当然不必像计算机系统管理员那样熟练，但也必须具备计算机的基本知识，并且熟练掌握汽车维修管理软件，特别是涉及与自己主管的业务相关软件内容，了解计算机在本厂的应用范围，并且随时就有关计算机在运用过程中的问题向计算机系统管理员寻求支持。

计算机软硬件知识是一项基础的但又极其重要的技能，成功的业务接待必有赖于此。

在此，向业务接待员介绍一些计算机基础知识、基本的计算机维护方法、汽配汽修管理软件安装，初始化、数据录入、备份和其他新的与汽车服务相关联的应用场合。

一、计算机系统的组成

近年来，计算机在各行各业得到广泛的运用，没有使用计算机的几乎没有了。汽车维修服务企业也是如此，使用非常普遍，这极大地提高了管理水平、效率、服务质量。计算机系统一般由硬件和软件组成，成规模的企业，有多个业务工作站，往往还要建立局域网，以便互通信息。

（一）硬件的选择和使用

在一般汽车修理厂的应用条件下，只要购买赛扬466以上的商用机型即可。家用计算机，往往追求较好的音频或视频效果，主要是为了娱乐及玩游戏而设计的，汽车修理厂不必选择。

购买计算机后，其附带的说明书、保修卡和驱动盘等，一定要由专人保存好。因为计算机一旦出现问题，这些东西特别重要。

1. 计算机主机

计算机主机就是那个方方正正的铁盒子，它是计算机的真正核心。

2. CPU（中央处理器）

常见的有Intel酷睿i3、酷睿i5和酷睿i7等，主频则有1.3GHz、2.2GHz、3.4GHz等。主频的处理能力，在很大程度上决定了计算机的速度。

3. 内存

一般内存容量有 1GB、2GB 和 4GB 等，此值越高计算机运行速度也就越快。

4. 硬盘容量

一般有 320GB、500GB、1000GB 等，此值越高计算机可以存储的内容就越多。

5. 显示器

目前几乎都使用液晶显示器了，主流屏幕使用 17～25in（1in = 0.025m）。

6. 打印机

打印机主要分为针式、喷墨和激光三种。

在汽车修理厂，优先要购买的是针式打印机。由于针式打印机可以打印多层单据，在汽车修理业务处理中使用最广泛。而喷墨和激光打印机，主要用于文稿处理。

7. 键盘

键盘是最主要的输入工具，业务接待员必须熟练操作。通过不断练习，要做到可以盲打——眼睛只看显示器，不看键盘敲字。

键盘一旦发生粘键毛病，就应当及时更换。不然，会大大降低工作效率。

在汽车修理厂键盘是个易损件，需要经常更换。作为汽车服务企业的管理者应当有这种认识。

8. 鼠标

使用现代的基于 Windows 操作系统的软件，用鼠标操作很直观简单。但是，过多依赖鼠标，会降低操作速度。一般来说，应尽可能使用键盘上的快捷键代替鼠标。在汽车修理厂，鼠标也是个易损件。对于经常使用的机械式鼠标，如果光标移动不灵，不要马上丢掉，可以打开清除里面油泥，可能就能继续使用了。

9. 调制解调器

计算机只有装上调制解调器（俗称"猫"）才可以上网。作为一个网络，至少要有一个调制解调器，才可以让所有计算机都上网。

有的汽车修理厂害怕网络病毒，而不准上网，这就使得企业无法与外界交流、互通信息，那是因噎废食的不可取的做法。

10. 不间断电源

汽车修理厂的电源往往接有大型用电设备，使用时具有很强的冲击电流，会造成电源不稳定，对计算机的使用有很大危害。

因此计算机（特别是服务器）必须使用不间断电源（ups），以保证在突然断电或低电压的情况下，计算机系统不受影响，可以继续使用或能够从容地正常关机。

不间断电源的寿命是有限的，一旦损坏或老旧应及时修理或更换。

很多汽车修理厂的不间断电源形同虚设，坏了也不换，结果计算机中的数据极易丢失，一旦丢失，将造成重大损失。

11. 优盘

如果希望复制或传递比较大的文件，那么最好使用优盘。优盘的容量大、携带方便、安全可靠，价格也不贵。因此，配备优盘实在很有必要。

优盘体积小、容易丢失，应由专人保管。

12. 移动硬盘

为了防止数据丢失，应当经常将数据备份在移动硬盘上，这样也有利于数据的保密。

（二）计算机网络

为了将多台计算机连接起来一起工作，需要网络。在网络上应有如下设备：

1. 服务器

服务器是整个网络的心脏，所有的数据都保存在服务器上。服务器实际上就是一台高档的计算机。务必保持服务器的可靠稳定，应当做到：

1）服务器应当放置在环境较好的房间。

2）服务器应当配置不间断电源。

3）尽可能保证服务器专用，不在服务器上处理日常业务。

2. 工作站

处理业务一般都在工作站上。工作站一般就是一台连接在网络上的普通计算机，其本身并不保存数据，数据在服务器上。

3. 路由器

通过路由器将服务器和工作站连接起来，相互之间传递数据。

4. 网线和接头

通过网线连接服务器和工作站。

网线和接头的质量对网络速度影响很大，建议采用超五类的网线。

在汽车修理厂，网线往往要在库房、接待大厅或车间之间，使用高架明线连接。这时，应当有避雷措施，因为天空的静电可能通过网线导入计算机，对计算机造成损害。

（三）软件的介绍

运用计算机来工作，计算机和网络只是基础，而软件才是核心，业务接待员一定要重点掌握。

1. 操作系统

操作系统是计算机操作的基础，一般都使用 Windows 2000、Windows NT、Windows XP 和 Windows 7 等。作为业务接待员，至少应当能够比较熟练地使用这些操作系统，并会完成如下工作：

1）查找文件。

2）复制文件。

3）删除文件。

4）建立文件夹。

5）设置文件夹的共享。

6）设置快捷方式。

7）压缩文件和解压缩文件。

8）修改系统时间。

9）打印机设置。

10）查询网上邻居。

11）拨号上网，浏览网页。

12）发送和接收电子邮件。
13）硬盘整理。
14）查杀病毒。

2. 文字处理软件

作为业务接待员，经常需要打印一些文件，如客户通知和汇报提纲等，那么就要使用字处理软件，最常用的字处理软件有 Microsoft Word 和 WPS。业务接待员一定要非常熟练地掌握 Microsoft Word 软件的基本使用方法。

可以买一本 Microsoft Word 软件的使用教材，以便经常查阅。

3. 表格处理软件

有时，业务接待员要处理一些统计报表，比如销售统计和客户档案等，使用一个表格处理软件处理这些事务，可以做到简单灵活和高效。最常用的表格处理软件就是 Microsoft Excel，业务接待员也一定要熟练掌握。

4. 汽配汽修管理软件

汽车修理厂使用计算机的主要目的就是运行汽配汽修管理软件，利用软件处理各种烦琐业务，以提高工作效率。这是业务接待员必须掌握的基本功。

二、计算机系统的基本维护

作为业务接待员，应当了解计算机的基本维护知识。

（一）开机和关机

每天开机时，应当首先打开服务器，然后再打开工作站；每天关机时，应当首先关上工作站，然后再关闭服务器。在使用过程中，计算机和打印机都应保持安置稳定，远离尘埃。

绝对不要直接按按钮关机，应当首先关闭各种应用程序，然后再按照规定，通过操作系统正常关机。

（二）电源维护

很多汽车修理厂中的计算机问题都是由于电源问题引起的，如突然断电，造成系统中断丢失数据。所以，一定要保证电源的接线板和插头插接良好稳定，防止接触不良或被人意外踢断或拉断。不要使用廉价或老化的接线板和插头。

时常检查不间断电源是否工作正常，即突然断电时，看看不间断电源是否能马上启动。

（三）打印机色带更换

如果使用的是针式打印机，一旦打印的色调太淡了，就应当及时更换色带。

（四）硒鼓和墨盒更换

如果使用的是激光打印机，一旦打印的色调太淡了，就应当及时更换硒鼓和墨盒。对于喷墨打印机，则应当及时更换墨水。

（五）防止病毒

病毒对计算机系统的破坏实在太大了，轻则使系统无法正常运行，重则破坏重要的业务数据，公司的商业机密泄露。防止病毒侵入的重要性，无论如何强调都不过分。

为防止病毒，应当做到如下几点：

1）安装杀毒软件，设置为实时保护状态。

2）不从网上随便下载来历不明的文件。
3）不使用来源不明的光盘和优盘。
4）对下载或复制来的文件，必须先查毒。
5）定期彻底查杀病毒，特别是木马病毒。
6）在网络上杀毒时，应当整个网络上的每台计算机同时杀毒。

（六）数据备份

任何计算机系统，都不是万无一失的。其可能发生硬盘损坏、系统崩溃，所以不能绝对相信计算机的可靠性，应当定期把重要的文件加以备份。

备份的方法有：使用移动硬盘；将重要文件在其他计算机上保留一个备份。

（七）建立操作规程

每个汽车修理厂都应根据自己的实际情况，对业务接待员操作计算机做出规定，写成制度文件，文字要具体清晰，张贴在墙上。

三、计算机系统的简易故障排除

作为业务接待员，如果自己使用的计算机硬件发生了故障，就应当找计算机系统管理员帮助解决问题。但对于某些简单的问题，也应当可以自己动手解决，这里介绍一些很简单有效的方法。

在很多汽车修理厂大部分的计算机问题，都是简单原因引起的。

（一）检查电源

如果计算机或显示器或打印机不动了、不亮了。那么，首先应当检查一下电源线连接是否正常、供电是否正常、电压是否太低。

（二）检查连线

如果电源线连接良好，那么就应当检查各种信号线是否连接良好，这些信号线包括显示器信号线、打印机信号线、调制解调器信号线、电话线、鼠标线和键盘线等。

（三）替换法

如果电源和信号线都没有问题，就可以怀疑某个硬件出了问题，那么可以把这个硬件拆下来，安装在其他同类型的正常计算机上，这样就知道这个硬件是否工作正常。如果确认是硬件问题，则应及时找系统管理员更换。

（四）查病毒

如果系统可以工作，操作不太正常。应当先怀疑计算机中是否有病毒，应当查毒和杀毒。

（五）重新安装应用软件

有时系统修理好了或者杀毒后，应用软件仍然不能正常使用，那么原因往往是应用软件已经被病毒破坏了，需要重新安装软件。

如果这个应用软件是安装在业务接待员自己的计算机上，则业务接待员可以自己来做。各种应用软件的安装方法各不相同，但大多数都是自动导航的，根据导航安装即可。如果应用软件需要安装在服务器上，那么应当由系统管理员来做。有些应用软件重新安装后，其系统参数需要重新设置，这需要特别加以注意。

（六）重新安装操作系统和数据库

如果应用软件重新安装后，仍不能正常使用，可以考虑在系统管理员的指导下，由业务接待员对自己计算机的操作系统和数据库进行重新安装。

四、信息技术在汽车修理厂的新应用

信息技术的发展，给汽车修理厂提高管理和服务水平，带来了各种新的可能性，业务接待员对此也应当有所了解。

（一）网络推广

一个企业总要不断宣传推广自己。网络，比起传统媒体，已经具有传播面广、针对性强、形式灵活、信息量大和费用相对低廉的种种优点。可用以下方式进行本企业的网络推广：

1. 建设本企业的网站

通过建设本企业网站，可以全面展示本企业的形象、介绍产品和服务。如果觉得建设网站的费用较高，可以在汽配汽修的网上商城中建立自己的网页，有很多专业的网络服务公司会提供这种服务。

2. 推广本企业的网站

通过搜索引擎等工具，推广自己的网站，提供搜索引擎服务的公司主要有百度、搜狐等。

3. 宣传本企业

可以利用百度百科、微博、博客、论坛等各种形式来宣传本企业，提高知名度和美誉度。

（二）网络短信群发

网络短信也是一个在特定人群中宣传本企业的有效方式，比起手工发短信，其速度快效率高，费用低。可以通过短信服务商，实现广告短信群发。很多汽配汽修管理软件，也具备了短信群发模块，通过管理软件实现群发短信，短信对象和内容可以与具体管理业务之间有更好的衔接。

比如，可以在节假日，对车主发出节日祝贺。在特定车主过生日时，发出给他本人的生日祝贺；可以用短信提醒车主车辆的维护日期；可以对某种车型的车主宣传某种特定的服务或产品。

（三）电子商务

可以通过自己的网站，开展多种电子商务，给客户提供更好的服务，比如通过网站进行修车预约、接受客户投诉、进行客户意见调查和客户对自己的修车档案进行查询等。

配件采购，也可以逐步在专业配件商务网站上进行采购，价格也许更低。对于疑难老旧零件，网上采购更有优势。

（四）库存的条码管理

如何管理成千上万的零部件，让这些零件的管理不至于发生混乱，不拿错，不乱放，最好的方式是条码管理。如果你的修理厂是4S店，配件来源主要是正规厂家，往往配件的包装上就带有条码，在配件入库和出库时，都可以使用条码扫描验货，从而大大提高出入库的准确率。

如果采购来的配件没有条码，那么，就需要自己贴条码。虽然辛苦，但对于储备量较大的配件管理，还是值得的。

（五）会员的 IC 卡管理

为了提高客户的忠诚度，很多企业对客户提供会员服务，会员可以享受消费积分、会员储值、会员套餐等服务，这会让零散客户成为长期稳定的优质客户。为了快速识别客户，可以发给客户 IC 卡，一车一卡，或一人一卡，客户来修车就时，将 IC 卡扫一扫，就马上可以认定客户身份，计算机马上给出客户的基本情况和修理历史。

（六）PDA 进行入场外观检测

业务接待员，可以手持 PDA（个人数字助理），在停车场上对客户车辆做外观检测的记录，然后通过无线网络直接发送给汽车维修管理系统，这样，可以做到外观检测的无纸化办公，并提高服务效率。

（七）LED（发光二极管）的客户服务看板

在客户休息大厅，设置 LED，实时滚动地显示客户车辆的修理进度，通知客户来协商问题或结算取车。LED 还可以滚动显示车辆维护知识、交通信息或产品广告等信息。这样可以改进对客户的服务体验，提高本企业形象。

（八）车间的 LED 工作看板

在车间的主要工位上或调度室，设置 LED，显示日前每辆在修车的维修进度和计划完成时间，这样可以实现工人看板作业，防止延误，提高客户的服务质量。

（九）即时通信工具

可以使用 QQ、飞信、Skype、MSN 或微博等即时通信工具，与业务伙伴或客户进行业务沟通，可以有效提高沟通效率。在新一代的年轻人中，这些已经非常普及了。

第二节　客户关系管理

一、客户关系管理概述

以下这些问题您清楚吗？

1）平均每月来展厅的客户数量有多少？每天有多少？
2）这些来店客户中的成交数量是多少？
3）剩余的客户有没有可能当年买车？四年内买车？会回来买产品的客户数量又有多少？
4）现在每个销售人员拥有多少客户资源？保存这些客户资料的方式是怎样的？
5）这些客户能通过电话进行联系的有多少比例（客户认得我）？
6）这些客户能在电话中与我进行日常沟通的又有多少比例（我们是朋友）？
7）有多少客户想要买车就能想到我？

市场是由需求构成的，需求的多少决定了企业的获利潜力，而企业对需求满足的品质决定了企业能够获利的多少。客户对产品和服务的满意与否成为企业发展的决定性因素。

客户的满意就是企业效益的源泉。因此"以客户满意为中心"成为当今企业管理的中心和基本观念，它取代了传统的"以利润为中心"的观念。为了实现以"以客户满意为中心"这种管理中心的改变，同时也为了克服传统市场营销中的弊病，现代市场营销理论的核心已由过去的"4P",即产品(Product)、价格(Price)、渠道(Place)和促销(Promotion),发展演变成为"4C",实现了真正以客户满意为中心。

【相关资料】"4C"理论:

(1)满足客户的欲望与需求(Consumer's wants and needs):企业应该努力研究客户的需求,不要仅销售自己所能制造的产品或所能提供的服务,而要销售客户确实想购买的产品或服务。

(2)降低满足客户欲望与需求的成本(Cost to satisfy wants and needs):了解客户要满足其自身需求所能付出的费用,降低满足客户欲望与需求的成本。

(3)购买的便利(Convenience to buy):思考如何才能给客户提供方便,以便使客户能更加便利地购得商品或获得服务。

(4)沟通(Communication):加强同客户之间的联系沟通,了解客户对产品或服务的真实想法。

一切从客户的利益出发,目的是维持客户的忠诚。因为只有长期忠诚的客户才是企业创造利润的源泉,所以企业关注的焦点应该从企业内部的运作转移到客户关系上来。

客户的发展阶段按时间顺序一般是:潜在客户、新客户、满意的客户、留住的客户、老客户(忠诚客户)。据统计分析,开发一个新客户的成本是留住一个老客户所花费成本的五倍,而两成的重要客户就可能给企业带来八成的收益,即帕累托法则(Pareto Principle),也称"二八定律"。所以留住老客户要比开发新客户更为经济有效。过去企业总是把精力集中在寻找新客户上,而忽略了现有的老客户身上所蕴含的巨大商机。企业应该要学会判断什么样的客户才是最有价值的客户,要尽量想办法奖励这些客户,发现这些客户的需要并及时满足,从而提高为客户服务的水平,达到了留住客户的目的。

二、客户关系管理的内容

企业竞争的重点正在经历着从以产品为中心向以客户为中心的转移;众多企业把客户看作其重要的资产,不断地采用各种方式向客户实施关怀,以提高客户的满意度程度,客户关系的管理就由此产生了,也就是以客户的满意为中心,一切从客户利益出发,目的就是为了维持客户的忠诚。

客户关系管理(Customer Relationship Management,CRM)是指企业通过有意义的交流沟通,理解并影响客户的行为,最终实现提高客户获取、客户保留、客户忠诚和客户获利的目的。

为赢得客户的高满意度,并且建立与客户长期良好的关系,在客户关系管理中应该开展多方面的工作。

内容一:客户分析

客户分析工作主要是分析客户的来源、类型、特点等。要及时掌握客户的第一手信息,根据不同类型的客户对服务的不同要求,来改善服务的质量。

内容二:企业对客户的承诺

承诺的目的在于明确企业对客户提供什么样的产品和服务。对于汽车维修企业来说,企业要承诺在一定的时间内,以一定的价格高质量地完成汽车的维修和维护服务。企业对客户承诺的宗旨是令客户满意。

内容三：客户信息交流

客户信息交换是一种双向的信息交流，其主要功能是促进企业与客户的相互关系、相互影响。从实质上讲，客户管理的过程就是企业与客户信息交流的过程。实现与客户有效地信息交流是建立和保持企业与客户良好关系的途径。

内容四：以良好的关系留住客户

为建立和保持与客户长期的稳定关系，首先需要有良好的基础，即通过企业的服务取得客户的信任。企业要区别不同类型的客户关系及其特征，评价关系的质量，采取有效的措施保持企业与客户的长期友好关系。

内容五：客户反馈的管理

客户的反馈对于衡量企业承诺目标实现的程度和及时发现企业在为客户服务过程中所存在的问题等方面具有重要作用。投诉是客户反馈的一种重要途径，如何正确处理客户的意见和投诉，对于消除客户不满，维护客户利益，赢得客户信任都是十分重要的。

此外，伴随着信息技术不断发展应运而生的客户关系管理系统软件，不仅为企业提供了一个收集、分析、利用客户信息的系统，更为现代企业提供了一个全新的商业管理战略工具，它可以帮助企业充分利用其客户资源，提高客户的满意度和企业的赢利能力，帮助企业在激烈的市场竞争中立足和发展。

三、客户关系管理的理念

客户关系管理是获取、保持和增加可获利客户的过程，是"以客户为中心"的管理理念的应用过程，是改善企业经营管理思想的一种方法。有效地对客户进行管理是企业有利、有序、有度地发展的保障。

企业发展客户关系管理的过程中，可以把企业和客户的关系过程简化为：建立关系——维持关系——增进关系；用另一种表述方式则为：吸引客户——留住客户——升级客户，如图3-1所示。

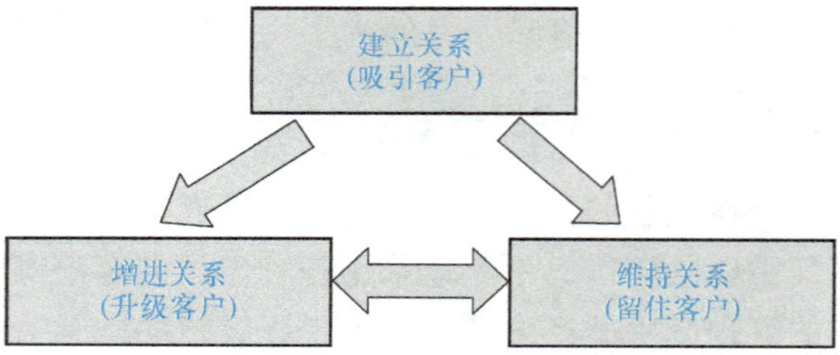

图3-1 企业和客户的关系过程

（一）让客户更方便

要让客户方便地获得企业的服务，就要如同家门口的杂货店一样，随时想要都可以去取。在现今的信息时代，应该让客户自己选择是用电话、网站、传真、电子邮件，还是面对面等不同的沟通方式与企业接触取得产品或服务的信息。

对于汽车维修服务企业来说，要使客户方便可做的内容有很多，如企业的选址点要交通方便、24小时营业、提供急救服务、提供代用汽车等。

（二）对客户更亲切

直接而人性化的沟通才能体现亲切。维修接待员要让客户在与企业的每一次接触中都能得到亲切的服务，留下愉快的记忆。当企业和客户之间的关系纯粹是"给钱、交货"时，客户对企业的选择也就会只有"价格"，只要有更加便宜的供应来源，客户就会流失，这样客户对企业毫无忠诚度可言。

许多客户在车辆过了质量保证期后，再也不会光顾之前的特约服务站。造成这样的局面，除了价格因素外，这些服务企业没有做到对客户亲切。

(三) 个性化

企业应该把每一个客户当成是一个永恒的宝藏，而不仅仅只是一次交易。所以必须对每一个客户的喜好和习惯进行了解，并适时地提出建议。

对于汽车维修企业来说，了解客户的生日，送上诚挚的祝福；根据客户车辆的估计行驶里程，提醒客户进行定期维护地安排等，这些个性化的服务是最能够打动和留住客户的。

(四) 立即反应

企业对于客户的行为，必须通过每次接触不断地加深了解，并且能够很敏感地响应。对客户需求的快速反应体现出了企业的工作效率和管理的规范化水平。任何客户都不愿意被怠慢，立即反应是对客户很好的尊重，也能为企业带来更高的利润。

四、客户关系管理的意义

客户关系管理的核心是企业将"以客户为中心"的理念体现在企业运营的每一个环节，要处处为客户着想，为客户提供满意的服务，把企业的客户转变成为企业忠诚客户。汽车维修企业为客户服务，就是要向客户提供高质量的维修服务，这包括了与客户亲切地交谈、迅速而又礼貌地回答客户的问题、树立专业的形象等，让企业的每一次服务对客户来说都是将一件不愉快的事（汽车维修是因为车辆故障，是客户所不希望发生的事情）转变成一件愉快的事的过程。

为客户提供优质的服务是企业在今天的激烈竞争中站稳脚跟，走向繁荣的基础。无论是汽车修理厂的老板、经理，还是普通员工，为客户提供优质的服务对谁都是非常重要的，这意味着赢利公司和亏损公司的差别。

一个修理厂如果因为服务的质量差而失去了一个客户，其损失是难以估量的。这就意味着企业将会失去了大量其他没有见面的客户——以前不满意客户的所有朋友和熟人。一次不满意的服务将会带给企业极大的负面效应。

经营理念和认识上的落后是实施客户关系管理的最大障碍。我国汽车维修企业应该冲破传统经营管理思想的羁绊，从公司发展战略的高度认识实施客户关系管理的重要性。要以先进的理念教育员工，让公司上至决策层，下至一线员工都要深刻认识到客户资源是企业最重要的资源、客户是公司生存发展的基础，自觉地将"以客户为中心"的经营理念贯彻到工作中的每个环节，真正地做到"想为客户所想、急为客户所急"，将客户视作自己的衣食父母。

五、客户满意与客户关怀

(一) 客户满意分析

ISO 9000 规范 2000 年版首次规定了"客户满意"的术语及其定义，并把客户满意作为质量管理体系业绩的一种测评方法，充分说明了在建立与实施质量管理体系过程中，应认真贯彻以客户为关注接点（中心）的原则。对汽车维修企业来说，其主要客户是车主。因此，应该把客户满意度测评作为分析和改进维修服务质量管理体系的首要方法。

【相关资料】客户满意度（CRI）分析

客户满意度是指一种以客户为核心、以信息技术为基础，客户对企业为其提供的真诚服务，依据自身的感受，给予企业的综合评价。

客户满意度指数（英文为 Customer Satisfaction Index，CSI）是当前国内外通行的质量与经济考核指标，如图 3-2 所示。

客户满意度可以用一个数学公式来表示，如下所示：

CRI = 客户评价/客户期望值

客户满意是客户对其要求已被满足的程度的感受。

1）客户抱怨是一种最常见的满足程度低的表达方式，但是没有抱怨并不表明客户一定很满意。

2）即使是规定的要求符合客户的愿望并能满足客户，也不能确保客户会很满意。一般认为，影响客户内心期望的因素有两个：保健因素和满意因素。

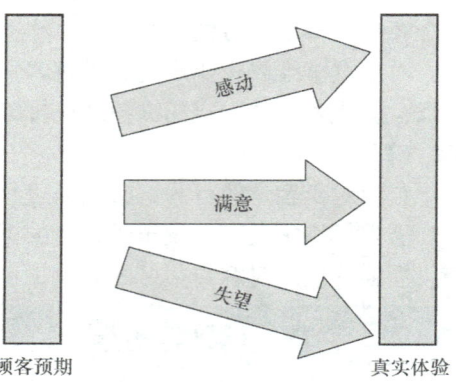

图 3-2　顾客满意度指标

1. 保健因素

要做到保健因素，只能是降低客户的不满，而不能提升客户的满意。在汽车维修中，保健因素有：将车辆的故障排除；在预定交车的时间之内交车；对故障进行正确的判断；维修的质量合乎标准。

2. 满意因素

代表着客户内心所期望的能获得产品或服务的情境，在汽车维修中，满意因素有：能够被理解；感到受欢迎；感到自己很重要；感到舒适。

经调查表明，大多数客户在将车辆送修之前几乎总是看到维修服务的缺点：工时费用高、配件费用高、送车和取车费时，以及修车时没有车可开等。所有的这一切基本上都是客户满意度的负面条件。因此，维修服务的目的就是在于增加满意因素，赢得客户的信任，让客户满意。

（二）客户满意因素

有学者这样提出，客户满意（CS）等于客户满意因素 QVS，如图 3-3 所示。Q 代表的是品质（Quality），V 代表的是价值（Value），S 代表的是服务（service），即客户满意就是品质、价值和服务三个因素的函数。可以这样表述：

$$CS = f(Q, V, S)$$

式中　CS——客户满意；
　　　Q——品质；
　　　V——价值；
　　　S——服务。

企业竞争的优势要在品质、价值和服务上体现出来。

1. 品质

品质包括如下因素，如图 3-4 所示。

（1）人员的素质：包括基本素质、职业道德、教育背景、工作经验、态度、观念和技能等。

（2）设备工具：包括完不完善、会不会使用、愿不愿使用。

（3）维修技术：包括一次修复合格率、质量。

（4）服务标准化：包括接待、维修、交车、跟踪服务。
（5）管理体制：质量的检验、进度的掌握、监督机制。
（6）厂房设施：安全、顺畅、高效。

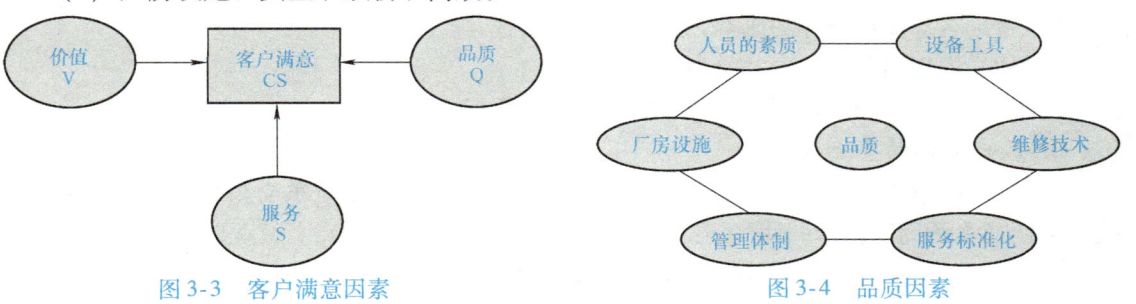

图 3-3　客户满意因素　　　　　　图 3-4　品质因素

2. 价值

价值包括下列因素，如图 3-5 所示。

（1）价格合理：包括工时费、配件价格的合理。
（2）品牌价值：包括知名度、忠诚度。
（3）物有所值：包括安全、方便、干净、舒适。
（4）服务差异：服务品质与其他企业的差别。
（5）附加价值：包括免费检测、赠送小礼品。

3. 服务

服务包括信任要素和便利性等要素。信任要素如图 3-6 所示。

（1）厂房规划：CI 形象、区域的划分、指示牌。
（2）专业作业：标准程序、看板管理、专业人员负责、5S 管理、专业化分工。
（3）价格透明：常用零件的价格、收费的标准。
（4）兑现承诺：交车时间、维修时间、配件发货、解决问题。

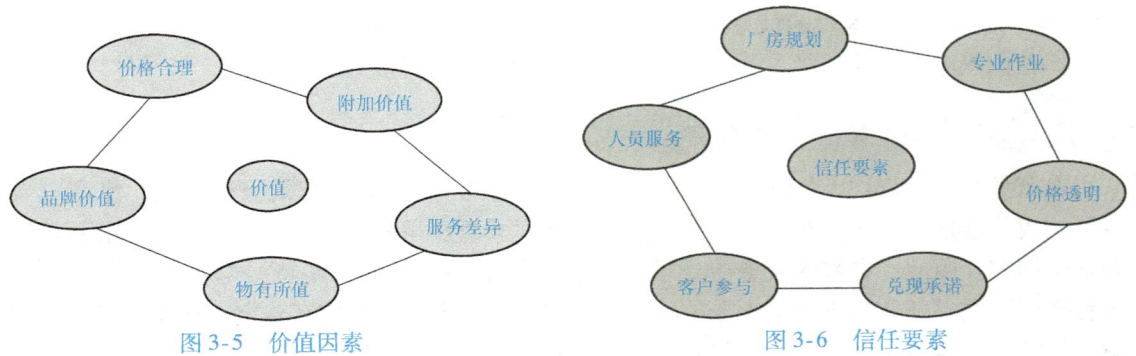

图 3-5　价值因素　　　　　　图 3-6　信任要素

（5）客户参与：寻求客户认同，需求分析，报告维修进度，告知需追加的项目，交车过程，车主讲座。
（6）专业化：语言专业，热情、亲切。

（三）客户关怀的基本原则和要点

1. 客户关怀的本原则

1）客户的满意第一。

2）关怀要发自内心。
3）要把客户当成自己，进行换位思考。
4）主动式的关怀。
5）帮助客户降低服务的成本，赢得客户的信任。
6）切忌表现出明显的商业行为。
7）在客户满意和公司利益之间寻找最佳的平衡点。

2. 客户关怀的要点

（1）新车提醒。若客户购买新车，应做到以下几点：①在新车交付的三周至四周内，使用信函或电话询问新车的使用情况；②主动告知客户服务站地点、营业时间、客户需要带的文件，并进行预约；③提醒客户首次维护的里程与日期。

（2）维修回访。①在维修实施前与客户讨论好回访的方式与时间；②维修后三天内进行跟踪回访；③对客户提出的意见要及时跟进和反馈。

（3）关怀函、祝贺函。①信函种类有客户生日或者节日等；②内容着重于关怀，不能出现明显的商业行为。

（4）久未回厂联系。①久未回厂联系前应先了解客户对前次服务内容是否有不满；②若客户有不满，则应表示歉意，并征求客户意见，请客户来厂或登门访问。

（5）定期维护通知。①距维护日前两周发出通知函或提前一周电话通知；②主动进行预约；③主动告知客户维护的内容与时间。

（6）季节性关怀活动。①主动告知客户每个季节用车的注意事项；②提醒客户免费检测的内容。

（7）车主交流会（联谊会）。①定期举行车主交流会，内容可包括：省油窍门、驾车技巧、正确用车方式、服务流程讲解、简易维修处理程序、紧急事故处理等；②每次人数控制在 10~15 人为宜，时间一般不要超过两小时；③请客户代表发言或与客户一起交流座谈；④赠送小礼品；⑤进行客户满意度调研。

（8）信息提供。提供的信息应是与客户利益相关的，包括：①客户从事产业的相关信息；②新的汽车或道路法规；③路况信息；④提醒客户免费检测的内容。

六、客户与企业关系的处理

在服务行业中以往人们都习惯把客户称为是"上帝"，而在汽车维修行业中，将客户当成朋友更为合适。由于汽车的结构复杂、维修难度大以及相关知识的多样性，客户也愿意与企业交朋友。因此，在维修服务中处理好企业（员工特别是业务接待）与客户的关系，不论在任何时候、任何地方都是十分重要的。处理人际关系要做到相互尊重，从而达到互相满意，这就是"双赢无败原则"。从客户与企业的关系来看，大致可能出现以下四种情况。

（一）客户的行为与员工的行为都正确

让客户得到最想得到的与应该得到的利益，使员工也得到了最想得到的与应该得到的利益，这样大家的需求都得到了满足，在人际关系的处理上大家都赢得了胜利。这是处理人际关系的最高境界与最好结局。作为企业，若客户与员工能相处成这种最高境界的人际关系，则客户就会成为"常客"、"回头客"，员工也能满足其心理的需求，企业就能宾客盈门，获得良好的经济效益与社会效益。

(二) 客户的行为与员工的行为都不正确

客户没有得到应有的利益，从此不但不再光临，甚至造成了很差的口碑效应，而员工的不正确行为则将会导致企业门庭冷落，最终会被激烈的市场竞争无情地淘汰，员工与企业也将最终丧失自己应该获得的利益。这种双败无胜的结局是最差的情况。客户与员工都不希望这种现象出现，并且努力地想避免这种结局。

(三) 客户正确、员工不正确

从客户的角度来分析，其付了钱，要求获得优质服务的要求是正确的、应该的，而且其实际行为也符合客人的身份。但是现实中经常会有由于企业与员工一方的原因，导致了客人的利益获得受阻，造成其心理上的失望。产生这种情况的原因有以下几点：

1. 员工主观上的原因

表现在工作态度上对客人冷漠、消沉或者是焦躁、粗暴；表现在工作上为马虎、懒散、敷衍塞责，得过且过；表现在言语上使用不文明、不文雅、过于随便的言语与不正确的体态语言；表现在服务技能上为生疏、笨拙；表现在工作效率上为动作缓慢、反应迟钝、等待的时间长；表现在对客交际上为忽视文化的差异、冒犯客人的忌讳；表现在服务质量上为标准太低等。

2. 客观上的原因

如服务项目太少，为客户服务的设施过于老化且不完善，质量低劣，不能发挥正常的服务功能，或者是在对客人交际过程中出现的一些误会等原因。服务有缺陷，客户肯定会不满。从功能上讲，没有解决实际问题，没有把事情办好；从经济上讲，没有得到应有的享受，有"吃了亏"的感觉；从心理上讲，没有得到尊重。由功能、经济、心理三方面的原因引起的失望感使客人会以种种形式表现出"逃避反应"的行为或者是"攻击反应"的行为。客人的"逃避反应"行为似乎是不会采取任何公开行为，最多是摇头叹气、自认倒霉。对这样的情况，有些企业觉得很幸运，似乎逃过了客人的投诉与索赔。实际上这掩盖了企业管理与服务上的问题，失去了一次发现问题、改进产品质量的良机。客人选择"攻击反应"的行为来排泄心中不满，这种"攻击反应"可以是非公开性的行动，采取"暗中报复"手段。客户不仅会决定本人从此不再光临，而且还会在亲朋好友中宣传自己不愉快的经历，让企业的形象与声誉受损。这种行动也可以是公开性行动，最常见的是投诉，填写意见书，或者是向大众媒体投诉。这种情况是企业最不愿意看到的。

(四) 客户不正确、员工正确

在人对人的服务中，客户由于利益、认识差异等原因，与员工难免会发生矛盾甚至冲突，而在那些矛盾与冲突中，员工选择极力满足客户的期望或者是正确劝导客户的无理要求是正确的做法。虽然员工忍受委屈、全心地投入工作，可能会使客户满意或不满意，但是员工尽力地将客户不满意度降到了最低点的努力是值得肯定的，企业可以设立"委屈奖"，以此来安慰和鼓励员工。

综上所述，现代维修企业与客户之间应该争取"双胜无败"的最好结局，而避免出现"双败无胜"的局面。

七、客户档案管理

(一) 客户档案的建立

客户档案是企业的重要资源，利用客户档案可以建立客户群、扩大业务、提高企业的知名度等。建立客户档案的方式通常有两种：一是客户基本资料的建立；二是客户业务资料的建立。

1. 客户基本资料的建立

客户基本资料的建立主要包括客户基本资料的获取、整理、录入、保存、更新、取用和应急处理等。对于不同的企业来讲，对客户基本资料的内容的要求也各不相同，应该根据需要来制订有关的规律制度细则，当然这些制度一般来说大同小异，一般客户的资料分为四个部分。

（1）车辆的基本信息。车牌号、发动机号、VIN码、车架号（底盘号）、钥匙号、出厂日期、首保日期、车型和车型分类等。

（2）车辆的扩展信息。购买的日期、档案登记的日期、保险公司的名称、保险联系人、续保的日期、下次应该维护日期、上次业务的日期、行驶证年检的日期。

（3）车主的基本信息。姓名、性别、出生日期、身份证号码、邮政编码、住址、联系电话和手机号码等。

（4）车主的扩展信息。车主的电子信箱、即时通信号码、车主的其他联系人、开户银行、卡户账号、税号、所在地区和类别等。

需要说明的是，车型和客户的分类都有很多种分类的方式。例如，可以按照年龄、地区、车辆的用途、客户的来源、业务的大小来分类，甚至还有的企业要求记录客户的一些兴趣爱好等。

2. 客户业务资料的管理

客户业务资料的管理包括客户的来访记录、购车记录、购买配件记录、修车记录、维护记录、跟踪回访记录和投诉记录等。

（1）销售记录。如果一个企业才开始建立客户档案，那么查阅企业销售记录则是了解客户业务资料一个最直接的方法。从销售的原始记录中，可以看到现有的客户和曾经进行过交易的客户的名单，以及企业客户的类型。

（2）维修服务登记。利用客户在维修服务时进行登记是建立客户档案的一个最简单的办法。这时可以采取请客户自己登记的办法，以获得更多、更准确的客户信息，不过这些都需要得到客户的配合。而很多的客户是不愿意花费时间和精力去填写登记卡的，即使是填了也难以保证质量。因此企业可以以某种方式对自愿登记的客户进行奖励，如赠送小礼品等方式来提高填写的质量。

（二）客户档案的分析

在掌握了客户的基本信息后，就要积极的着手去分析客户档案。客户档案分析的内容取决于客户服务决策的需要，由于在不同的企业、不同的时期这种需要是不同的，所以进行客户档案分析所利用的内容也不同。一般说来，常用的客户档案分析内容有客户信用度的分析、客户资产回报率的分析、客户收入构成的分析和客户地区构成的分析等方面。

1. 客户信用度分析

利用客户档案所记录的内容，详细、动态地反映出客户的行为及状况的特点，从而对不同客户的付款条件进行确定、信用限度和价格优惠等，还可以对客户的信用进行定期的评判和分类。对于在信用分析中信用等级较高的客户，可以作为业务发展的重点，并给予一定的鼓励或优惠，如优先服务、特殊服务、优惠价格和信用条件等。这对于加速企业资金的周转和利用，防止出现呆账、坏账是十分有效的。

2．客户资产回报率分析

客户资产回报率是分析企业从客户获利多少的有效方法之一。该方法仅从客户的毛利中减去直接客户成本，其中包括维修的费用、服务的费用和送货的费用等，而不考虑企业进行研究开发、设备投资等所需的费用，从而求出客户资产回报率。

3．客户收入构成分析

即统计分析各类客户及每位客户在企业总收入中所占的比重，及这一比重随着时间推移的变动情况，用来表明企业服务的主要对象，从而划分出不同规模的客户。这对于明确促销的重点、掌握渠道的变动情况是十分重要的。

4．客户地区构成分析

利用客户档案对客户地区构成进行分析是一种最为普通、简单的档案分析方法，分析企业客户总量中各地区客户分散的程度、分析的地区和各地区市场对企业的重要程度，是设计、调整分销和服务网络的重要依据。但值得指出的是，这种构成分析法是至少要利用五年以上的资料才能反映出客户构成的变动趋势的。

除以上档案分析内容外，在实际实践中一些企业还利用了客户档案进行关系追踪与评价、客户与竞争者关系的分析、客户占有率的分析、开发新客户与损失客户的分析、企业营销效果的分析、合同履行的分析等。建立客户档案、收集客户资料的目的是为了利用这些信息，让其在实现企业的客户向导中真正发挥作用，实现信息的价值。所以，要在建立客户档案的基础上，不断地开发、利用档案信息内容。客户档案不仅是在客户关系管理中，而且在企业面向客户服务的各项工作中都是具有广泛而重要的作用的。

（三）客户档案的管理

客户档案管理，是汽车维修、企业生产和技术管理的基础工作。

1．及时地为客户建立档案

客户在进入服务中心后维修接待员应该及时地为客户建立档案，客户档案由业务部门负责收集、整理和保管。汽车大修、总成大修、汽车二级维护的客户档案应以一车一档、一档一袋的原则进行管理，档案内容主要包括维修合同、检验签证单、竣工证存根、工时清单、材料清单等；汽车一级维护、小修的资料在维修登记本中保存。

此外，档案应按分类有序地放置在固定的地方，如书橱，以便查阅。

2．利用电脑整理客户基本信息并存档

纸质档案应该保持整齐、完整，不得混杂乱装，档案袋应该有明确的标志，以便检索查询，同时防止污染、受潮、遗失。

3．记载重要的维修数据

车辆在维修竣工后，检验员应该在车辆技术档案中记载总成和重要零件的更换情况及重要的维修数据（如气缸、曲轴直径加大尺寸等）。

4．存档材料有专人管理

单证入档后除相关的工作人员外，一般人员是不得随意查阅、更改、抽换的。如确实需要更正，则应该经有关领导批准同意。

5．档案内容要归类

档案内容主要包括客户的有关资料、客户车辆的有关资料、维修的项目、修理维护的情况、结算的情况、投诉的情况等，一般是以该车"进厂维修单"的内容为主。老客户的档案资料表在填好后，仍要存入原档案袋。

6. 客户维修档案的保存期限

客户维修档案应要保存两年或两年以上。

第三节 言谈的技巧

一、言谈的原则

与客户交流要遵循以下六个原则：

（一）充分聆听的原则

充分聆听既是对客户的一种尊重和起码的礼貌要求，也是互动交流的基础。只有充分交流，才能够清楚客户讲话的内容，把握讲话者的重点。这样才能有根据地进行回应，才会激发起讲话者的兴趣。在充分聆听时，要注意以下几点：①在聆听时应该注意，这种聆听不是傻听，不是盲听，而是有礼貌地听，积极地听，要抓住重点；②在聆听时，应该注意要积极地回答客户的提问，目光停留于客户的脸部，留意其所指向的方向位置，并且要不断地通过"是吗""对吗""嗯"等短语让讲话者充分知道你在聆听；③必要时，应该不失时机地打断客户的讲述，如在对方完成一段话或者停顿下来时，问一两个小问题。适时的提问，也能够准确地把握客户说的重点；④在交谈时，要停住手中的工作和活动，不要不断地看表或者不停地摆弄小物品。如果是在吃饭，则应该放下餐具，停止进食；⑤不可以东张西望，东张西望会给人一种一心二用、三心二意的不尊重人的感觉；⑥在举止方面，要避免抖动全身或者是身体的某个部位，不可以双手抱头、叉腰，不可以抓耳挠腮、哈欠连天；⑦应该要站有站姿、坐有坐姿，落落大方，沉稳真诚。只有做到这样，才可以算是真正做到了充分、认真的聆听。

（二）言语有度的原则

在言谈交流过程中，还要注意言语有度。这种有度主要包括三个方面，即适时、适量和适当。

1. 适时

适时就是要求讲话的时机要合乎时宜。要适时而言，不可不分场合。如在正式场合中，下级不要随意打断上级或者职位高者的讲话，不要无休止地追问某一两个问题，不要过多地占用与上级谈话的时间，也不可在别人谈话时，交头接耳。与非夫妻或者恋人的异性之间交谈时要注意距离和讲话的时机。同时，要避免该讲话时不讲话，不该讲话时却讲话的现象发生。

2. 适量

适量就是要求讲话的内容和长短要适量，在时间宽裕时可以多讲一些，若时间不够，则应删繁就简，突出重点。特别是在会场或演讲场合向发言人发问时，要避免花很长时间说一个问题的背景，然后才问问题的做法。不可谈话东拉西扯，让人一头雾水。

3. 适当

适当就是要求讲话的内容适宜，主题要恰当得体，话要准确。说话时要尽可能地把心中想要表达的意义清楚地表达出来。往往有很多时候光是心里有某种想法不行，必须用语言说明。特别是在人与人交往时会有情感的成分，不管是商务关系还是同事关系，交往一段时间之后，都会产生一定的友情。因此，在重逢和分别的时候，说一些带有感情的话是理所当然的。

（三）准确运用肢体语言的原则

肢体语言是人的一种情感表达方式，人在交谈过程中，往往会情不自禁地挥臂、伸手、伸出手指和拳头等来辅助、增强和渲染语言表达的效果。肢体语言的个性较明显，共性较差。肢体语言因不同社会背景、不同年龄层的人有不同的肢体表达方式，甚至同一种肢体语言在不同的区域、文化和个体之间有不同的含义。

因此在谈话时，用肢体语言来辅助讲话的效果时应注意以下几点：①要准确，不可以引起误解；②要适量，不可以过多过快；③要及时，避免慢半拍，达不到效果；④要避免不礼貌的肢体动作，否则容易引起误会和纠纷。

（四）避讳隐私的原则

由于风俗习惯、政治信仰等的不同背景，有些话题在交谈中或非常敏感，或容易引起反感，因此要回避这些谈话内容，这就是避讳。与此同时，现代很多人初次见面时不愿透露过多的个人信息，因此在交谈时也应避免询问过多。一般地，这些问题当面应予以避免：家庭、婚姻的情况；女性的年龄、体重等有关个人生理状况的问题；男性的工资收入、职务职衔等；宗教和政治问题；就餐时谈动物内脏问题；谈疾病、死亡等。

（五）保持正确的礼仪距离的原则

每个人在潜意识中都有自己的一个私人空间领地。保持一个适度的距离，是对他人的尊重，同时让人有安全感，这个距离约为1米左右。与人交流应该避免突破这个礼仪距离，礼仪距离的存在还可避免体臭等异味可能带来的不良影响，保证交流活动的成功进行。

（六）经常使用基本的礼仪用语的原则

人与人之间的交往过程在很大程度上也是一种情感的交流。特别是在现代生活中，"以人为本"，充分尊重他人，也是能够顺利实现交际和交流的重要条件。而礼仪用语最能体现这种对人格、情感的尊重和关怀。"您好""请""谢谢""对不起""祝贺""再见"这些基本的礼仪用语要常挂嘴边，看上去简单平常，但其所蕴含的社会意义和历史经验却非常丰富。

二、交谈的技巧

技巧一：交谈内容要"就地取材""随机应变"。

在与客户初次见面时，一般要先寒暄几句，如果开门见山、单刀直入，会给人唐突的感觉。一般说几句今天天气如何的话是可以的，但若不论时间、地点就只是一味地谈天气那就太过于单调了。如何避免这一情况呢？不妨结合所处的环境，就地取材引出适当的话题。恰当的开场白主要是使气氛融洽。要多用称赞的口气和语言，而少用或不用挑剔的口吻。还可以根据情况的变化转换话题，使交谈自然融洽地进行下去。

技巧二：谈话要看客户定内容。

客户上门，多数是他遇到了麻烦的时候。在与客户交谈时，应以客户的说话内容为中心，而不是一味地表达接待者个人的想法或见闻，要多听客户的诉求，谈话围绕客户的诉求而展开。交谈时双向交流，交谈时应看对象，内容因人而异。各种年龄、各种职业、各种地位的人都有着各自不同的情趣、特点及习惯等。因此，需注意，在与不同的人交谈中，选择的话题，使用的语言与口吻应当有所不同，才不至于产生"层次差"，如不要和艺术家大谈金钱，不要和失恋的人大谈你和恋人的甜蜜感情等，否则别人是没兴趣听的。

技巧三：多谈客户感兴趣的话题。

在与客户交谈的时候，可以试着从客户的话语中找到其兴趣所在，引导对方对自己有兴趣的话题发表看法等，如特长，所喜爱的生活。一般地说，一个人感兴趣的话题，多是对方知识储备中的精华部分。若能就此进行交谈，则不仅可以谈得很有兴趣，而且谈话内容也会比较充实。

三、交谈的方式

交谈时，一般可以采用有以下九种方式：

方式一：直言

在交往中，心诚意笃、直抒胸臆的语言，效果常常很好。直言是信任人的表现，在朋友之间，真诚的直言还是一种崇高的美德。虽然没加什么粉饰雕琢，有时还可能是逆耳之言，它是和对方关系密切的标志。在一定场合，需要直言时就大胆直言。但直言不讳不等于粗鲁、不讲礼貌，或想怎么说就怎么说。在直言时，特别是在说逆耳之言时，应该注意：一是要心诚、坦荡；二是要配上适当的语速、语调、表情和姿态；三是在直言拒绝、制止或反对客户的某些要求或行为时，应诚恳地陈述一下原因和利害关系。

【案例分析】据理直言

> 客户："我的车出现疑难故障，你们维修检查时找到了问题，虽然花费了一整天的时间，但是现在我不想修了，你们却要收我的检查费，你们不是说检查是免费的吗？为什么还要收我检测费呢？"
>
> 答："维修前的故障诊断是维修的关键环节，尤其是疑难杂症，需要高超的技术和丰富的经验，同时还可能使用专用检测仪，若已准确判断等于维修进行了一半，因此按行业规定，适当的收取检测费用是合理的。"
>
> 点评：这位业务接待员的回答表达得很真诚，说话自然大方，紧贴生活。给客户的感觉就是实实在在，那样的收费是非常的合理。

方式二：委婉

人们的认识和情感有时并不完全一致。在交往中，有些话虽然是完全正确的，但是对方却会因为碍于情面而难以接受，直言不讳的效果往往不好。这时，委婉就派上用场了。委婉也就是从侧面触及或以柔克刚，使客户在听建议的同时仍感到自己是被尊重的，这样也许其就能够既从理智上，又从情感上接受意见。

委婉的具体做法大致有以下几种方式：

1. 用一些语气词如用"吗、啊、吧、嘛"等软语气，使人感到讲话口气不那么生硬。例如，第一句是"别唱了!"第二句是："别唱了，好吗？"无疑，第二句比第一句显得客气、婉转，让人易于接受。

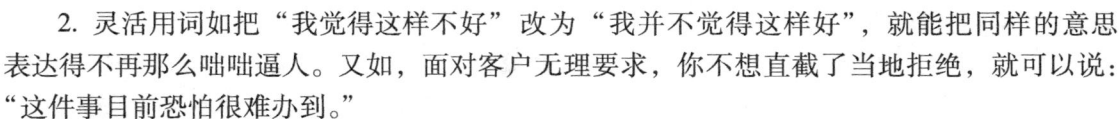

2. 灵活用词如把"我觉得这样不好"改为"我并不觉得这样好",就能把同样的意思表达得不再那么咄咄逼人。又如,面对客户无理要求,你不想直截了当地拒绝,就可以说:"这件事目前恐怕很难办到。"

方式三:含蓄

人们在交往中有时会因种种原因不便把某一信息表达得太清晰。而要靠对方从自己的话中揣摩、体会出里面所蕴含的真正意思。这种"只可意会,不可言传"的手段就是含蓄。

【案例分析】巧用含蓄

客户:"我车的音响效果为什么总不理想呢?"

答:"因为车用音响会受到车内空间及环境的影响。例如,灰尘、振动、高温或低温、潮湿、空间狭小和噪声等都会影响到车用音响的收听效果,自然与在家里享受音乐的效果无法相比。"

点评:这位业务接待员的回复巧妙地运用了含蓄的比拟方式,间接的答复,让对方听出"言下之意""弦外之音",从而达到讲话的目的。但如果将含蓄理解为闪烁其词、躲躲闪闪,与含蓄的宗旨就背道而驰了。

方式四:模糊

在交往中,有时因故不便或不愿把自己的真实思想暴露于人前,这时可以把信息"模糊化",这样既不伤人,又不使自己难堪。比如,答非所问。有位小姐问:"我漂亮么?"可以回答:"你很有特点。"又如,有人问:"你看我是否变老了?"可以这样回答:"一下子看不出来。"

方式五:自言

在社交场合,若大家都互不认识时,一句"今天天气真热"之类的自言自语,往往就能成为交谈开场的引子,使原来不相识的人攀谈起来。自言自语一般有助于人的自我表现。因此,不要看轻自言自语与自我表现,它在交往中具有其他手段所没有的优点。

方式六:沉默

沉默是金,有时候沉默比说什么话都好,这就是"此时无声胜有声"。沉默可以表示赞许,也可以表示无声的抗议;可以是欣然默认,也可以是保留己见;可以是威严的震慑,也可能是心虚的表现。比如,拒绝别人的聚会邀请,可以摇摇头,然后沉默,邀请者就不会再说什么了。

方式七:反语

我国有句古话:"将欲取之,必先予之。"交谈中有时为了达到某种目的,说话者口头说的意思和自己的真实意图会恰恰相反,却反而成功。这就是反语的妙用。

【案例分析】正话反说

客户:"为什么我感觉车前照灯不够亮,能不能用大瓦数的灯泡?"

答:"车辆的前照灯亮度系数是完全符合国家标准的。过于刺亮的灯光,会对迎面驶来的车辆造成影响。而且过亮的灯光也会造成您本人的不安全。如您自行改用大瓦数灯泡,会增加用电负荷,甚至引起燃烧。由于新车出厂对电路系统都有一个设定值,如需更改电路将是一个很复杂的过程,况且若因更改电路引起故障,您将会失去原有的正当索赔权利。

您觉得哪个好呢？"

点评：这位业务员运用了正话反说，硬话软说的方法，没有直接劝说客户的意思，而是采用了"铺垫""迂回"再一步步导入话题中心的说话方式，避免了客户的厌烦，使客户更好地接受接下来的建议。

方式八：幽默

幽默具有许多妙不可言的作用，在交往中要善于利用幽默的语言。幽默不但能活跃气氛，而且能缓冲紧张的情绪。

【案例分析】 巧用幽默

例如，德国作家和诗人歌德一天在公园散步，碰到了曾恶毒攻击过他的批评家。那位批评家傲慢地说："我是从不给傻瓜让路的。"歌德立即回答："我却完全相反。"说完转到一边去了。幽默可以用于对别人的善良批评和自我解嘲。如一天杜邦先生到一家小旅馆，他问老板："一个单间多少钱一天？"老板回答："不同的楼层价格是不同的，二楼的房间是15马克一天，三楼是12马克，四楼是10马克，五楼是7马克。"杜邦听后转身要走，老板问："您觉得价格太高吗？杜邦说："是您的旅馆太低了。"

杜邦的幽默，既含蓄地批评了旅馆要价太高，又对自己住不起高价客房而作了自我解嘲。

方式九：提问

在交流中，提问是交谈的一大技巧，是引导话题、展开谈话或转移话题的一个好办法。提问有以下三种功能：

（1）了解情况，可以通过发问来了解自己不熟悉的情况。

（2）引导思路，把对方的思路引到某个要点上。

（3）打破僵局，避免冷场。

提问要注意内容，不要问对方难以应对的问题，如高深的学术问题，更不应该问人们的隐私及大家都忌讳的问题。提问题是要把握时机的，一般是一个话题快谈完时，停顿并提问一下，可使交谈继续下去；或者不愿就某个话题进行交谈，可以用提问转移话题。

【案例分析】

1. 讨论价格

客户："上次我更换配件价格高，这次配件降价了，回单位向领导无法交代。配件价格变化太大，总在变动，能不能不变？"

答："配件价格下降是为了回馈广大车主对我们品牌的厚爱，节省车主们的使用成本，您的情况很特殊，如果有必要，我们可以出具相关说明，您看如何？"

2. 建议被拒

在建议客户到厂前进行预约，客户说："我不要预约，有空我会自己来你们服务中心。"对于此种情况应如何应答？

答：对于您的这种心情，我们完全可以理解。可是先生，您只要在进厂前一个小时，花几分钟时间与我们确认您方便维修的时间，就可以省去您数小时的等待时间，而且我们这里还设有预约绿色通道，您不觉得预约其实对您非常有利吗？

点评：这位业务员设身处地的引导与客户交谈的思路，打破了其之间僵局的关系，运用关怀的语气对客户提问，引出谈话的中心，自然得体，水到渠成。让客户听起来轻松自在，从而更好地接受业务员的答复。

【课堂活动】赞美你的同学

许多同学性格内向，不善言辞，不敢与陌生人沟通交流，因为其害怕遭到拒绝或冷遇。另一方面，其又对别人能拥有众多朋友而羡慕不已。通过赞美你的同学活动，指出具有这一性格的学生注意改正自身缺点，为汽车服务接待打好基础。

活动组织：通过抽签各选出男女生一名，当场夸奖、赞美对方。

第四节　消费心理学基础

一、消费者的需要

（一）什么是消费者的需要

需要是个体生理或心理上的一种不平衡状态，是个体自身或外部生活条件的要求在头脑中的反映，是人们感到了某种不平衡状态而力求获得满足（恢复平衡）的一种心理状态。在经济活动中消费者的任何需要都可以通过买卖活动来得到满足。而消费者的需要是丰富多彩、多种多样的，而且还受到不同的生活环境、文化水平、宗教信仰以及所在地区和国家的文化、风俗、习惯等的影响。因此，掌握人们有哪些需要，分析这些需要有什么特点，开发潜在的需要市场，对经营者来讲，是非常重要的工作。

（二）需要的分类

消费者需求有以下四种基本分类：

1. 生理性需要和社会性需要

生理性需要又称自然性需要，主要是由生理上的缺乏所引起的需要，一般是指对衣、食、住、行等用以维持机体生存的需要。

社会性需要是指人们参加社会生活、进行社会生产和社会交际而产生的需要。如对爱、朋友、权力、威望、劳动、自我发展等的需要。由于社会性需要属于人类特有的高级需要，它受政治、经济、文化、地域、民族等的制约，具有鲜明的时代性和变化性。

2. 物质需要和精神需要

物质需要是指人们对物质对象的需要，如衣、食、住、行等日用品及在社会交往中所需要的物质产品。在人的物质需要中，既有生理需要的成分，又有社会需要的成分。随着社会生产力的发展和科学技术的进步，人们的物质需要会得到极大的满足和不断的丰富，其中社会需要的成分也将不断提高。

精神需要是指人们对精神生活和社会交往中精神产品的需要，如对知识、道德、宗教信仰、政治信念、艺术和审美等方面的需要。人的精神需要大多属于社会性需要，是人的高层次需要。人们学习科学知识、追求真理、探索自然和社会发展规律的动力，都是在这些精神需要的基础上产生的。

3. 主导需要和次要需要

根据需要获得满足的强烈程度可分为主导需要和次要需要。

主导需要是指在某一阶段压倒个体其他需要而占主导地位的需要。它要求得到满足的力量是个体当时所有需要中最强大的，是最可能推动个体行动而得到满足的需要。在一定时间内，人的活动能力是有限的，哪一个需要能战胜其他需要而成为此时间内的主导需要，则依赖于此需要对个体的意义、当时的环境、此需要得到满足的可能性等因素。

次要需要是指在某一阶段内在强烈程度上处于次要地位的需要，例如，"饥不择食"，说的就是当饥饿需要占主导地位时，卫生、安全等需要就都退居次要地位。

主导需要与次要需要并非一成不变，两者在不同时期会有不同表现并能相互转化。

4. 生存需要、享受需要和发展需要

生存需要是指维持个体生命的最基本的需要，一切避免因饥、渴、冻、热、危险等可能导致死亡的因素而对饮食、衣物、住所、安全保护等的需要，都属于生存需要。人类的生存需要至少要得到最低限度的满足，否则可能会引起严重的社会问题。

享受需要是指人们在占有物质或精神财富时所获得的感官或精神上的愉悦的需求。人们的享受需要随着社会财富的增长和经济生活的富裕，会不断得到满足，并相应发展出新的享受需要。

发展需要是指人们对自我不断发展、进步的需要。这种需要不仅包括智力和知识的增长，还包括个人潜能的发挥、能否跟上社会发展的步伐等。

（三）需要的特征

需要具有对象性与周期性、多样复杂性、发展可变性、伸缩性及可诱导性五项基本特征。

1. 需要的对象性与周期性

需要的对象性是指人们的需要总是指向某一特定的、具体的对象，否则满足需要就无从谈起。需要的周期性是指需要的满足并不是永久性的，而是周而复始地不断出现的。虽然某一需要得到满足之后强度会减弱、消退，并会在一般时间内不再出现，但随着时间的推移，已消退的需要也会重新出现，需要的周期性特征是由生物有机体和事物发展变化规律所决定的。消费者消费需要的周期性还同商品的使用寿命、社会时尚以及个人的购买习惯、工作与闲暇时间等因素有关。需要虽然是周而复始地不断产生，但每一次都不是上一次需要的简单重复，而是在对象、满足方式、强度等方面有所变化。

2. 需要的多样复杂性

人是社会的人，不仅具有情感、意志、兴趣爱好、气质人格等方面的个体差异，而且总是隶属于不同的民族、国度、地域、阶层，信奉不同的宗教，具有不同的信念，遵循不同的风俗习惯及行为方式。由于个人的、自然的、社会的原因，对同一类的或同一方面的需要，不同个体可以赋予全然不同的内容，采取大相径庭的满足方式；而同一个体在不同的时期会有不同的需要产生，即使是同一个体的同一需要，在不同的场合其具体表现也不相同。这就是需要的多样复杂性。

3. 需要的发展可变性

人们在当某一需要得到一定程度的满足后，就会产生新的高一层次的需要，也就是说，需要是不断发展变化的。随着社会的进步和生活水平的不断提高，人们的消费需要也会不断发展变化的。

4. 需要的伸缩性

在现实生活中，由于消费者的各种需要受内、外多种因素的影响和制约，在需要的多寡、强弱、满足水平和方式等方面，具有一定的弹性。在特定的情况下，人们的需要可以被抑制、转化、降级或停滞在某一水平上。例如，在选购家庭用车时，有的以高档、名牌为需要，有的以价廉为需要，也有的以时髦、新潮为需要，还有的以普通大方为需要等。而一个以高档、名牌为需要的人，一旦经济条件发生变化，也可能转化为以价廉为需要；相反，一个以低价实用为需要的人，也可能在他人劝说或环境影响下，开回一辆高档、名牌汽车。

导致消费者需要伸缩性变化的因素是多方面的。从消费者自身来看，主要因素有消费者的个性特点、经济收入、社会地位、审美价值观、工作性质和闲暇时间等；从经营企业和商品方面来看，主要因素有商品供应、商品性能、销售环境、广告宣传、售中服务和售后服务等。

5. 需要的可诱导性

从需要的伸缩性可以得知，需要是可以变化的，因而也是可以引导和培养的，可以被调节和控制的。需要的可诱导性包括两种情况：一是从无到有；二是从弱到强，从可有可无到必需。以电视机为例，最初人们有黑白电视机看，心理需要已得到了充分满足，但后来生产出彩色电视机，在商家宣传和彩色电视机本身巨大的诱惑下，人们放弃了黑白电视机，追求彩色电视机，进而追求遥控、大屏幕、画中画、数码电视机等。在对消费者需要的诱导方面，商品的功能、性能、形状、款式、广告宣传、社会心理（从众、暗示等）都起到了重要作用。

（四）研究消费者需要的意义

1. 有利于商品的开发和创新

消费者的需要是多样复杂的，经营者不仅要提供丰富多样的商品，更要主动与开发商、生产商合作，认真调查市场需求，不断开发、生产出满足不同消费者需要的产品，或改造已有产品，使其更符合消一费者的需求，只有这样才能使商品永远具有吸引力。

2. 有利于经营环境的改进

在经营过程中，经营者提供给消费者的不只是商品本身，同时也提供了消费者购物的自然环境和人文环境。好的自然环境是指经营场所要宽敞、明亮、安全，商品干净整洁、摆放整齐、有条理等。好的人文环境是指销售及接待人员的待客态度，使用语言要给消费者愉快温暖的感觉；经营场所在铺面装饰、灯光设计上要与商品的种类、款式、花色适当搭配，让消费者得到充分的视觉享受，并刺激其购买欲望。

3. 有利于把握消费主流并做出销售决策

人们的需要是不断发展变化的，生产商和经营者如果能深入市场，对消费者的需要动态进行详细的调查，并做出合理的预测，对于及时调整生产结构及产品销售策略以顺应消费潮流，是非常有帮助的。

二、消费者的动机

（一）动机与购买动机

（1）动机是推动人们从事某种活动的直接动力。

（2）购买动机是直接推动顾客产生购买行为的驱动力。购买动机是在个体对商品的需要基础上产生的，受需要的制约和支配。离开了需要，便谈不上动机。但是要使顾客真正产生购买行为，仅仅有需要是不够的，必须有动机的直接推动力。

(二) 购买动机的特征

1. 购买动机的驱动性

仅有对物品或商品的需要，并不能产生真正的购买行为，只有在需要基础上的动机，才是直接推动人们去行动的力量。

2. 购买动机的多样复杂性

动机产生的需要基础是多样复杂的，动机因而也具有多样复杂性的特点。同一购买动机可能源于不同的需要，并在相异的具体购买行为中得到实现；而同一购买行为也可能是不同购买动机或几种购买动机一起推动的结果。影响购买动机的表现、实现与否、实现方式或途径因素，主要来源于购买者、商品、购买环境，即购买者的个人特点、需要，商品的种类、性能、吸引力，购买环境的好坏等。另外，不同强度的购买动机，其推动购买行为的力量也不同，越强烈的购买动机，越容易在一定条件下推动购买行为的实现。

3. 购买动机的内隐性

动机是推动人们去行动的内部驱动力，是一种主观的状态，不仅他人无法看清动机，有时自己也难以辨清或不愿承认真正的动机是什么。因此，购买动机有很大的内隐性，顾客在购买过程中出于某种原因，表现在外的常常是一些非主导的或与真正动机完全相异的购买动机。例如，人们在购物"砍价"时，往往不会表露出非常喜欢、不买不可的真实想法，而是故意装出可有可无的样子，以达到以较低的价钱买下的目的。在买廉价商品时，出于自尊，一般不会暴露自己因经济原因寻求廉价（求廉）的真正购买动机，而以对这种商品的偏爱或使用习惯等非主导动机为借口。

4. 购买动机的冲突性

在具体的购买过程中，几种购买动机之间相互冲突和竞争的现象是常见的。例如，选购汽车时，既想便宜，又要功能齐全，质量有保证。于是，就产生了既便宜且性能好和价钱较高，但质量完全有保证的矛盾。在几种动机发生冲突的时候，消费者本身应该慎重考虑，不要急于决定，要就商品的性能、价格、外观、质量、售后服务做详细的比较，并弄清楚自己的真正需要和购买能力，进而做出购买决策。经营者更应抓住消费者举棋不定的心理，给予适当的指导和宣传，帮助消费者做出决定。

5. 购买动机的指向性

购买动机不仅能驱动购买行为的实现，而且能促使消费者在购买过程中始终按既定的目标进行，保证购买行为指向既定目标。购买动机的指向性与主导性动机有关，当主导性动机明确、有力时，目标清晰明确，其指向性就好；当主导性动机不明确，或几种动机势均力敌时，目标明确性也较差，动机的指向性就不明显，其推动个体去行动的能力也就较差。

(三) 购物动机的种类

消费心理学在研究消费者的购物动机时，常把购物动机分为理性的购物动机和感性的购物动机两大类，人们的具体消费活动总是受其中一种动机的支配或受两种动机的共同支配。

1. 理性的购物动机

理性的购物动机是指个体在购物时所关注的内容主要是价格、费用、耐用性、售后服务、可靠性、使用寿命等属于商品的全部长期花费（金钱、时间、付出的劳动、安全系数等）的特征。商品在这些方面能够让消费者满意，就会促进消费者购买行为的实现。常见的理性购物动机有求廉动机、求实（惠）动机、求质动机等。

2．感性的购物动机

理性的购物动机遵循的是经济原则，但人们在购物时，考虑得准确、周到是不可能的，而是主要受其中一种动机的驱使，并不可避免地要受到一些带有感情色彩的东西影响，这就是感性的购物动机。常见的感性购物动机有以下几种：

（1）求新动机。求新动机是以追求新颖、刺激、赶时髦为主要目的动机。这是由强烈的好奇心和求新欲引发的动机。常表现为在选购商品时，特别注重商品的时兴性，是否是新产品、新款式、新花色等，这一般在年轻人身上表现得更为突出。经营者可以利用人们的好奇心来吸引其对某一商品的注意和兴趣。

（2）求美动机。美的东西总是让人们产生强烈的满足和欢乐，尤其是在人们的物质需要得到基本满足之后，在商品的实用性之外，更为追求审美情趣。商品的造型、包装、色彩、装饰是否符合审美标准，商品与使用环境的协调一致，商品的视觉感受、听觉感受、触觉感受是否舒适、柔美等，都是消费者购物时考虑的内容。

（3）效仿或炫耀动机。虽然模仿行为往往被当作孩子的专利，但在成年人的行为中也能够发现模仿的痕迹，只是成年人之所以要效仿他人去购物，是因为其认为这样做可以表明与普通人不一样。人们在购物时模仿的对象往往是其崇拜或尊敬的人，当其和自己的崇拜对象在某些方面一致时，自尊心会得到极大的满足。因此，模仿也是其炫耀心理在作怪。广告制作常常以大家熟知的名人或喜欢的艺人为主角，就是这个道理。但作为营销和服务人员，在向顾客介绍商品时，一定要小心利用这种动机，只有在肯定人们正在模仿的对象也是当前顾客所崇拜的对象的时候，才可运用，否则，反而会起到消极的作用。

（4）权力动机。人们总喜欢显示自己的权力和地位，表现出自命不凡的样子，渴望被人承认和尊重。这种欲望引导着人们的每一个行动，促使人们不断努力，追求上进。在购物过程中也不例外，如果消费者感到不被尊重或重视，即使某商品是其非常喜欢或急切需要的，也会拂袖而去。销售和接待人员时刻表现出对消费者的兴趣和尊重，是非常必要的。这种动机也会促使消费者在购物时选择那些象征威望、权力、金钱或地位的商品，如名贵商品、一般人消费不起的商品等，以显示自己与众不同。

（5）癖好动机。癖好动机是指以满足个体对某种事物的特别爱好为目的的购物动机，与一个人的生活习惯、兴趣爱好有非常密切的关系。例如，有的人喜欢花草，有的人喜欢鱼鸟，有的人喜欢古董，有的人喜欢字画等，特别嗜好某一事物会导致收藏行为，并具有经常性和持久性的特点。人们在选择自己的癖好商品时往往比较理智，因为对这类商品有了较多的经验而能够合理购买。如果发现了一种自己还没有的新品种，其就会以强烈的购买欲望，想尽一切办法去获得。

（6）健康和舒适动机。健康和舒适动机是指人们以满足舒适和健康生活为需求的购买动机。例如，洗衣机、吸尘器、空调、电梯、自动档汽车、彩色电视机等的广泛使用，就在于满足了人们追求舒适、方便和健康生活的需要。

三、需要、动机与购买行为

（一）动机向行为的转变

1．购买行为

动机是在需要的基础上产生的，没有需要就没有动机。

购买行为是指个体为满足某种需要而在购买动机的驱使下，以货币换取商品或劳务的行为。

2．动机向行为的转变

动机一般并不能自觉地转变为行为，这个转变需要诱因的刺激，也就是合适条件的激发，才能使动机转变为购买行为。

3．动机转化的诱因

诱因的来源很多，它来自商品的刺激、销售的环境、销售服务人员的态度、购买者当时的情绪及偶然的、临时性的突发事件等，都可以成为动机转化的诱因。

（二）购买行为类型

1．按购买目标的明确性分类

按购买目标的明确性分类可分为确定型、半确定型和不确定三种类型。

（1）确定型。确定型的顾客在购物前，对所要去的商店和所要购买的物品都非常明确，包括物品的商标、型号、式样、颜色以及可能的价格等都有明确的要求。这类顾客往往是直奔主题，购买行为果断利落。对这类顾客，销售和服务人员能从其言行上判断得出来。一般不宜过多地对顾客选定的商品进行宣传介绍，否则可能会招致厌烦。

（2）半确定型。半确定型的顾客在购物前已有大致的购买目标和标准，但具体要求还不太明确，需要经过进一步的挑选和比较，才能确定最终的购物目标。对这类顾客，销售和服务人员最好详细介绍不同产品的特点和优点，帮助其做出决定。

（3）不确定型。不确定型的顾客在购物前没有明确或坚定的目标，顾客进入商店多是参观，一般是漫无目的地浏览商品，随便了解一些感兴趣的商品，碰到满意的商品也会买下来，但更多的情况下，是看看就走。

2．按购买态度分类

按购买态度分类可分为习惯型、理智型、价格型、冲动型、情感型、疑虑型和随意型等七种类型。

（1）习惯型。顾客往往根据过去的购买经验和使用习惯来实施购买行为。常常表现为长期惠顾某商店，或长期使用某个品牌，一般很少受时尚和风气的影响。

（2）理智型。理智型的顾客的购买行为是建立在思考的基础上的。顾客会在采取购买行动之前，收集有关商品的信息，了解市场行情，经过对商品的质量、性能、安全系数等的全面考虑，在自己需要的基础上慎重做出决定。而一旦做出决定，就不愿别人介入，受广告宣传以及销售服务人员介绍的影响很小。

（3）价格型。价格型的顾客多是从经济角度出发决定自己的购买行为，并意味着仅仅追求商品的价廉。顾客对商品的价格都非常敏感，但不同的人对价格的高低有不同的态度与心理反应。有的从价格的高昂确认商品的优质而选购高价商品；有的从价格的低廉认定商品便宜实惠而选购廉价商品；还有的人因为经济条件和心理需要而受价格的控制，选择高价或低价商品。

（4）冲动型。冲动型的顾客心理反应迅速，外部刺激容易引起其心理上的变化，心理活动的指向性随外界刺激而变化。顾客在选购商品时，易受个人情绪、商品外观质量和广告宣传的影响，新产品、时尚商品对其吸引力较大。顾客的决策多以直观感觉为主，常常买下一件看中的商品不愿做反复的比较。这类顾客的购物速度比较快，但容易后悔。

（5）情感型。情感型的顾客在神经兴奋和心理活动上有一些独特的特点，即兴奋性较强，情感体验深刻，想象力与联想力丰富，审美感独特而灵敏。因此，其在购物时既容易受感情的影响，也容易受销售宣传的影响，往往以商品是否符合其感性需求来决定购买与否。

（6）疑虑型。疑虑型的顾客在心理特征上具有内倾性，善于观察细小的事物，行动谨慎、迟缓，内心体验深刻但疑心大。这类顾客在选购商品时从不冒失仓促地做决定，喜欢先听取销售服务人员的介绍，但又对销售服务人员的话疑虑重重，不予相信。顾客经常对商品挑来挑去，认真检查，而最后仍然犹豫不决放弃购买。因此，这类顾客是比较难以应付的。

（7）随意型。随意型的顾客多属于某种初次消费者，由于缺乏经验，购买心理不稳定，往往是随意购买或奉命购买。这类顾客在选购商品时大多没有主见，表现出不知所措的样子，顾客一般都渴望得到销售服务人员的帮助，乐于听取他人的介绍和宣传，并很少去亲自检验和查证商品的质量。

（三）购买行为的实现过程

消费者购买行为的实现大致可描述为，在需要和动机的推动下寻找信息、分析比较、决策实施和购后反馈四个阶段。

1. 寻找信息

当消费者由于内在需要而产生购物动机之后，就会考虑"买什么样的产品""到哪儿去买"等问题。要解决这些问题就必须寻找有关商品的信息。一般情况下，个人对商品的认识来自市场、社会和个人经验三个方面。

（1）市场。主要包括商业广告、商业和企业本身、销售服务人员、商品的展示、展览及说明书等提供的各种信息，这是信息的根本来源。因此，商品本身的广告宣传、包装、商业和企业形象、服务态度和销售环境等，是任何商品打开市场、抓住顾客都必须花费心力的重要方面。

（2）社会。主要是指来自家庭、亲友、邻居、同事以及其他使用者的相互推介，或者电视、广播、报纸、刊物、书籍等的非广告性质宣传，直接或间接地获得有关商品信息。

（3）个人经验。主要是指消费者个人通过参观、试验、实际使用、联想、推断等方式所获得的信息。个人经验来源和社会来源都是从市场来源中派生出来的。

2. 分析比较

消费者在获得了有关商品的大量信息后，就会依据这些信息对自己所需商品的各个方面进行分析比较，判断商品的价值是否符合自己的最大需要，以及寻找合适的购买场所。消费者对商品的分析比较一般集中在以下三个方面：

（1）对商品的所有品质进行横向和纵向比较。包括商品的价格、质量、用途、款式、花色、售后服务等。这种分析比较既有对同一厂家的同一类商品的纵向比较，也有对不同厂家的同一类商品的横向比较。

（2）对商品满足自己需要的程度进行比较。这种比较是根据商品自身的品质和个人的喜好、需要等进行的，一般要考虑商品与自身或使用环境的相符与适合性。当消费者购买能力有限又同时需要几种不同的商品时，要做出消费决策，也必须事先进行这种比较。

（3）对销售商品的商店进行分析比较。主要是判断哪些商店可能会有某种商品销售，或哪些商店的商品质量可靠、有保证。

3. 决策实施

消费者通过分析比较后，就会做出消费决策，这是购买行为中最为关键的一步。通常，消费者的决策有以下三种情况：

（1）决定购买。即认为商品各方面均符合自己的需要时会立即购买。

（2）推迟购买。这可能是因为商品的某些方面还不令人完全满意或个人在时间、经济方面不具备即时购买的条件。

（3）决定不买。即认为某种商品不符合自己的需要，或不能让自己满意而决定不去购买。

4. 购后反馈

这是消费者在购买商品并实际使用后，对商品的各种品质的重新认识和评价。一般有以下两种后果：

（1）不满意。这是因为商品实际用起来不像购买前想象的那样好，或者不如商品在宣传和说明中所说，产生上当、后悔的想法，以后不会再买同一商品，而且可能会向朋友、亲戚、邻居进行负面宣传。

（2）满意。购得的商品在实际使用中令人满意，对该商品充满信心并向他人推荐，甚至于长期使用该商品或开始使用该生产厂家的其他产品。

四、消费者的个性心理特征

消费者在实际销售活动中的购买行为具有明显的个人特色。例如，有的人购物时非常爽快，看中之后试都不试，也不检查就买了；有的人则反复比较，检查得非常仔细还担心有问题；有的人购物时喜欢和销售服务人员交谈、闲聊；还有的人不多说一句话，来也匆匆，去也匆匆等。这些具体购买行为上的个体差异，是不同的个性心理特征造成的。个性心理特征是一个人身上经常表现出来的本质的、稳定的心理特点，即能力、气质和性格。这三方面的个性心理特征对销售活动的影响是非常明显的。

（一）能力与消费心理

1. 能力

能力是指保证活动顺利进行并提高活动效率的个性心理特征。能力总是和活动联系在一起，只有在活动中才能得到体现。

2. 能力的分类

（1）一般能力与特殊能力。①一般能力是指大多数活动所共同需要的能力，是人所共有的最基本的能力，如观察力、记忆力、注意力、思维能力、想象力等，它保证人们有效地进行各种活动。②特殊能力又叫专门能力，是指某项专门活动所必要的能力，只是在特殊活动领域内发生作用，如音乐能力、绘画能力、体育运动能力、社交能力等。

一般能力与特殊能力是紧密地联系在一起的，一般能力是各种特殊能力形成和发展的基础，特殊能力的发展也会促进一般能力的发展。任何一项具体的活动，都是一般能力与特殊能力的共同作用，两者是相辅相成的。

（2）认知能力、操作能力和社交能力。①认知能力是指接收、加工、储存和应用信息的能力。知觉、记忆、注意、思维和想象能力都是认知能力。②操作能力是指操纵、制作和运动的能力。劳动能力、体育运动能力、实验操作能力等都是操作能力。③社交能力是指人们在社会活动中表现出来的处理各种社会关系的能力，如组织能力、言语能力、应变能力等都是社交能力。

（3）模仿能力和创造能力。①模仿能力是指仿照和再现已经存在的某种事物的能力。临摹字画、模仿他人的行为等都是模仿能力。②创造能力是指产生新思想，发现和创造新事物的能力，是成功地完成某种创造性活动所必要的能力，如设计和生产出新产品的能力等。

3. 能力差异与购买行为

能力不同的人，其购买行为也往往各具特色，对购买行为的影响起着重要作用。

（1）观察力与购买行为。观察力是指顾客对商品迅速而准确的感知能力。一般而言，观察力较强的顾客，能够快速注意到自己感兴趣和需要的商品，并能在较短的时间内确定商品是否符合自己的需求。这类顾客对商品的观察比较仔细，能够发现细微的瑕疵和不同产品之间的差别，从而帮助其快速做出恰当的决策；而观察力较弱的顾客，对商品信息的反应比较迟缓，对商品的检查比较粗略，难以发现较小的缺陷，对一不同牌子的商品做出评价的过程也比较慢，购买决策要么轻率，要么迟迟难以确定。

（2）识别力与购买行为。识别力是顾客识别和分辨商品优劣的能力，识别力的强弱直接影响顾客对商品的感受和评价。识别力与顾客掌握的商品信息的多寡、真实性和顾客思维的深刻性有关。识别力强的顾客具有有关商品的专业知识和实践经验，能快速判断商品的真伪、质量的好坏；而识别力较弱的顾客，一般都缺少对商品的了解，不能全面衡量商品，往往停留在对商品外部特征的认识上，容易上当受骗。

（3）记忆力与购买行为。顾客的记忆力水平专指顾客对商品信息的记忆能力。能够记住大量信息的顾客，往往可以根据曾经购买、使用过的同类商品的优缺点，进行比较和鉴别，以此指导自己的购买行为。记忆力强的顾客比较容易受广告宣传的影响；记忆力较弱的顾客，常常不记得自己以前用的是什么品牌的商品，因此，其不容易成为某种产品的长期使用者或回头客。

（4）鉴赏力与购买行为。鉴赏力是顾客审美和评价能力的综合。人们鉴赏水平的发展和提高与学习和培养是分不开的，与一个人在某方面的知识、经验和造诣有密切的关系。鉴赏力强的顾客善于从美学角度出发，发现商品美的价值，从质地、质量和性能各方面判别商品的优劣，选择最优商品；鉴赏力弱的顾客对商品的价值认识不够，要么物非所值，要么商品与自身达不到和谐统一。

（5）决断力与购买行为。决断力是指顾客做出是否购买的能力。顾客的决断能力受多种因素的制约和影响，它不仅同顾客的观察力、识别力有关，而且同顾客的自信心有很大关系。决断力强的顾客，常常在对商品观察和识别之后，能以其良好的意志品质，迅速、果断地做出是否购买的决定；而决断力弱的顾客，常常表现得犹豫不决，拿不定主意。据研究，商品优良的品质、低廉的价格、具有声誉的品牌、商店的优质服务等，都可有效地增强顾客购买的信心和决断力。

（6）使用能力与购买行为。使用能力是顾客正确使用及简单维修商品的能力。如果一个人缺乏必要的使用能力，就很难真正享受现代社会所提供的种种方便。因此，除了顾客自身要加强学习，懂得一些高科技产品的使用知识外，生产者和销售者要向顾客提供一些实用易懂的使用知识，以提高顾客的使用能力和购买信心。

总之，能力和顾客的购买行为是紧密地联系在一起的。提高顾客的各种能力水平，有利于促进商品销售，使消费者日趋成熟并适应现代市场营销活动。

(二) 气质与消费心理

1. 气质

气质是个体心理活动的稳定的动力特征，即显示心理活动的速度、稳定性、强度和指向性方面的特点。气质并不是推动个体去进行活动的心理原因，而是使个体的心理活动具有某种稳定特征的个性心理。

气质具有稳定性，即一个人的气质一旦形成，会相当稳定，但气质又不是一成不变的，个体的气质通过培养和教育又能发生一定的缓慢的变化，或因生活条件的巨大改变而发生突然的变化。因此，气质是稳定性与可塑性的统一。

2. 气质的类型

公元前400年古希腊医学家希波克拉底以为，人体内有四种体液，分别是血液、黑胆汁、黏液和黄胆汁。根据这四种体液中哪一种在个体体液中占主导地位，可把人的气质类型划分为多血质、胆汁质、黏液质和忧郁质。虽然现代医学证明在人体内找不到与四种气质相对应的体液，但这种气质类型的名称与划分现在仍然采用。

3. 气质对购买心理和行为的影响

（1）气质类型与购买行为。不同的气质类型，使顾客的购买行为表现出的特征大体归纳如表3-1所示。

表3-1　气质类型及其购买行为特点

气质类型	气质特点	购买行为特点
多血质	活泼，开朗，善于交际，注意力分散，变化快	目标多变，易适应购物环境，合作性较好
胆汁质	热情，易冲动，暴躁	冲动型购买，喜欢具有刺激性的流行商品，不受他人影响，合作性差
黏液质	迟缓，少言，固执，不易兴奋	购物态度严肃，不受销售人员推荐的影响，不喜欢他人过多说明指点
抑郁质	刻板，害羞，敏感，孤僻，防御性强	购买动作拘谨，神态唯诺，缺乏对商品的主动性，需要销售人员为其介绍商品，又不信任之，优柔寡断

（2）不同购买行为类型的气质特点。与顾客的气质特征相关的购买行为类型主要有习惯型、理智型、经济型、冲动型和情感型。

① 习惯型，属于习惯型的顾客以黏液质和抑郁质居多，这类顾客因为对商品的厂牌、商标比较熟悉和信任，而形成了习惯性购买。因此，其购买速度一般也比较快。

② 理智型，属于理智型的顾客以黏液质的人居多，其购买行为比较冷静，通常在购买商品前已经对商品进行过慎重的考虑和比较，购买时观察细致、认真挑选，并且不易受广告和宣传的影响。

③ 经济型，属于经济型的顾客多是抑郁质和多血质的人，重视商品的价格，善于发现别人不易觉察的价格差异。对商品的价格变化反应敏感，比较喜欢购买廉价或处理商品，"优惠价""出厂价""大减价"等促销手段对其有很强的吸引力。

④ 冲动型，属于冲动型的顾客以胆汁质的人为多，行为冲动，容易受广告宣传或他人

言语的影响，情绪变化快而激烈，对新颖、流行的产品感兴趣，受商品外观的影响较大。

⑤ 情感型。属于情感型的顾客多是多血质，其兴趣广泛，富于想象力，审美感觉比较敏感、适应力强。在购物时注重商品的造型和包装，常常在他人的劝说下购买一些自己并不非常需要或并不非常满意的商品。

(三) 性格与消费心理

1. 性格

性格是指个人对人、对己、对现实的态度和稳定化的行为方式中所表现出来的独特的个性心理特征。它是一个人的心理面貌与本质属性的独特结合，是人与人相互区别的主要方面。

人的个性并不主要表现为能力和气质的差异，而是表现为性格的差别。一个人的性格规定了他的能力和气质的发展方向，影响到能力和气质的具体表现。性格主要是在一定的生理基础上，在环境和教育的作用下逐渐发展形成的，因此，性格一旦形成，也具有一定的稳定性和持久性。

性格和气质关系密切。一方面，性格可以影响气质的发展和表现，在一定程度上对气质进行掩蔽和改造，指导气质的发展。同时，气质也会对一个人的性格产生一定的影响，有助于对某种性格特征的培养，如黏液质有助于忍耐、自制等性格特点的形成。另一方面，性格和气质又是两个完全不同的概念，气质受遗传的影响较大，性格受环境和社会因素的影响较大。

2. 性格的类型

性格的类型常以优势心理机能与人类文化生活形式两个标准进行划分的。

（1）按心理机能划分。根据人的心理机能哪一种占优势，可以把性格划分为理智型、情绪型和意志型。①理智型的人，通常以理智衡量周围的事物，并以理智支配自己的行为，故行为冷静，其理智心理机能相对于情绪和意志占优势。②情绪型的人，行为易受情绪的左右，多冲动行为。③意志型的人，往往具有明确的行为目的和较强的自制能力，能够克服不良情绪与外界干扰。

以上三种类型在实际中很难划分清楚，因为大部分人的性格都是这三种特征的混合体。

（2）按文化生活形式划分。根据人类文化生活的形式，可以把性格划分为理论型、经济型、审美型、权力型、社会型和宗教型。

理论型的人多表现为冷静、客观地观察事物，能够根据自己的知识体系来判断事物的价值，但遇到实际问题时，常无法处理，其以追求真理为生活目的。

经济型的人以经济的观点看待一切事物，从实际效果来判断事物的价值，以获得财富、追求利润生活为目的。

审美型的人多表现为不太关心实际生活，想象力丰富，易冲动，常常从美的角度来判断事物的价值。

权力型的人则重视权力，并在实际生活中表现为努力追求以获得权力，喜欢指挥和控制他人。

社会型的人重视爱，以爱他人为其最高价值，表现为极力营造和维持良好的社会关系，对慈善和福利感兴趣。

宗教型的人多是信仰某一教派的人，其相信宗教，对人性和生命抱有美好的看法，易与人相处，性格温和。

性格类型直接影响个体的行为表现，使其在态度和行为方式上表现出不同的倾向性。如经济型的顾客在购物时，比较重视商品的价格，对价格变化非常敏感，常以价格是否满意来决定购买行为。审美型的顾客则对商品的外观、包装、造型、色彩等比较重视，易受情绪的影响，不太注重商品的实用性，冲动购物较多。社会型的顾客在购物时喜欢与销售服务人员交谈，并倾向于接受他人的意见和建议。权力型的顾客则常常听不进他人的意见，不喜欢销售服务人员的介绍。

如果销售服务人员过于热情地介绍某一商品，反而使其产生抵触心理。宗教型的顾客则表现出对某些商品的独特喜好和对另外一些商品的拒绝。

3. 性格的特征

（1）性格的态度特征。性格的态度特征是指人们在处理各种社会关系时所表现出来的特征。包括以下三个方面的内容：①对他人、集体、社会的态度表现，如爱祖国、爱集体、热情与冷漠、诚恳与欺骗等；②对工作、学习和劳动的态度表现，如认真负责和敷衍了事、勤快与懒惰、细心与粗心等；③对自己的态度表现，如谦虚或骄傲、自尊或自卑等。

（2）性格的意志特征。性格的意志特征是指人们在对自己的行为调节和控制方面表现出来的性格特征。其具体表现为以下四个方面：①在意志的目的性方面，主要表现为一个人对自己的行为是否有明确的目的和方向，以及是否深刻地意识到自己行为的意义。目的性强的人一般主动、积极、负责任；相反，缺乏意志目的性的人则表现出盲目、冲动、自由散漫等特点。②在意志的自觉性方面，主要表现为一个人是否善于自觉地控制自己的行为。有的人能够迫使自己去执行已制定的决定，并自觉抑制自己的冲动行为；而有的人则任性和怯懦，常放弃已有的决定，对自己不加约束等。③在意志的果断性方面，主要表现为在应付突变事件和困难情况下做出决定的能力。果断性强的人能在紧急关头及时做出有效的决定，采取必要的行动；果断性弱的人则遇事惊慌失措、犹豫不决、顾虑重重。④在意志的坚忍性方面，主要表现为能否克服一切困难和阻挠，坚持既有目标。意志坚定的人往往表现出坚韧不屈、百折不挠、顽强奋斗的良好品质；意志薄弱的人则碰到困难就放弃，经不起挫折，无法达到目标。

（3）性格的情绪特征。性格的情绪特征是指人们在情绪活动中表现出来的在强度、稳定性、心境性质等方面的性格特征，如有的人情绪外露，有的人则情绪内藏，不易被察觉；有的人易激动，有的人则很冷静；有的人开朗，总处于愉快的心情中，有的人则多愁善感，整日闷闷不乐，等等。

（4）性格的理智特征。性格的理智特征是指人们在认识过程中表现出来的性格特征，如有的人善于观察，有的人善于推理；有的人善于形象生动，有的人善于抽象深刻；有的人现实，有的人则多想象，常常脱离现实等。

一个人的性格是上述四个特征相互联系的有机体，不同的人可能具有同一种性格特征，但同一个人的性格则是不同性格特征的联合体。正因如此，在评价一个人的性格时，务必全面把握，不可断言好或坏。每个人在性格上都有这样或那样的优点，也有这样或那样的缺点。在经营活动中，销售服务人员一定要掌握人的性格特征多样性的特点，在态度上对不同性格的顾客一视同仁，公平对待；接待方式上对不同顾客则因人而异，以求达到最佳效果。

4. 性格与销售策略

有经验的销售服务人员，往往能根据顾客的衣着、言行和表情来确定其性格特点，并适当调整自我的应对方式，以使购买活动顺利进行。如果把握不当，就会得罪顾客，使销售活动中断，带来损失。因此，销售服务人员应掌握有关性格不同表现和应对策略方面的知识。

（1）对待购买速度不同顾客的策略。①行为表现：有的顾客选购速度快；有的顾客慢慢悠悠似乎难以决断；有的表现敏感，常常会无缘无故扭头就走，放弃购买。②应对策略：对待购买速度快的顾客，销售服务人员应主动为其把握好商品的质量关，对那些明显是仓促之中做出的决定，更应慎重对待，及时提醒顾客，以免其后悔退货。

对待购买速度慢的顾客，千万不能表现出不耐烦，而应提供条件让其仔细比较、考虑，对这类顾客要有十足的耐心，销售服务人员大可在接待其的同时接待其他顾客，其不但不会感到被怠慢，反而可以更放松地选择。

对待敏感型的顾客，需要销售服务人员全力以赴，注意自己的言行，既不能因态度平淡而让其感到被怠慢，也不能因过于热情让其感到疑虑，最好是顾客需要什么就提供什么，没有必要过多介绍商品的性能、特点或销售信息。

（2）对待言谈多寡不同顾客的策略。①行为表现：有的顾客喜欢发表自己的意见并喜欢与销售服务人员交谈；有的顾客沉默寡言，不爱说话。②应对策略：对待爱说话的顾客，要掌握分寸，应答要得体，多运用纯业务性的语言，多说营销行话，创造一个活泼融洽的销售气氛。

对待不爱说话的顾客，销售服务人员就要靠自己敏锐的观察力来把握其心理，一般可从顾客不太明显的动作、表情和眼神等，来判断顾客的喜好和注意对象，进而有针对性地介绍商品，往往能促使顾客尽快实现购买行为。

（3）对待轻信和多疑顾客的策略。①行为表现：有的顾客对所购买商品的性能和特点不太了解，往往会以销售服务人员的介绍为主，销售服务人员推荐什么，往往就买什么；有的顾客比较相信销售服务人员，对销售服务人员在心目中有个良好形象；有的顾客性格多疑，对销售服务人员疑心多虑，不太相信销售服务人员的介绍。②应对策略：待轻信型的顾客，销售服务人员切忌弄虚作假，欺骗顾客，以免损害自己的形象；而要客观、实在地讲述商品的优缺点，尽量让顾客根据自己的需要和判断来选择合适的购买商品。

对待性格多疑的顾客，销售服务人员最好尽量让顾客自己去观察和选择。态度不能冷淡，也不能过分热情使其起疑心。在顾客对商品存有疑虑时，拿出客观有力的证据，如说明书、质量保证书等，帮其打消疑虑。

（4）对待购买行为消极和积极顾客的策略。①行为表现：购买行为积极的顾客一般目的明确，行为举止和言语表达准确清晰；购买行为消极的顾客一般目标和意图不明确。②应对策略：对待购买行为积极的顾客，销售服务人员首要的就是好好配合。

对待购买行为消极的顾客，销售服务人员应当积极、主动地接待，态度要热情，要善于利用一些广告宣传手段来激发其购买冲动，引发购买行为的实现。

（5）对待内向和外向顾客的策略。①行为表现：性格内向的顾客较多关心自我，很少注意外在事物，其心理活动总是指向自身，多表现出沉静、含蓄、封闭、害羞等性格特点。性格外向的顾客其心理活动多指向外部世界，喜欢参加社会活动，表现出活泼、好动、好表现、好言辞等性格特点。②应对策略：对待性格内向、自己不爱说话，但喜欢听别人讲的顾客，销售服务人员应态度热情，主动对商品进行介绍之后，可谨慎地询问顾客的意见。

对待性格内向、自己不爱说话也不喜欢别人话多的顾客，销售服务人员可采用"关注但是你不问我也不理你"的态度，这样做并不会给对方不热情的感觉，反而能让其在轻松的心情中选购商品。对待性格外向的顾客，由于其一般会主动交谈并询问，销售服务人员比较容易把握其态度，这类顾客也较容易接待。

（6）对待情绪型和理智型顾客的策略。①行为表现：情绪型的顾客挑选商品时，主要凭自我感觉和想象，非常情绪化。对目标不执着，不善于思考和推理，往往会在广告宣传的作用下，一时高兴而产生购买行为，也会因心情不好而突然中断购买。理智型的顾客会在购物之前主动了解商品的有关信息，运用自己的思维分析能力做好购买计划，购物中，不易受他人干扰，目标不易改变。②应对措施：对待情绪型的顾客，销售服务人员要具有一定的情绪观察力和情绪感染力，把握顾客的情绪，适时推荐商品。

对待理智型的顾客，临时的推荐和广告对其影响甚微，销售服务人员最好任其所为，以免徒劳。

五、社会群体的消费心理特征

（一）社会群体

1. 定义及分类

（1）社会群体的定义。社会群体是指在共同目标、价值、规范的约束之下，相互作用、相互影响、共同活动的人群集合体。同一群体的成员具有相似的心理特征和行为方式，遵循一定的群体规范。

（2）社会群体的特征。群体是具有一定结构的整体；群体是由人组成的共同体；群体具有一定的规范、价值和目标；群体的存在形式是活动。

（3）构成群体的要素。构成群体的要素有三个，即活动、相互作用与情感。这三个要素是相互联系在一起的，任何一个群体要存在，必须有各种活动；群体成员之间必须有相互的接触和交流，并能相互影响；群体成员之间应该有共同的情感和心理倾向。

（4）群体的分类。群体心理对人们的行为有着重要的影响，不同群体的消费心理是确定商品市场位置的主要指标之一，对不同群体消费心理特点把握得越深入、越细致，商品市场位置的细分就越容易、越准确。

在消费心理研究中，常以年龄、性别、职业及家庭等划分不同的群体。

2. 群体心理效应

同一群体的成员由于共同活动和交往及影响，容易形成相同或相似的心理特征，使其在行为和态度上表现出群体的一致性。群体心理对群体成员的影响主要有以下三个方面：

（1）具有群体归属感。群体归属感是指群体成员自认为同属于某一群体的情感。群体的归属或可使群体成员在行为活动上相互协调，保持一致，并能调整和控制自己与群体特点相违或相悖的行为表现，不影响或损害群体形象。

（2）具有群体认同感。群体认同感是指群体成员在一些事件、问题的认识和评价上具有一致性。这是由共同的价值观念和行为规范造成的，群体认同感可使群体成员在行动时，采取相同或相似的行为和行为方式。

（3）具有群体支持感。群体支持感是指当群体成员的行为符合群体规范和群体期望时，群体成员会受到来自群体的鼓励和支持，从而使其行为得到强化。获得来自群体的支持，是保证群体成员在行为表现上与群体一致的重要因素之一，也是形成消费群体内流行的原因之一。

（二）年龄群体的消费心理特点

年龄群体是以年龄为标准划分的群体，一般可分为婴幼儿群体（学前期以前）、少年群体（6~18岁）、青年群体（18~30岁）、中年群体（30~55岁）和老年群体（55岁以上）。不同年龄的个体，其心理活动有不同的特点，其消费需要和消费动机各有特色。这为产品在性能、质量、价格、包装、广告、推销等方面的设计和制定，提供了有力的依据。

1. 婴幼儿群体的消费心理特点

虽然婴儿个体不能独立进行消费活动，其消费需要在成人的协助下才能实现，但婴幼儿仍是一个不可忽视的消费群体，婴幼儿同样存在着销售成功或失败的现象。尤其是婴幼儿正处在感知、注意、记忆、语言、运动等能力发展的高峰时期，只有适合其生长发育特点的产品才能受到婴幼儿父母的欢迎，婴幼儿在消费方面主要有以下特点：

（1）父母的态度起主要作用。由于需要父母或其他成年人帮助其购买商品，父母的抚养态度、育儿观念在婴幼儿用品的销售中起重要作用。因此，婴幼儿产品的开发应把婴幼儿的需要和父母的态度紧密结合起来，才能取得真正的成功。

（2）对营养和健康食品有大量特殊需求。由于婴幼儿在发育时期的身体机能，尤其是消化和吸收机能比较脆弱，因而对营养物质的数量和质量的需求都是很大的，并且婴幼儿随着时间段的不同对不同营养物质的需求也不同。

（3）对玩具和智力开发用品有特殊需求。任何个体在儿童时代都不可缺少玩具，每个儿童拥有玩具的数量和种类也反映着时代的变迁。如今，人们不再把玩具仅仅作为哄孩子的工具，而是希望玩具同时具有开发智力、培养技能的功用，这是如今儿童玩具的发展趋势之一。无论玩具的种类和性能如何变化，要根据婴幼儿的认知、注意、思维等的发展特点，适应不同思维和认知水平婴幼儿的需要。

2. 少年群体的消费心理特点

（1）少年时期是个体成长发育的高峰期和重要的求学时期。这一时期的孩子已经有了一定的社会行为能力，在一定限度内可自主消费，其既是家庭的重心，又是社会的未来，在消费市场中的位置显得相当重要。

（2）少年群体的消费行为既成熟又幼稚。一方面，随着独立意识的发展，其有自己的消费态度和消费需求，不愿一味遵从父母的选择；另一方面，少年团体毕竟是有限度的，思维的全面性、深刻性，对事物的判断力都有欠缺，在实际的消费决策中，往往又需要他人指导。这种矛盾促使少年在同伴群体中寻找参照对象，容易形成群体内消费流行现象，如会出现追星族、高消费，追求新潮等流行现象。

（3）好奇心强，求知欲旺盛。一些有利于智力开发的玩具或书籍，很受其欢迎。

（4）少年群体是益脑、清神、健体等保健品的忠实追随者。让大脑变得更聪明，大大提高学习效率，有效改进记忆水平，这是少年及其父母所努力追求的，这也为商家带来了大量的机会和市场。

3. 青年群体的消费心理特点

（1）一般特点。青年群体整体上比较喜欢追求时尚和潮流，消费观念较社会平均水平超前，注重个性的突出、购买心理和行为不稳定，常带有一定的盲目性，是时装、潮流消费的主要拥护者。

（2）经济未独立的青年群体。在我国主要是大学生和待业青年群体，其经济来源主要是父母或其他抚养人，其消费能力和消费自由度都有限。但其追求新潮、时尚、刺激的心理是非常强烈的，廉价的替代品因而成为最受其欢迎的对象。

（3）准备结婚的群体。准备结婚的青年人在购买物品时，多以质量、样式、品牌等为主要考虑对象，对价钱的顾虑常被"一生只有一次"的想法打消。这是一次绝好的商机，例如，婚纱摄影、婚宴、汽车租赁、服装、旅游等行业，都是准备结婚的青年人的消费场所。

（4）已成家的群体。对于组建了家庭，特别是有了孩子的青年群体，消费观念日趋成熟和稳定，一般更注重个性特色，但又讲究实用和实惠，追求潮流的热情不再盲目，消费重心渐向下一代转移。

4. 中年群体的消费心理特点

中年人是心理和行为已经成熟的一个群体，一般都有了自己的事业和较为固定的收入。但中年人的家庭负担也往往很重，"上有老，下有小"的家庭结构，使中年人在购物时，具有如下特点：

（1）求实惠。由于中年人是家庭的主要经济收入者，也是家庭生活的重要承担者，一般情况下在消费时非常讲究实惠，把个人的消费控制在较低的水平。中年人还喜欢一次性地大批量购物，特别是日用消费品，常到货仓式商店以低于零售价的价格购物。

（2）消费习惯和消费品位。中年人的消费习惯和消费品位较为稳定，对时尚和流行的接受速度比较慢，不像青年人那样为了追求流行不惜一切代价，而是会理智地评价时尚与流行对自己的适用性，慎重做出消费决策。

（3）计划性强。中年人购买行为计划性强，冲动性购物的情况很少。其对那些能够减轻家庭负担和适用于家庭使用的商品，容易产生兴趣，对有益于老人的健康和孩子成长的商品，也会暂时忽略价钱。因此，老人和儿童商品在广告宣传上如果能顾及中年人"敬老爱幼"的心理，可能会取得意想不到的成功。

5. 老年群体的消费心理特点

身体的衰老、多病和退休，使老年群体的生活态度发生了很大的改变，其更为关注身体的健康和生活的方便、舒适。因此，老年保健营养食品较受其欢迎。

另外，老年人在消费上还有另一个特点，这就是补偿心理，"辛苦了一辈子，老了该享受享受了"是许多老年人的普遍心态，其会在吃、穿和玩上一改往日舍不得花钱的特点，以弥补过去的损失。

近年来，随着社会老龄化的日趋明显，改善和充实老年人精神生活已成为重要的社会问题。老年大学、老年书店、养老院等养老机构和服务的市场需求会大。这是一个潜在的大市场，尤其是在大中城市。

（三）性别群体的消费心理特点

1. 女性消费心理

女性市场，历来是一个稳定的大市场，为商家提供了无限商机，成为商家长期的固定的投资领域。这是因为女性在消费上具有如下特点：

（1）女性是家庭日常生活开支的主要掌握者。女性的家庭角色决定了她们大量的消费需求，是家庭日常生活开支的主要掌握者。把握女性的心理特点，掌握女性在日常生活产品的意见和需要，必然可以主导市场。

（2）爱美是女性的天性。女性一般会担心落后潮流，她们不仅在所需消费品的种类上远远多于男性，而且对每一种类的品种也有大量不同的需求，如化妆、美容、健美等物品需要。她们还具有多姿多彩、款式新颖、与众不同的消费心理，如服装、鞋帽、手袋、首饰等，在销售市场中占有很大比重。

（3）购物、逛商店是女性的天性。女性似乎天生爱购物，社会习惯又助长了女性的这一心理。男人逛商店会被视为婆婆妈妈、女人气，男人自己也觉得很不自在。但女性爱逛商店则被视为天经地义，理所当然。因为逛商店的主要是女性，因此大部分百货商店都把女性用品和家庭用品放在一层或二层楼。

（4）购物心理不稳定，易受外界影响。无论是广告宣传还是打折、赠品等优惠措施，都是造成女性冲动购买行为的极好诱因。女性的情绪化特点在购物时也表现得很充分，她们常常因为突然心情不佳而断然放弃就要付款的商品。导致她们心情不佳的原因可能是伙伴的一句话，突然的变故，更多的可能是售货人员在态度、语言、行为等方面的不当刺激。因此，接待女性顾客的售货人员更要注意自己的言行和态度。

（5）女性往往是其他家庭成员用品的代购者。商家在男性用品、儿童用品方面应考虑女性的态度。有时，妈妈喜欢比孩子喜欢更能导致购买行为的实现；妻子或女友的意见比男性自己的意见更重要。销售人员在推销商品时，千万不能忽视男性或儿童身边的女性。

2. 男性消费心理

男性的消费心理不同于女性，男性的购买心理是少而精、少而贵（重），购买行为迅速而果断。虽然男性用品的市场覆盖率低于女性用品，在数量和品种上逊色于女性用品，但男性购买一旦做成，商家利润相当可观。

（1）注重产品质量和实用性。男性购买行为比女性更理智，男性不易受广告和其他促销手段的影响，非常看重产品的质量，只要对质量满意，价格方面不会像女性那样斤斤计较；如果质量不好，或没有什么用处的商品，即使价格再便宜，其一般也难以心动。

（2）喜欢代表权力和地位的产品。男性往往对能显示其权力和地位的商品情有独钟，这也是其注重商品质量的原因之一。男性这种消费心理主要与男性的社会角色和社会期望有关：长期以来，男性是社会的统治者，占据了社会或一个国家中很大部分的重要职位和高级职务，人们也常以男性的地位来评价其价值的大小。

（3）购买目的明确且果断。一般情况下，男性总是在需要时才进商店，进了商店绝不左顾右盼，而是直奔目标。因此，对男性顾客，销售服务人员只要态度尊重，强调商品的质量，不需要多费口舌就可以完成交易。

（4）一些特殊的消费倾向。男性一般喜爱运动、政治和思考，乐于表现自己的力量和能力，渴望他人的尊重和承认，如果销售服务人员能够对其某个选择大加赞赏，可能会促使其买下该商品。

男性喜欢阅读有关体育运动、政治动态、科技发展等方面的新闻报道和书刊，如果男性用品的广告在这些报道和书刊中登出，收效自然会很大。

（四）不同职业群体的消费心理特点

不同职业群体的人们其消费心理不尽相同，在这里仅以一些人员数量较多的主要职业群体进行说明。

1. 农民的消费心理特点

在我国，农民是人数最多的一个职业群体，但也是一个常常被人忽视的消费群体。虽然农民的消费水平比较低，但随着社会生产力的不断提高，农民群体的消费水平也在不断发生变化。目前我国农民在消费上具有如下特点：

（1）农用品消费。占其消费总额一半以上的是用于农用工具、农药、种子以及牲畜等的投资。即农用品消费，这是由农民劳动自主生产、自主经营的特点决定的。农民要进行生产，还要投入除了人力之外的经济成本，这为商家投资农用品市场，提供了广阔的天地。

（2）部分自足消费。一部分消费以自给自足的形式得到满足。农民劳动的特殊性使其一部分生活资料的消费可以自给自足，令这部分商品在农村没有市场。

（3）以廉价和实惠作为主要购物标准。由于农业劳动的低报酬性使其收入较低，用于个人生活资料消费的资金非常有限，因此廉价和实惠成为其购物的主要追求，使得商品利润也较低，诸如时尚、潮流、名牌、高消费、享受、休闲、保健这些都市流行的词汇，对农民而言是不现实的，也是不可能的。

（4）整体生活水平落后。这是由农村的地理位置距城市较远和农民受教育较低共同决定的；再加上交通、水电、信息流通等的不便利，使得一些在城市里已经非常普及的消费品在农村却没有市场，特别是那些高科技和现代化产品。根据一些商品的市场走向基本上是从城市到农村，如果商家能够抓住这一特点，对于扩大市场和推销产品会有很大帮助。

（5）农业科技可以推动其他商品的消费。科技兴农已被农民普遍接受，农民在挑选农用品和生产劳动时都非常重视科学性，一些农村已因此而富起来，这推动了两个市场的发展：一个是有关农业科技知识的书籍、报刊已成为农民的购买对象，并促使农民自觉提高文化水平；一个是随着科技兴农富起来了，农民的消费心理也逐渐在发生变化，消费水平大大提高，年轻农民也开始像城里人一样追求时髦和现代化，有些农村，农民的生活水平比一般的都市人都要高。

2. 工人的消费心理特点

工人是我国另一个重要的职业群体，是社会生产劳动的中坚力量。不同工种的工人群体都有一些独特的消费需要和动机，如煤炭工人、纺织工人、建筑工人等都有各自的消费特点，但从整个工人群体来看，由于社会角色和社会期望的作用而具有以下明显的共同特点：

（1）工人群体的平均收入属中下水平。这对其消费活动有很大限制。购买大件商品之前会事先计划，做好储蓄准备。

（2）在消费上强调方便和实惠。在日常消费上强调方便和实惠，整体消费水平处于中低水平。

（3）消费时间有限。其消费高峰与社会的不同，由于工人所在企业劳动纪律严明，其下班能够进行购物的时间往往很短，这就造成了其在购物时没有充分的时间进行挑选，在潮流消费方面也比较落后。

（4）消费缺乏个性。工人一般性格直爽，文化程度不高，购物时多态度明朗，目的明确，不过缺乏个性，尤其在大商品的选择上有很强的模仿性，例如，一位同事买了一台空调，其他人可能会跟着买同样牌子的空调。

3. 知识分子的消费心理特点

知识分子是一个特殊的消费群体，是社会中文化水平最高的一个群体。社会地位和社会声望都较高，但个人收入并不与文化水平和社会地位相一致，多为社会中下水平。这种矛盾使知识分子在购物和消费时表现出以下特点：

（1）看重品质。强调商品反映其个人特质。其在选择和购买商品时，不仅要求商品与自己的身份相符，而且强调能够显示出自己的文化水平、修养水平、个性特色等。

（2）追求品味但不盲从时尚。知识分子对品味有较高的要求和较深的理解，对时尚的诠释与一般的理解不同，常常不以时尚为品味，反而视流行为浅薄，其欣赏的是有文化内涵的时尚，强调流行的文化底蕴，因此，流行消费要打动知识分子必须发掘或显示出商品符合知识分子文化品位的一面。

（3）消费层次因物而异。由于受收入水平的影响，知识分子在消费层次上因商品的性质而显示出不一致性，如在大件商品和家庭耐用消费品的消费上追求中、高档，在日用品和生活用品的消费上则以中、低档为标准，追求实惠和物美价廉。

（4）对文化产品有较强的购买需要和动机。知识分子是书籍等文化产品的忠实的消费者，是书店的长期顾客，是文化刊物的热情读者，是电视文化节目的热心观众。这就提醒文化产品经销商们，必须用得体的和文化内涵深厚的用语才能打开知识分子的消费市场。

4. 行政单位工作人员的消费心理特点

由于工作性质、政治身份和收入的限定，其消费观念、消费动机和消费行为也不同于其他的职业群体。

（1）消费观念相对比较保守。这是由其政治身份和工作环境决定的，作为国家干部、公务员、行政工作人员，其言行举止和着装打扮要求庄重严肃，在其身上绝不许看到新潮和前卫的影子，以免影响其所代表的政府形象；其对商品的色泽和款式的要求不高，但比较注重商品的质量或质地，在家具和服装方面多选择名牌商品。

（2）消费动机以舒适、实惠为主。由于行政工作人员工作中的竞争较少，工作压力相对较小，一般比较注重家庭生活，消费层次以中档为主，讲究实惠、舒适、方便。

（3）有一定的攀比和模仿倾向。行政单位的工作人员多聚居在家属区，其不仅在工作上是同事，住的地方多为邻居，相互之间都很熟悉，使其在消费行为上具有攀比、模仿的特点。通常，家庭装修、家具方面的攀比尤为明显；服装、日用品和食物方面的模仿也比较多。

（五）职业对消费心理的影响

不同职业人员的社会地位、所承担的工作性质、收入水平、受教育程度的差别，造成了消费心理上的巨大差异，这种差异在服装选择上表现得更为突出：

1. 白领

一些在合资、外资企业工作的"白领阶层"，男性多以西装、领带为主要装扮，女性则求职业套装或裙装。

2. 演艺界

演艺界成员在穿着打扮上则是越标新立异、越前卫、越大胆越能够得到认可，受到关注。

3. 其他职业

还有许多职业，如军人、医生、邮政工作人员、部分生产工人等，都有穿工作服的要求。这类顾客便装的需求较少，自由选择和购买服装的可能性比一般人要低。

（六）家庭消费心理特点

1. 家庭

（1）家庭是组成社会的基本单位和消费单位。家庭是建立在婚姻关系、血缘关系或收养关系上的人们共同生活体。

（2）家庭结构主要指家庭成员的数量结构、年龄结构和文化结构。

①数量结构是指一个家庭包含成员数量的多少，现在越来越多的三口之家已成为我国家庭数量结构的主要特点。②年龄结构是一个家庭其成员在年龄上的分布。一般情况下，家庭人口越多，年龄分布越广。③文化结构是指一个家庭其成员的受教育水平情况。

（3）家庭的发展趋势。①家庭结构的小型化；②平均文化水平不断提高；③孩子成为家庭的重心，这些孩子的成长和教育占了家庭投资的很大比重；④家庭成员之间的关系更为平等。这里主要指两方面：一是妇女在家庭中的地位得到提高，女性经济上的独立使夫妻关系日趋平等；二是现代教育观念使父母放下传统的家长权威，力争做孩子的朋友，使家庭气氛更为民主；⑤家庭生活水平提高。由于生活的富裕，使家庭对物质生活和精神生活都提出了较高的要求。

（4）家庭的生命周期。一个家庭从建立到不断发展过程中所经历的不同阶段称为家庭生命周期，这也是影响家庭消费特点的重要因素。家庭生命周期可分为初婚期、生育期、满巢期、空巢期和鳏寡期五个阶段。

初婚期是指从结婚建立家庭到生育第一个女子这一时期。

生育期是指从第一个孩子出生到最小一个孩子被抚养成人这一时期。

满巢期是指所有孩子长大成人离开父母独立生活之前这一时期。

空巢期是指子女成家立业、组建了新的家庭，独立生活之后，原来的大家庭只剩下两位老人这一时期。鳏寡期是指夫妻双方有一方去世后的时期。

2. 家庭结构、生命周期对家庭消费的影响

（1）家庭结构与消费心理。家庭人口越多，其总体消费量就越大，尤其是日用品的消费。大家庭倾向于批量购物，小型家庭则多注重商品的功能。

家庭中不同年龄、不同文化水平的成员有各自独特的消费需求，并会互相影响和认同，使家庭消费心理，显示了多样性和不同水平的一致性。

（2）家庭生命周期与消费心理。①初婚期的家庭，一方面组建家庭需要购置大量物品，另一方面夫妇双方和父母大多仍在工作，并为其婚事提供了强大的经济支持，新婚夫妇经济压力较小，消费层次普遍较高。②生育期家庭的消费重点从家庭物品和夫妇身上转移到孩子身上，这一时期家庭支出的大部分用于养育子女，主要的消费商品是儿童用品，由于孩子增加了生活负担，一般的家庭都会在消费档次上有所降低，特别是夫妇本身的消费档次，以廉价实用为主。这个时候，父母也开始为孩子未来的教育进行储蓄准备。不过，家庭消费能力仍会逐年提高。

③满巢期的家庭，子女已长大成人，参加了社会工作，有了一定的经济收入，家庭的总体消费能力提高，但在这一时期，家庭的消费决策从由父母决定转变为各自独立决定，他

人仅提供建议的模式。父母为了子女的婚事再次开始有计划地储蓄。由于子女也有收入，整个家庭的消费支出并不一定减少。

④ 空巢期的家庭，人口数量减少，夫妇的负担再次有所减轻，在个人消费方面会适当提高支出水平和消费档次，家庭消费重心从子女移回夫妇自身。一些收入水平高的家庭会在这一阶段充分享受，以弥补以前没有实现的消费愿望，也有的受到来自退休和年老需要子女照顾的压力。

⑤ 鳏寡期的家庭由于夫妇一方的去世，会造成生存一方在生活方式和经济条件上的剧烈变化，这个时期，老人一般会重新和子女一起生活，接受子女的照顾，自主购物行为减少，其消费水平受子女的家庭经济条件影响较大，消费重点多是医药保健用品。

（3）一般家庭消费特点。家庭作为一个消费单位，与个人消费在需求重点和方式上都有不同。主要表现在以下几点：①量大价廉，在家庭里由于物品使用者较多而消耗量大，通常家庭在购物时都会一次性大量购入。在销售中有"多买按批发价"的促销手段，一般家庭因此会大批量购买。②决策人因物而异。通常，日常生活用品的购买决策，由妻子决定；用于个人消费的决策由消费者本人参考其他家庭成员的意见做出；大件商品和重要商品往往由家庭成员共同决定，家庭中未成年的孩子有时也会对家庭决策产生影响，比如在游戏、玩具、食品上子女对父母有很大影响。③集体消费较多。家庭往往作为一个整体参与活动，如一起购物、游玩等。这些集体活动必然会导致消费量的增多。④钟爱多功能商品。在购买家庭用品时，人们比较偏爱多功能的商品，以满足家庭成员的不同需要。

本 章 小 结

1. 使用计算机管理，可以将烦琐的业务管理变得程序化、标准化、科学化，大大提高工作的效率和准确性。

2. 汽车修理厂使用计算机的主要目的就是运行汽配汽修管理软件，利用软件处理各种烦琐业务，以提高工作效率。这是业务接待员必须掌握的基本功。

3. 客户的满意就是企业效益的源泉。

4. 客户关系管理是获取、保持和增加可获利客户的过程，是"以客户为中心"的管理理念的应用过程，是改善企业经营管理思想的一种方法。有效地对客户进行管理是企业有利、有序、有度地发展的保障。

5. 客户关怀的要点：①新车提醒；②维修回访；③关怀函、祝贺函；④久未回厂联系；⑤定期维护通知；⑥季节性关怀活动；⑦车主交流会（联谊会）；⑧信息提供。

6. 与客户交流要遵循以下六个原则：充分聆听的原则；言语有度的原则；准确运用肢体语言的原则；避讳隐私的原则；保持正确的礼仪距离的原则；经常使用基本的礼仪用语的原则。

7. 交谈的方式有：直言；委婉；含蓄；模糊；自言；沉默；反语；幽默；提问。

8. 掌握消费者需要，分析这些需要有什么特点，开发潜在的需要市场，对经营者来讲，是非常重要的工作。

9. 需要具有：对象性与周期性；多样复杂性；发展可变性；伸缩性；可诱导性五项基本特征。

10. 客户购买行为类型主要有习惯型、理智型、经济型、冲动型和情感型。

复习思考题

1. 维修接待员应具备的基本技能有哪些？
2. 维修管理软件有哪些功能？
3. 顾客关系管理的核心内容是什么？
4. 与顾客言谈交流的恰当方式有哪几种？
5. 如何去了解顾客的消费心理？
6. 如何应对冲动型的顾客？

一、填空题

1. 客户满意的因素包括三方面内容，即：_____、_____、_____。
2. 与客户交谈应保持一个适度的距离，这是对他人尊重的表现，同时让人有安全感，这个距离约为_____米左右。
3. 在一定场合，需要直言时就大胆直言。但直言不讳不等于粗鲁、不讲礼貌。在直言时，特别是在说逆耳之言时，应该注意：一是要_____、坦荡；二是要配上适当的语速、_____、表情和姿态；三是在直言拒绝、制止或反对客户的某些要求或行为时，应_____地陈述一下原因和利害关系。

二、单项选择题

1. 在言谈交流过程中，要注意言语有度。这种度主要包括三个方面，即"适时、适量和适当"。下列属于"适当"有度的是（　　）。
   A. 讲话的合乎时宜　　　　　　　　B. 讲话时主动寒暄或问候
   C. 讲话内容言简意赅，突出重点　　D. 讲话内容适宜，主题恰当得体
2. 与客户的气质特征相关的购买行为类型主要有习惯型、理智型、经济型、冲动型和情感型。以下属于理智型的购买行为是（　　）。
   A. 注重商品的厂牌、商标　　　　　B. 在商家打优惠价或折扣价时购物
   C. 购物时选择实用型的商品　　　　D. 在购物时注重商品的造型和包装

三、多项选择题

1. 作为汽车业务接待员，除了会运用计算机和网络操作外，还应熟练计算机各种实用软件的操作，以下的软件是（　　）常用也是基础，业务接待员一定要重点掌握。
   A. 文字处理软件　　　　　　　　　B. 表格处理软件
   C. Windows XP 和 Windows 2000 操作系统　　D. PS 图片处理软件
   E. 汽配汽修管理软件

2. 对于汽车维修企业来说，其主要客户是车主。因此，客户满意度测评是分析和改进维修服务质量管理体系的首要方法，测评客户满意度主要包括以下因素（　　）。
　　A. 产品的厂牌、品质　　　　　　B. 产品质量是否物有所值
　　C. 商家汽车维修技术　　　　　　D. 商家售后服务态度
　　E. 维修站交通便利

3. 女性市场，历来是一个稳定的大市场，为商家提供了无限商机，成为商家长期的固定的投资领域。这是因为女性在消费上具有如下特点（　　）。
　　A. 女性往往是家庭消费的掌控者　　B. 爱美、爱逛街是女性的天性
　　C. 追求时尚，喜欢潮流的物品　　　D. 注重产品质量和实用性
　　E. 女性往往是其他家庭成员用品的代购者

4. 家庭作为一个消费单位，与个人消费在需求重点和方式上都有不同。主要表现在以下几点（　　）。
　　A. 消费量大价廉　　　　　　　　B. 消费决策因物而异
　　C. 消费决策因人而异　　　　　　D. 钟爱多功能商品
　　E. 集体消费较多

四、简答题
1. 汽车维修业务接待员在日常的学习、生活中应如何注意养成良好的职业习惯？
2. 如何分析消费者的心理需求和消费动机？
3. 维修接待员应如何满足客户需要？

同步训练

项目一：聆听与复述。
实训目的：
通过聆听与复述训练；提高学生速记能力、理解能力、表达能力。使学生掌握沟通技能，能够与客户进行有效的沟通，为今后工作和业务处理打下良好基础。
实训组织：
1. 分组进行：每组 15～18 人。
2. 时间安排：每个单元 4 学时。
3. 实训场地：实训教室、维修前台情景室等。
成绩考核：
成绩考核参考下表 5 方面因素，每项配分 20 分。

姓名	语言	形体	表情	胆量	风采	总评

项目二：客户需求分析

实训目的：

通过训练，强化学生接待洽谈礼仪，熟练运用与客户寒暄话术，能初步掌握顾客需求分析方法，运用说话术挖掘客户需求，能将产品及服务与客户需求相联系。

实训组织：

1. 分组进行：每组 15～18 人。
2. 时间安排：每个单元 4 学时。
3. 实训场地：实训教室、维修前台情景室等。

成绩考核：

成绩考核参考下表 5 方面因素，每项配分 20 分。

姓名	语言	形体	表情	胆量	风采	总评

模块四

汽车服务沟通与表达

知识目标

- 了解沟通与表达的概念及原则
- 了解人际沟通方式的种类和规范要求及在商务活动中的正确运用
- 掌握沟通与表达基本方式
- 掌握倾听与提问方法及注意事项
- 掌握沟通与表达在汽车服务领域的灵活应用技巧
- 掌握与陌生人沟通交流的技巧

能力目标

- 培养主动沟通的意识
- 能说出常见的沟通表达错误
- 能寻找话题，与顾客流利地进行语言沟通
- 能正确运用肢体、表情配合沟通交流
- 能使用正常反馈进行初步价格谈判
- 能通过聆听与观察，准确把握顾客的感受及需求

重点与难点

- 不规范的习惯性语言纠正与提高
- 沟通过程中语速、语调、语气及肢体、表情的配合
- 沟通寒暄话题的选择
- 聆听与复述能力的提高
- 与陌生人沟通交流能力的提高

在汽车技术服务与营销领域里，服务人员沟通能力的影响较大，沟通不好，就无法把握顾客需求、无法展示产品特性及服务，难以提高销售业绩。因此，它是每个汽车技术服务与营销人员必需引起重视并努力加以提高的基本能力。

表达是将思维所得的成果用语言反映出来的一种行为，是观察、记忆、思维、创造和阅读的综合运用。在汽车服务工作中，表达能力不强，就不能完全表白自己的思想感情，不能展现汽车产品的突出特点及性价比，不能很好地展示服务特色和价值，不能很好地宣传企业和营销策略，不能说服顾客，达成交易，进而影响企业的效益和自身的业绩。

第一节　沟通与表达的基本方式

一、沟通的基本方式

（一）沟通流程

按照沟通的基本原理，可以将沟通流程划分为确定沟通对象、选择沟通方式、实施沟通和沟通反馈四个阶段，如图4-1所示。

（二）沟通的基本方式

除了传统的沟通方式——语言、肢体、表情意外，信息技术的发展、网络的普及带来了沟通的便利，出现了众多信息化的新的沟通方式，包括短信、彩信、电子邮件、即时通信、视频会议等。这些方式打破了时间和空间的限制，被越来越多的企业所应用。但是沟通的基本方式归纳起来主要是以下三种。

1. 语言沟通

语言沟通，即日常所说的交谈，是一种直接和简单的沟通方式，它是指信息发出者通过说话的方式将信息传递出去，而信息接受者通过听觉来接受信息后做出反馈的过程。语言沟通一般比

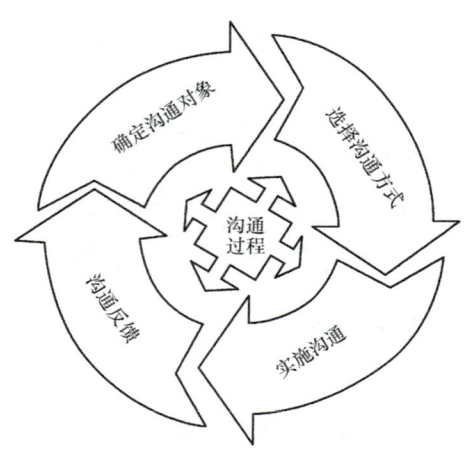

图4-1　沟通流程

较方便、直接，所以比较常用。特别是在汽车服务领域，主要依靠语言沟通，汽车销售人员，不仅需要精明的头脑，还需要有过人的语言沟通能力，俗话说："买卖不成话不到，话语一到买三俏。"语言沟通能力贯穿于整个汽车销售与服务工作过程，对工作业绩有决定性的影响。

销售活动实质上就是销售人员说服和引导潜在顾客接受其观点并购买其产品和服务的过程。无论是接近客户、引起兴趣、还是展示产品性能、激发购买欲望、克服成交障碍等整个销售过程，每个环节都在考验着销售服务人员的语言沟通能力。因此，汽车服务人员，特别是有志从事汽车销售服务行业的人员，熟练掌握与运用语言沟通，是事业成败的关键因素。

语言沟通能力完全可以通过学习与训练得到提高，可以结合实际销售服务案例，开展有针对性的训练，帮助进入销售行业的人员提高说话水平，使其早日成为一名优秀的销售服务人员。

语言沟通也受语言种类、沟通双方自身条件差异等因素而影响沟通的效果。在语言沟通的过程中，要掌握好"听"、"说"、"问"三个环节的规范要求。

（1）听。在市场营销环节，倾听比课堂中的听课要复杂很多。很多课堂上讲述的内容往往组织严密，通过板书或者重复重点来帮助听者领会含义。在日常沟通中，倾听完全不一样，除了聆听信息以外，还要了解说话人的思想感情、情绪变化，及时加以分析处理，做出正确的判断。

同时，倾听是一种美德，是一种对别人的尊重，是一种与人为善，心平气和，谦虚谨慎的态度。沟通好的人首先是一个倾听高手，倾听是用耳听，用眼观察，用嘴提问，用脑思考，用心灵感悟，是把感官、情感和智力的输入综合起来，寻求真实含义和理解的智力和感情过程。在倾听的过程中要注意以下的技巧：

①注意倾听对方的谈话，不要干别的事情；②听人说话过程中，尽量不要打断对方；③倾听时，可以在对方停顿时偶然加入自己的话，以示专注。例如，"真的是这样吗？""好极了！"等；④可以适当地重复对方说过的话，以示重视或赞同。

（2）说。声音是一种威力强大的媒介，这方面能力强的人可以赢得对方的注意，能创造良好的氛围，并鼓励他人聆听，接受自己的传递的信息。说话时首先要注意讲话的语气，和缓流畅的语气，抑扬顿挫的声调，快慢得体的速度，不仅能更好地表现自己的思想，而且能给人以美的享受。

语调是指你讲话时声音的高低、轻重的变化。这种变化对于表情达意的思想感情来说，具有非常重要的作用。说话时使用一种经过调控的语调表明你知道自己在做什么，使人对你感兴趣。语调能反映你说话时的内心世界，表露你的情感和态度。当你生气、惊愕、怀疑、激动时，你表现出的语调也一定不自然。从你的语调中，听话者可以感受到你是一个令人信服、可亲可近的人，还是一个呆板保守、具有挑衅性的人。你的语调同样能够反映出你是一个优柔寡断、自卑的人，还是一个诚实、自信、尊重他人的。语调得体、节奏鲜明，会给你的说话打上完美符号。

另外，急缓适度的语速能吸引听话者的注意力，使人容易吸收信息。如果语速过快，其就会无暇吸收说话的内容；如果过慢，声音听起来就非常阴郁悲哀，令人生厌，听者就会转而他就。

因此，说话时，一定要注意你的语气、语调、语速。同时还要注意以下技巧：①恰当地称赞对方，可使对方乐于继续交谈；②语言沟通是有来有往的双边或多边对话，不要只顾自己喋喋不休；③说话要生动、具体、活泼、明了，不要含糊不清，耽误别人时间；④交谈的中心不要只围绕自己或自己感兴趣的事情，可以说一些共同的体验，以便架起交谈的桥梁；⑤说自己的缺点，可以增加对方对你的信任。听到对方的称赞不要喜形于色，更不可骄傲自夸。

（3）问。进行沟通时，目的是获得、交换信息，也是为了知道彼此在想什么和做什么。适时适度的提问，可以提高倾听的质量，能够及时与对方交流思想和意见，鼓励讲话人继续说话，从而得到更多的信息，促进双方和谐关系。提问应该掌握一些必要地技巧：①提出的话题要能吸引对方，要具体，不要太抽象；②提问要引起对方的注意和兴趣；③对自己没有把握的或拿不准的问题，可以以问的方式引导对方说出结论；④恰当的反问可以使交谈更加深入。

2. 书面沟通

书面沟通与语言沟通相比，可以永久保存，能够传递复杂的信息，而且传播不受时间、地点的限制，它是指信息发出者通过书面形式将自己所要表达的信息呈现给信息接受者，信息接受者通过接受信息后做出反馈的过程。

书面沟通有时可以起到比语言沟通更好的效果，沟通者觉得面对面沟通没有把握，或者用语言沟通会产生障碍时，采用书面沟通的方式，它的效果会比语言沟通更好。

书面沟通的形式包括信件、报告、备忘录、组织内发行的期刊、公告及其他传递书面文字或符号的手段。

3. 非语言沟通

非语言沟通，是信息发出者通过身体动作、体态、语气、语调、空间距离等一些方式传递信息给信息接受者，信息接受者通过视觉、听觉、嗅觉、触觉等接受信息并做出反馈的过程。与前两种方式相比，这种沟通方式，信息发出者在发出信息时很可能是在自己无意识状态下发出的。

（1）头部语言。运用头部动作、姿态来交流信息的非语言符号。点头和摇头是最基本的头部动作。点头表示同意、肯定或赞许，摇头表示反对、否定或批评。

（2）面部表情。面部表情基本上可以分为惊讶、害怕、生气、厌恶、伤心等。沟通时，应尽可能正确地判断出对方面部表情所代表的情绪。微笑作为世界通用的语言，表示友善，愿意与人交往，是最富有吸引力、最有价值的。

（3）眼神接触。眼睛是心灵的窗户，眼神交流是沟通的重要内容。眼神接触能有力地表示出个人的态度，如服从、胆怯、愤怒。眼神接触要自然，不要过度频繁接触或逃避对方眼神。

（4）身体姿势。身体姿势在沟通中也非常重要。双手交叉或双腿并拢，都是封闭式的姿势，表明心情紧张或没有兴趣和别人交往；双手不交叉，双腿微微张开，都是开放式的姿态，表明心情放松，而且愿意和对方保持交往；面向对方并向前微倾是非常重要的姿势，以示敬意和投入。

（5）手势。说话时配合适当的手势，可以增强感染力。但要注意手势运用自然，不要太夸张，过多的手势语和幅度过大的手势，往往会给人造作之感，而且也容易被对方曲解。

（6）声线。俗话说："说话听声，锣鼓听音。"说话时的声线，能传递人的思想感情，在与人沟通时，声情并茂能达到满意的效果。如果不注意声线的掌握，会造成强词夺理的误会。

二、有效表达的方式

表达是将思维所得的成果用语言反映出来的一种行为，是观察、记忆、思维、创造和阅读的综合运用。在汽车技术服务与营销活动中可以从以下3个方面提高表达能力。

（一）表达前的准备

1. 审视自己

表达就是向别人传递信息，而要确定所传递的信息是否完整、准确、易懂，唯一能做的就是要审视自己的内心世界，认真思考本次沟通的目的是什么，实现这样的目的需要什么样的信息，这些信息应该以怎样的方式传递，这种传递方式是否真的能够实现沟通的目的。为此，可以进行一些事先练习，如在大脑中多次重复想要表达的内容，并选择表达时的适当语气，这样表达能力会在这些练习中逐步得到提升。

2. 做顾客分析

表达信息之前还要迅速分析顾客的心理状态和现实状况，要摸清对方的心情如何，是焦急、痛苦还是愉悦，对方的工作生活怎样，有哪些兴趣爱好。同时，还要时刻注意对方的反应，包括其面部表情、眼神和肢体语言，如对方是否有疑问、精神是否集中等。

3. 留意表达场合

通常，只有当两人独处、不受外界干扰时才能有较好的沟通效果。在嘈杂的环境下，听者可能只接收到了你所表达的部分信息。在压力大或紧张感较强的场合，所表达信息的准确性和完整性也会大大降低，从而影响表达效果。因此，要根据不同场合选择不同的沟通方式。

（二）提高表达信息的有效性

1. 表达信息时要直接

有效表达的重要因素，是知道什么时候该说什么。一个人不能想当然地认为人们了解他的所思与所想。有些人不清楚某些事情有时需要直接沟通和及时表达想法，而往往认为别人了解自己的心思。直接沟通要求人们抛弃任何想当然。

同时，直接沟通还要求尽量减少通过第三方传递信息的情况，通过第三方传递信息不仅会损害信息传递的质量，而且还可能会引起接受方的误解。

2. 表达信息应当及时

及时表达主要有两方面优点。第一，及时表达增加了别人知道你的需求并相应调整其行为的可能性，能够在最短时间内解决问题。第二，及时表达有利于增进与听者的人际关系，与听者一起分享所思所感，有助于巩固相互间的关系。

3. 表达信息要完整准确

信息的完整准确有助于信息传递过程中减少失真，使听者尽量减少对信息的误解。为此，在传达信息时要做到以下几点：

1）需要陈述时不要用提问的方式。
2）说话的内容、口气与身体语言应当相互配合。
3）避免同时表达相互矛盾的信息。
4）明显区分出所见与所思。
5）一个信息最好只关注一个问题。

（三）选择恰当的表达方式

1. 用眼睛说话

表达信息时不可避免地要与听者进行目光接触，恰当的目光接触能够增加听者对所接收信息的信任程度，目光接触当然不是长时间地盯着别人看。总的来说，在一对一的谈话中，目光接触保持6~20秒比较合适，在群组会议中，单个人目光接触的时间要少一些（3~6秒）。在接触过程中，还要保持诚恳的面部表情和稳定的目光，只有这样，才能对听者产生吸引力。

2. 肢体也是语言

在面对面交流时，一个人面部和肢体的动作对表达效果有着至关重要的影响。具体要求：

（1）体态。交流时应该保持身体稍微向前倾，这会增加声音的力度。

（2）面部表情。面部表情体现着交流时的情绪，所以，要通过面部表情表达出自己积极的态度。

（3）手势。手势是指双手的动作，表达时手势应与面部表情相协调，二者协调一致表达相同的感情与意思。

3. 声音和语速

正确的声音和语速能让听者专心地接收所传递的信息，声音包括音量、语气，语速则是指说话时的速度。说话时首先要保证声音足够大且清楚，可以根据不同的情况调整声音，在有些情况下可以靠改变音量来集中听者的注意力。此外，说话要想不单调，还要学会变音，声音的抑扬顿挫能够体现说话者对这个问题的热情程度，从而吸引倾听者的注意。另外，说话的语气要表现出真诚，它表达了信息中包含的感情，决定着他人接受信息时的心理感受。

语速决定了听者能够有效倾听和理解的程度。不同地域的人有着不同的说话风格，所以，根据谈话对象灵活地调整语速具有重要意义，恰当的语速能够消除不同倾听者接受信息的难易程度，从而达到更好的沟通效果。语速要以清楚地叙述为前提，同时要保持与倾听者的语速相匹配，谈话过程中最好要插入偶尔的停顿。

三、沟通与表达常见的12种错误

（一）期待别人能懂你的心思

有些人可能觉得自己所思所想的东西就是客观事实，他人会认同这种想法并与你有着相同的认识。你或许会认为不需要去谈论这个显而易见的事情。事实上，两个人会想得完全一致的情况并不存在，即使是共同长大的双胞胎兄弟也无法如此。最好假定你从事的汽车技术服务领域中的顾客都不是善解人意的人，其对你观察到的、想到的、感觉到的和你需要的一无所知。

（二）不及时沟通的习惯

只有在你非常生气，极易说出做出一些将来可能会后悔的事情时，可以考虑推迟沟通，让自己冷静下来。你可以暂时离开这个情景，在头脑中进行一次对话，想想刚才他人说了什么，自己应该说些什么。请记住这只能充当你受挫、害怕、生气时的调剂品，一点也无助于你得到你所想要的。如果你总是习惯推迟表达你的情感，你或许会有失去重要东西的风险。

在汽车服务行业里，及时沟通可以使你和车主建立一种关联，使你有机会告诉车主，你有些什么产品及服务，这些服务是多么的特别，以便其能及时调整消费行为。及时沟通，可以帮助你提升自己与公司领导或者顾客之间的亲密程度，帮助你取得进步。

（三）把陈述装扮成问题

有时候，碰巧别人与你需要同样的东西，而你不是明白地表明自己的想法，转而问个问题，不是做个直接的陈诉，这样会导致不愉快的误解，并且你的需要也得不到满足。例如，在汽车销售现场，有顾客表现出不想要6个安全气囊的配置，销售人员隐藏了自己的观点和感情，转而问顾客："你真的不需要6气囊的配置吗？"，而不是做一个直接的陈诉，清晰地表达这种配置给顾客带来的利益和好处。将会导致不愉快的误解，你的销售也因此不能达成。

（四）表达不一致

当所表达的信息内容与你的声音、腔调、肢体语言不匹配时，人们会不知道该相信哪一个。有时候人们也会利用你的不一致来达到其目的。对你很了解的人很容易把你的不一致视为虚伪表现，其也倾向于把你的混合信息理解为你在搪塞。

例如，在汽车销售现场，销售顾问向顾客热心地介绍手动变速器车子的种种好处，给人一种厂家在大力推行省油、节省、环保的理念，当顾客下定决心要购买的时候，你又表明没有现车。顾客就会觉得你的主张和结果不一致，既然产品这么好，为什么不能多生产一些呢？

（五）发送双重信息

当你一次说出两种自相矛盾的信息，会带来令人迷惑、伤害性和令人讨厌的效果。例如"走近点，走开点"这样的双重信息，会破坏彼此之间的亲密关系。

例如，在汽车定期维护时，有些厂商向顾客推荐节气门的清洗业务，指出每次清洗带来的种种好处。而对与自己相熟的车主就介绍说不是每次都要清洗，只有当出现发动机抖动时清洗即可，可以更省钱。这不是因人而异，双重标准码？

（六）使用讽刺语言

讽刺是幽默的一种形式，它传递了一种潜在的轻蔑性信息，并隐含着一种气愤性或伤害性情感，很可能会在你和顾客之间导致不愉快。

例如，在汽车维护现场，奥迪汽车的收费是比较昂贵的，有些用户觉得收费太贵，就与接待顾问讨价还价，有些接待顾问在顾客刚刚转身离去，就用讽刺的语言说话："嫌贵就不要开奥迪车嘛！"为图一时之快，伤害了顾客感情。

（七）不停地转换话题

在正常的交谈中，迅速地从一个话题转移到另一个话题上是很正常的行为。但是，当需要讨论一些重要的事情时，最好一次集中在一件事情上，直到你和对方都陈诉清楚了你们都理解的完整信息。例如，在汽车销售现场，顾客本来是想购买1.6L排量的经济型轿车，你如果在介绍车辆性能时，不断地变换车型，从越野车到皮卡车，从跑车到轿车，从豪华型到经济型轿车，从头到尾，介绍个遍，不停地变化车型，令人迷惑不解，这是很不妥当的。

（八）讨论过去

不满足于当前的问题，你会就当前的问题回想到以前的经历，甚至有时候是模糊不清的记忆，以证明你的观点是正确的。这会带来一种倚老卖老的印象，给沟通带来不快。

（九）将个人观点粉饰为事实

当你把自己的观点粉饰为事实并且通过情感和需要"感染"后用来攻击对方，对方会变得极具防御性或者直接回击你。例如："打电话从来都找不到你人""你说很在意，其实你根本不在乎"，属于带有情感粉饰的观点用语。因此，在使用"我的信息"时，你要对自己的观点、情感、需要负责，使你服务的顾客对你能够敞开心扉。上诉的两个句子应当怎样说，才能让人敞开心扉呢？

在汽车服务领域，很多人不经意地就会将自己的观点作为事实用来感染对方，比如，某些服务人员本身不喜欢日本汽车，从而建议顾客购买欧美汽车，但是，真实情况是在2012年，日系汽车在中国市场以23%的比例占据销售量第一的位置。

（十）使用否定的标签

使用带轻蔑性的称呼，例如"你是个懒惰、自私的家伙"就可以瞬间疏远一个人。换种方式，可以让对方感到羞愧的同时却容易接受，例如"由于你的迟到，全班同学只好等你，不能及时开车，浪费了大家的时间，多不好啊"。

在汽车维护领域，有些服务人员在维修接待时，将客户的汽车情况描述得很严重，比如："你的汽车发动机声音很大、烧润滑油比较严重、变速器2/3档很难挂；此外车门有异响，发动机盖有凹坑，我建议你做发动机大修、全车喷漆"。这样的描述过于夸张，顾客一时难以接受。生意也自然不能达成。

（十一）制造威胁

动辄威胁辞职、结束雇佣关系。不去想方设法解决难题，而是用充满敌意的语言逞一时之快。当你感到有使用威胁性语言的冲动时，要学会暂停，给自己一些时间来冷静并寻找一个双赢的方案。

例如某个顾客将一辆老款的 126 系列奔驰轿车送到厂家，要求进行发动机大修，维修人员经过解体检查，给顾客报价 13 万元，顾客惊得目瞪口呆，此车是抵债 15 万刚刚接手回来，发动机大修 13 万元，断然不能接受的。维修方用不容置疑的口吻说："如果不同意维修，只能把发动机安装回去，手工费 1.2 万元。"顾客想必从此再也不会光顾该厂。

（十二）玩对抗性游戏

当你要证明自己，或者要赢得辩论时，你正在进行对抗性游戏活动。这可能会导致争论或情绪距离。你可以在短时间内以你的方式行事或者赢得辩论，但是你的"获胜"把对方推向了失败者的位置。从而导致对方产生敌对心理。支持性沟通会带来相互的尊重和分享，从而带来理解和亲近，并可以使用完整性信息来避免或消除对抗性游戏。

例如，某顾客一辆奥迪 A6 轿车，因自动变速器换档冲击送进厂维修，维修人员判断是换档阀问题，需要更换，报价 2.5 万元，顾客问道："有什么根据？"维修人员说道："根据经验，以前同样故障的车子，就是更换了换档阀后解决了问题。"顾客说道："别的车子是由于换档阀问题，不等于我的车也是啊。"于是发生了争辩。

如果使用支持性沟通，气氛就会缓解很多，应该跟顾客说："经初步判断是换档阀问题，准备先换个新阀试一试，你如果有时间的话，可以一起试车，就能得到结果，你说好不好？"通过事实说服顾客，避免对抗性游戏。

【课堂训练】自我揭示

很多人性格内向，不愿意主动开口与别人进行交流，内心焦虑、恐惧、害羞。这对提高沟通与表达能力甚为不利，可以通过开展自我揭示训练，改变这种状况。向别人揭示自己，会增加你对自己的自知之明。把你的思想、恐惧、感觉转换成语言的过程，会使你变得平静、自信，会给你带来更多的朋友。

例题：李娜揭示自己的信用卡透支问题：

1. 过去的事实：<u>我在乡下的农村家庭长大，曾经为得到一件新衣服不得不长时间地等待。</u>

2. 你过去的思想感情：<u>我总觉得自己缺衣少穿，并认为这个世界很不公平，磨难多于幸福。</u>

3. 现在的事实：<u>我现在有三张最大限度可以透支 2 万元的信用卡，并已经透支了 9000 元。</u>

4. 你现在的思想和感情：<u>我认为自己无法节制，很愚蠢，行为就像一个总想要一件新衣裳的小女孩一样。</u>

请你事先将自己的过去比较纠结的想法和现在的事实，填写在下表中。然后在班级全体同学面前做自我揭示

1. 过去的事实：_____。

2. 你过去的思想感情：_____。
3. 现在的事实：_____。
4. 你现在的思想感情：_____。

第二节　倾听与提问

一、倾听能力

在沟通的四大媒介（听、说、读、写）中，花费时间最多的是在听别人说话。有人统计：工作中每天有四分之三的时间花在言语沟通上，其中有一半以上的时间是用来倾听的。绝大多数人天生就有听力（听得见声音的能力），但听得懂别人说话的能力，则是需要后天学习才会具备。

所以，在沟通的过程中，倾听是最重要的环节之一，良好的倾听是有效沟通的开始。尽管每个人都想当然地认为自己能够容易地倾听他人说话，但是，真正的倾听是比较困难的。在某种程度上，你是在听他人说话，你可以听到同事或者朋友告诉你些什么事情，不会忘记时间地点等信息。所以，你会认为自己是个认真的倾听者。然而事实并非如此，相对于真正意义的倾听问题而言，完整全面的倾听是困难的，甚至是少见的。

真正的倾听不仅是在他人讲话时保持安静，也不仅仅是像录音机一样复述对方的谈话内容，而是要求你理解对方在说什么，以及对方的想法、情感和需要，还意味着你要把自己的想法和判断放在一边，这样做无疑需要你付出更多的努力。通常容易出现的问题是，你潜意识里只会听进对方的一部分谈话，特别是你认可的部分，而很多你不认可，甚至反对的观点被你下意识地过滤了。在商业谈判、汽车营销领域里面，这些下意识的倾听行为，会蒙住你的眼睛，使你把握不准对方的真实想法和底线，容易失去交易机会。

（一）倾听的目的

1. 给予对方高度的尊重

与你沟通的顾客在说话，你如果能集中注意力，认真倾听，对方会感受到尊重，因而放下顾虑，向你敞开心扉。

2. 获得信息

在汽车销售服务过程中，掌握信息是开展业务的前提，只有认真倾听，才能获得信息，为接下来的服务打下基础。

3. 分享快乐、获得友谊

认真倾听，可以分享对方的喜悦与快乐，为自己赢得朋友，带来乐趣。

4. 听取意见、改善服务质量

在倾听的过程中，可以收集回馈顾客意见及建议，这些意见可以帮助改进服务和产品质量，更好地满足顾客需求，促进企业业绩的增长。

5. 改善人际关系

可增进了解，改善与同事之间的人际关系，积累更多的顾客资源，帮助自己在职场取得更大进步。

（二）倾听不良的原因

1．外部干扰

环境噪声、喧哗、动静等来自外部的干扰，分散了你的注意力，会影响倾听效果，应注意避免。

2．主观因素

倾听者主观意识过强，先入为主，只听开头，就以为自己知道对方要说的是什么，没有全神贯注去听，或听者以自身观点过滤对方，不愿意深入倾听也会影响倾听效果。

3．自身因素

听者的生理状况，如生病；心理状态，没有休息好；具有多动症等，这些因素都会使注意力难以集中，因此要努力克服弱点，养成良好的倾听习惯。

（三）有效倾听的技巧

1．全神贯注地听

这可能是最难做到的，因为它需要你完全的注意力，不像那种伪装的听，它需要你渴望倾听和理解对方的意图。这意味着你要放下其他事情，更意味着要中止你对别人言论的判断，更不是试图批评、分析或者立即解开自己的困惑。

集中注意力的另一方面就是用身体姿态来证明你正在倾听。根据对方所说的话保持眼神的交流、点头、微笑、轻微前倾或皱眉。

2．为理解内容和感情而倾听

要进入所听的内容及其感情需要一些练习，要记住倾听和捕捉某人的情感不意味着与那些情感一致，也不意味着一起分享它们。它实际上意味着对信息的了解，而这些需要能够认知某些情绪以及站在他人的角度去理解他的情感的能力。调整自我意识意味着要关注他人的身体语言，面部表情、语调、情感等所能给你一些重要信息。试着想象一下在相似的情境里你会有怎样的感觉。

当你第一次开始练习倾听时，你可以使用表4-1所示的4种主要的情感。

表4-1　倾听过程的4种情感

序号	主要的情感	所包含的感受
1	高兴	幸福、自信、骄傲、欢呼、喜悦、激动、舒适、快乐、开心、满意、兴奋
2	愤怒	生气、恼人、挫败感、愤怒、愤恨、不耐烦
3	悲伤	挫败感、沮丧、郁闷、绝望、失望、泄气、无助、悲观、不安、不舒服
4	难过	害怕、焦急、枯燥、困惑、尴尬、内疚、惊悸、孤立、紧张、担心

一旦你明确了对方所表述的情感属于4种主要类型的一种，它就可能帮助你准确地确认对方的思想感情，就可以帮助你找到应对的方法。

3．积极接受听到的信息

对方在谈话的过程中表达的某些观点可能有失偏颇，或者不符合你的口味，但是你要记住，在商务活动中顾客永远都是上帝，其极少愿意销售人员直接批评或者反驳其观点。如果你实在难以对对方的观点做出肯定的回答，那么可以使用问话等方式进行探讨，引导对方谈论更能促进合作的话题。

在你接收到的信息中及时归纳正确的部分，及时给予赞美和评价。这样做，一方面可以向对方传达你一直在认真地倾听，另一方面有助于保证你没有歪曲和误解对方的意见，从而使你更有效地找到解决的方法。

（四）常见的 12 种倾听障碍

1. 比较

当你不断地将自己与他人做比较时，你很难真正地倾听。回想一下你是否经常地将自己和身边的人和事做比较，经常拿地位、运气、收入、能力、人缘等来做比较，使自己时常处于自卑和痛苦的漩涡当中。如果是，你就要有意识地调节自己的心态，否则它会影响你和他人的正常沟通。例如，在汽车销售现场，当你遇到各方面都比你强的顾客时，如果你比较的心态很强，很容易产生羡慕、嫉妒的反应，便不能很好地与顾客沟通。

2. 用心读

如果你只是在用心去读与你沟通的对方所说的话的字面含义，而不是十分关注他真正所说的意思，那么你就是在用心去读。

例如，某顾客在选购汽车时，对汽车的配置很挑剔，对你说："这车子配 8 个安全气囊，也太多了吧，1.6L 排量的汽车，本来动力就不是很强，说明车子高速行驶的能力不强，因此危险性要高很多的。"你可能在内心里觉得，是不是没有财力买，厂家配 8 个气囊自然有他的道理。这就是过分地用心去读的例子，可能会影响到你的销售谈判。

3. 排练

当一个人还在说话时，你会在脑海中酝酿着对应的回复，这就是排练。这样，你就不会真正地去听他在说什么。某些同学考试没有考好，在回家的路上早就酝酿好如何对父母解释了，这就是排练。因此，刚刚踏入职场的学生，排练的习惯较强，要注意加以纠正。要认真听完顾客所说的内容，真正理解透对方的意思，再做出回答，而不是一边听，一边在酝酿对答内容。

4. 过滤

人主观上自然形成了自己对事物的判断。在你聆听别人的讲话时，会过滤某些你不以为然的东西，只接受一些你认可的部分，这就是过滤。你可能会对某些话题置之不理，或者你可能只听取其中某些信息而将其他的都忽略了。这样的过滤习惯，会漏掉一些信息，造成你的回答不能令顾客满意。

5. 评价

如果你早就觉得那个人所说的是不值得听的（因为你觉得他愚蠢、虚伪、幼稚），这就是你的评价。因为你的评价，你听他说只是确认自己的观点。例如，你认为你的销售同伴是个失败者，你就只会听你的同伴所说的能证明他是个失败者的话，其他的信息根本听不进去。

6. 幻想

当处在幻想的时候，你很少注意到别人在说什么。在你的脑海中，想的是其他事情。例如，当顾客与你谈论一些与汽车无关信息时，你脑海中想的是今天晚上的聚餐问题，未能与顾客进行融洽的交谈，他就会觉得你对他的关注度不高，你的推荐如何能让他信服呢？在与顾客沟通时，应该从内心尊重对方，用心去听对方说话，排除一切杂念。

7. 认同

当说话者所说的事情勾起了你的类比回忆时，你就会产生认同感，而且你迫不及待地要描述你自己的故事。例如，小李正在告诉她的同事小张关于刚刚与老板的一次不愉快的谈话，小张马上打断了她说道："上个星期我也有同样的遭遇，更糟糕的是，当时还有我的一个朋友在场，他也听到了，真丢人。"因此，认同感过强，极易引起你打断顾客的谈话，破坏了以顾客为主的原则。

8. 建议

客户刚讲完话或者讲完之前你就插话，那就意味着你在给建议，而不是在聆听。你固执的意见可能根本就不是客户想要的。例如，小李告诉她的好友小王说她被那个约会的男人伤得有多深时，小王还未等她说完就开始给建议："你不应该让他那样对你，你告诉他说他很令人讨厌。如果他下次再打电话来约你，不要理他，干脆不接他的电话。"

在汽车服务现场，不合时宜的插话建议，可能会打断客户的说话，有喧宾夺主的嫌疑。

9. 挑刺

如果在和别人交谈时你总是愿意接受自己同意的观点，而对于自己不赞同的观点，不管别人怎么说，你总是断言自己是正确的，对你不认可的观点进行挖苦、讽刺和反讥等。那么，你就是在挑别人的刺。这种意气用事的做法打断了客人想说的话，让别人感觉难堪，破坏了和气生财的原则。

10. 我是对的

如果你喜欢夸夸其谈，甚至利用说谎、大喊大叫、扭曲事实、转换话题、找借口、责备别人等行为来证明自己是对的，那么你就不是在真诚地聆听他人说话。这会影响你在顾客心目中的形象，影响正常的沟通。当你认为自己正确的意见与顾客看法出现相左时，把它归到有待商榷的问题里面，不要进行辩论。可以使用问话或者讨论的方式进行。

11. 跑题

有时候你觉得与客户的谈话枯燥乏味，或者对方带有明显的地方口音时，极易产生轻视心理，表现很不耐烦。想尽早结束或转换话题，或者不再愿意主动地说话，内心产生一丝不快。有这种情绪化倾向的人，自然就存在倾听障碍，学会尊重是良好沟通的开始。

12. 奉承

如果你根本就没有认真听别人说什么就同意、支持和赞扬别人所说的一切、那么你就是在奉承。在汽车服务领域，这种奉承的做法，让人觉得你在敷衍他，会影响顾客对你的信任。

（五）培养倾听能力的六个秘诀

1. 主动倾听

在日常的学习、生活、工作中学会尊重他人、理解他人、让人说话，培养一种主动倾听的习惯。

2. 倾听能力训练

倾听能力个人差异较大，对那些思维发散，不易集中精力，喜欢打断别人说话的人，可以通过倾听与复述训练，提高自己的倾听能力，为进入职场，打下良好的基础。

3. 营造利于倾听的环境

在班集体、营销团队中注意营造一种相互尊重、相互配合的氛围，形成一种团队意识，也有利于提高大家的倾听能力。

4. 注意肢体语言

在倾听时，身体稍稍前倾，全神贯注，与发话方有目光交流，是一种肯定他人、重视他人的肢体语言。

5. 避免仓促判断

在倾听过程中，应注意记住发送方传递的各条信息，多思考，避免过早下结论，造成不必要的误会。

6. 同理心

由于学识、阅历、立场的差异，同一个问题，可能会有不同的结论，多站在对方的立场，为他人想一想，会赢得很多朋友。

【**课堂训练1**】**倾听是什么？**

请同学们回忆一下过去你试图对某人（伙伴、朋友、父母、同事或其他人）讲一些重要的但失败了的事情。在表4-2中填写：

表4-2 倾听记录表

序号	假设情景	你的描述
1	对方总体反应是什么	
2	其反应是鼓励你继续说下去？或者是让你感到失望、沮丧、生气	
3	对方在倾听时存在什么障碍	
4	每个人的回答真的都不矛盾？始终一致吗	
5	看到对方的反应，你认为会影响到你们今后的关系吗	
6	在你的生活中真的有人认真倾听过你说的话吗	

【**课堂训练2**】**试试你的反应**

设想一下这样的情况：你正在员工聚餐会上享用自助餐，刚才一直与你聊天的同事都去取食物去了，一个和你感情不深的朋友过来和你打招呼。你喜欢这个人并一直想促进你们之间的友谊，因此你朝旁边的座位向对方示意，接着你的朋友坐了下来。她开始说道："我知道这可能不是谈论这个问题的时间和地方，但是我真的需要一些帮助。"你还来不及点头，她就开始讲述她的故事了。"是关于我男朋友的事情，我想可能他在赌球。昨天晚上当他回到我的住处时，他看起来精神恍惚，无精打采。这并不是我第一次看到他这个样子了，我问他是否赌球输？他非常生气，而且打了我，在他甩门外出时竟将我撞到了墙上，我很害怕再跟他提这件事情，他很强壮，我感到很无助，我不知道该怎么办？"

将你的想法写在表4-3中：

比较这几种反应，它们有什么区别？你认为哪一种对你会有所帮助或有支持作用？是不是第二种反应更有帮助？你最初的第一反应是无意识的，是否和你作为一个孩子时的一些想法很相似呢？

表4-3 倾听记录表

问题	回答
你想成为一个能帮助他人的人，不用深层次的考虑，在右侧空格中写下你对你的朋友说的话	
现在想想你很早就描述过的人，一个听了你说话且使你感觉良好的人。他会和你的朋友说些什么？在右侧空格中写下你认为最可能最有用的反应	

【课堂训练3】倾听训练小游戏

提高倾听能力训练小游戏，在游戏中同学们要仔细倾听，不要漏过信息，见表4-4，要善于分析判断，然后才做出回答。

表4-4 倾听训练表

场地	时间	人数	道具
教室	30分钟	12	白纸、彩色单等
游戏步骤	\multicolumn{3}{l	}{1. 首先，老师向同学们陈述问题，例1：小林和大林是兄弟俩，小林5只羊，大林有15只羊，请问大林家共有多少只羊？例2：李家共有4个儿子，大儿子叫作大毛，二儿子叫作二毛，三儿子叫作三毛，那四儿子叫什么呢 2. 会有人不经过分析马上给出答案 3. 老师引导同学们讨论，在倾听到一些信息后，可能要经过自己的分析判断才能得出正确的结论}
问题讨论	\multicolumn{3}{l	}{1. 为什么有许多同学能够给出"精确"答案 2. 在沟通中倾听有何重要性 3. 倾听到顾客的说话后，是否需要经过自己的分析判断才能给予反馈}

二、提问能力

（一）发问目的

发问总是带有某种目的性，或是为了启发引导，或是为了获得信息。销售人员从事的工作某种程度上与医生有着异曲同工之妙。中医讲究的望、闻、问、切四种疗法，在销售行业同样适用。销售人员必须掌握察言观色的技巧，同时还必须学会根据具体的环境特点和不同顾客进行有效的沟通。在销售行业里，巧妙地向顾客提问对销售人员来说有诸多好处。

通过恰当的提问，销售人员可以从顾客那里了解到更多的信息，从而对顾客的实际需求进行准确的把握。当销售人员针对顾客需求提出问题时，顾客会在感到受关注、被尊重的同时，更积极地参与到与销售人员的谈话中来。

若能够向顾客主动发出提问，则可以更好地控制谈判的细节，以后与顾客进行沟通的总体方向。那些经验丰富的销售人员总能够利用有针对性的提问来逐步实现自己的销售目的，并获得继续与顾客保持联系的机会。在与顾客沟通的过程中，很多销售人员经常会遇到误解顾客意图的问题，不管造成这种问题的原因是什么，最终都会对整个沟通进程产生非常不利的影响，而有效地提问则可以尽可能地减少这种问题的发生。

所以，当销售人员对顾客要表达的意思或者某种行为意图不理解时，最好不要自作聪明地进行猜测和假设，而应该根据实际情况进行提问，弄清顾客的真正意图，然后根据具体情况采取适当的方式进行处理。

(二) 发问技巧的提高

沟通中发问的方法和技巧很重要，有效的发问能够直击所需要的信息，而无效的发问不仅浪费时间，还容易把对方引向错误的方向。发问者可以通过以下方法提高发问能力。

1. 注意克服 6 个弱点

1) 不期待答案，如提出修饰性的问题。
2) 暗示想要的答案或修饰回答者给出的答案。
3) 不给回答者足够的时间组织答案。
4) 打断回答者的回答。
5) 走神或听错了回答。
6) 发问思路不清晰，语言表达欠佳，需要重复提出问题。

2. 提高发问能力的 7 个方面

1) 保持目标清晰。
2) 建立提问方式的模式标准。
3) 使用朴素的语言。
4) 适当留出思考的时间。
5) 认真分析对方的回答信息。
6) 保持友好的气氛。
7) 少说话，多倾听，多观察，多分析。

3. 发问时应掌握的 6 个技巧

1) 提出的话题要能吸引对方，不要太抽象。
2) 为了引起对方对某个问题的注意，可以这样说："这件事您也许早知道了。"这样能引起对方的兴趣。
3) 对自己没有把握的或拿不准的问题，可以以提问的方式引导对方自己说出结论。
4) 如果对方不愿直接说出自己的看法，你可以这样问："你的朋友是怎样看待这个问题的？"
5) 有时提出相反的看法，可以使交谈能进一步展开。例如"事情不是这样吧？""真有这么回事吗？"等。
6) 必要的沉默能使人有思考的余地。但为了避免过于冷场，或者当大家对某个问题兴趣不大时，可以引发新的问题。

(三) 汽车销售服务人员 10 种正确的提问方式

1. 主动提问

主动提问是指销售服务人员通过自己的判断将自己想要表达的主要意思说出来，一般情况下，客户对这些问题都会有一个明确的答复。

例如，销售人员问客户："现在的汽车除了要求质量好，还要保证安全性高，是吧？"

客户答道："是的。"

销售人员接着就可以问自己想要知道的问题："这款车，除了安全性好，油耗也低，比较适合家庭用车，请问先生要选购公务用车还是家庭用车呢？"

客户答道："上下班代步用。"

到此,客户购车用途就知道了。

2. 反射式提问

反射式提问也称作重复提问,就是以问话的形式重复顾客的语言或观点。

例如:"您是说您对售后服务质量不太满意,是吧?"

"您的意思是,汽车的防振出了问题,给您的驾驶带来很大的影响,是吗?"

"您的意思是说,大礼包是选择贴膜和底盘装甲是吗?"

3. 指向性提问

指向性提问方式通常是以"谁""什么""何处""为什么"等为疑问词,只要用来向客户了解一些基本事实和情况,为后面的说服工作寻找突破口。

例如:"你一般在哪里维护汽车、购买汽车零部件?"

"你现在主要是乘坐公车上下班?"

"您今天是来看 SUV 车型的吗?"

4. 细节式提问

细节式提问的作用是促使客户进一步表明观点,说明情况,但与其他提问方式不同的是,细节式提问是直接向客户提出问题,并请客户说明一些细节提问。

例如:"您说车子底盘偶尔出现异响,您能详细说明一下吗?"

"您说车子近期油耗较高,能告诉我更具体一点吗?比如说,你经常是一个人驾车吗?车子给其他人看过吗?"

5. 损害式提问

损害式提问,目的是要求客户说出目前所使用的产品存在什么问题,最后再根据客户的回答情况说服客户购买你所推荐的产品或者服务。

例如:"唐先生,您今天是驾车来我们店的吗?"

"是的"。

"您现在使用什么牌子的汽车?"

"菲亚特 1.6 那款。"

"你使用了那么长时间,觉得车怎么样?"

"油耗有点大,另外离合有点重。"

"今年上市的三菱蓝瑟翼神轿车油耗低,挂档很平顺,你要不要试试?"

6. 结论式提问

结论式提问是根据客户的观点或存在的问题,推导出相应的结论或指出问题的后果,激发出客户对产品的要求。这种提问一般用于损害式问题和评价式问题之后。

例如:"您购买了新车之后,会不会考虑处理旧车呢?"

"我还没想好。"

"您如果要处理旧车,店里现在推出二手车置换业务,可以帮你解决旧车出手问题。"

"好的,我想好以后再跟你们联系吧。"

7. 求教式提问

求教式提问是用委婉的语气,以请教问题的形式提问。这种提问的方式是在不了解顾客意图的情况下进行假设提问,投石问路,以免遭到客户的拒绝而出现尴尬的局面,又能探出客户的虚实。

例如，一名客户要买车，已经看了好几次，有点犹豫不决，此时，您如果说："别犹豫了，这是一款好车，今天就定下来吧。"客户也许会做出相反的决定。

你可以使用试探式的提问："这款新车，来店里看的客人很多，各种评价的都有，不知道您是如何评价这款车的？"

"我也是觉得车好，比较喜欢才来看的。"

"这车主要是外形漂亮，性价比高，发动机和变速器匹配好。"

8．启发式提问

启发式提问是用先虚后实的形式提问，目的是让客户做出提问者想要得到的回答。这种提问方式循循善诱，有利于表达客户自己的感受，帮助客户进行思考，也有利于表达客户自己的感受，帮助客户进行思考，也有利于销售人员控制销售劝说的方向。

例如："您要购买一辆排量大点的还是小点的车子？"

"要排量小一点的，主要是上下班代步用。"

"我公司新推出的这款1.4TSI发动机，油耗低，加速性不错，兼顾上下班和其他用途，您要不要试一试？"

9．协商式提问

协商式提问是以征求客户意见的方式提问，引导客户进行合作性谈话。使用这种方式，客户比较容易接受。即使对方有不同意见，也能够保持融洽关系，双方仍可进一步洽谈下去。

例如："先生，您定的那款蓝色车子，目前没有货，而春节前都没有，现在到了一辆银灰色的，你考虑吗？"

"我特别钟情蓝色的那款车，其他的我不想考虑了。"

"那也好，我们一旦到货，第一时间通知你。"

10．限定式提问

限制式提问也叫开放式提问，是一个问题中给客户2个可以选择的答案，并且2个答案又都是肯定的。通常，人们有一种心理，认为说"不"比说"是"更容易、更安全。所以，销售人员向客户提问时应设法不让顾客说出"不"字来。

例如，如果与客户约定见面时间，有经验的销售人员就不会问客户："我可以今天下午来见您面谈吗？"因为这种问题只有"是"和"不"两种答案，客户多半只会说："不行，今天下午我的时间实在太紧，等我有空再打电话给你定时间吧。"应该这样对顾客说："您看我是今天下午2点钟来，还是3点钟来见您呢？""3点以后来比较好。"当客户说这句话时，你们的约定就已经达成了。

提问技巧是汽车服务人员应掌握的基本功，不会提问，就不会做销售，提问的意义不仅仅是为了了解客户的需求，它还是为销售人员主动引导客户，改善沟通，控制拜访进程以及树立专业形象等活动提供依据。因此，有效地提问将对销售人员的成功起着决定性的作用。

第三节　反馈能力

一、反馈的意义

（一）及时反馈的好处

反馈是沟通过程的一部分，指在沟通过程中信息的接收者向信息的发送者做出回应的行为。一个完整的沟通过程既包括信息发送者的"表达"和信息接收者的"倾听",也包括信息接收者对信息发送者的反馈。若只是倾听了对方的讲话,而没有把重要的信息恰当地反馈给对方,等于是对别人的冷漠,特别是当反馈的内容关系到组织利益、客户看法的时候,则会严重影响沟通的效果。

（二）不给予反馈的后果

不给予反馈是沟通中常见的问题。许多人"误"认为沟通就是"我说他听"或"他说我听",常常忽视沟通中的"反馈"环节。不反馈往往会直接导致几种后果:无法确认接收方是否准确地接收到了信息;接收方无法澄清和确认信息的准确性;有效沟通无法顺利完成。

二、反馈技巧

（一）针对对方的需求

反馈要站在对方的立场和角度上,针对对方最为需要的方面给予反馈,要客观公正,不应带有个人的偏见。

（二）反馈要具体、明确

反馈时要针对对方的问题进行,要直截了当地给出明确的意见,避免模棱两可、含混不清的局面,造成对方误解。

（三）正面、具有建设性

在汽车服务领域,反馈应注重给予顾客正面、具有建设性的回应,能营造一种融洽的氛围,有利于商业谈判。对于与自己观点相左的意见,不要正面给予否定或批评,可以使用婉转的、探讨的方式进行。

在企业管理中,主管与下属的沟通,主张使用摆事实、讲道理的方式进行,不注重反馈方式,采取简单粗暴的方法,下属难以接受,很可能对批评的意见不屑一顾,因为,过于严厉的上级不是每个员工都能承受的,影响上下级的有效沟通。

赞扬下属工作中积极的一面,并对需要改进的地方提出建设性的建议,更容易使下属心悦诚服地接受。对于大多数人来讲,赞扬和肯定比批评更有力量。

（四）反馈要对事不对人

反馈是就事实本身提出的,不针对个人。针对人们所做的事、所说的话进行反馈,不仅使自己,更重要的是使对方清楚你的看法,有助于使人们的行为有所改变或者加强,同时,人际关系也比较融洽。

（五）将反馈的焦点集中在对方可以改变的地方

把反馈的焦点集中在对方可以改进的地方,可以不给对方造成更大的压力,使他感到在自己的能力范围内能够进行改善,使沟通能顺利地进行。

三、汽车服务反馈能力——价格谈判

汽车技术服务人员,在与客户进行业务洽谈时,免不了要进行讨价还价,可以说,很多时候给客户的反馈就是一个价格谈判的过程。好的谈判,使你获得公司应有的利益,客户也感到满意,是一种双赢的结果。

有些人不善于谈判,因为其害怕与客户发生冲突,遇到难缠的客户时,信心不足,认为取胜无望，久而久之，内心存在逃避的愿望，造成自己业绩很不理想，这是营销人员所忌讳的。另一些人不善于谈判，在谈判中表现的过于软弱或者过于强硬。表现过于软弱的人，意味着你不敢清楚地表达你的产品和服务，并且很快就放去努力。你的客户得利还不一定认可你这个人，会认为你是个生性善良，但过于软弱，可能无法得到应有的业绩或（利益）。过于强硬的人，意味着你态度强硬，不会变通，拒绝让步。你的客户会讨厌你，你也得不到你想要的业绩。

应该寻求一个既不过于软弱，又不过于强硬的中间立场，当你在与客户进行价格谈判时，遵循这一原则，双方都能保留尊严，而且每一方都能获得各自所需。

（一）价格谈判

1. 定义

谈判是一种互动，双方努力从各种选择中找到一个能充分满足双方利益和期望，而不致引起否决的方案作为共同决定。谈判没有所谓的输赢，只有比较符合谁的需求和利益。成功的谈判，双方都没有损失，是一种双赢的结果。

2. 双方争夺的目标

1）顾客想钱付得越少越好，销售代表则想赚得越多越好。
2）顾客认为不讨价还价就会被销售代表欺骗。
3）顾客并不完全了解他将要购买产品和服务的全部价值。
4）客户可以从众多的经销商和销售代表那里买到产品。

3. 价格与价值

1）价格 > 价值　⟹　太贵了。
2）价格 = 价值　⟹　物有所值。
3）价格 < 价值　⟹　很便宜。

建立价格与价值之间的平衡，是所有价格谈判的目标所在。

4. 价格谈判的原则

1）准确把握价格商谈的时机。
2）价格商谈的前提条件：取得客户的"相对购买承诺"。
3）价格商谈成功的重要因素：充分的准备。
4）必须找到价格争议的真正原因。
5）价格商谈的目标：双赢。

客户的愿望：以最便宜的价格买到最合适的车、得到最好的服务。

销售顾问愿望：以客户能接受的最高的价格卖出车；同时，让顾客找到"赢"的感觉，让客户认为自己用"最便宜的价格买到最合适的车"。

5. 取得相对承诺

开始阶段，不要进行实质性的"价格商谈"，可告知企业公开的"促销活动"内容。不要害怕受客户的胁迫或诱惑："底价你都不肯报，我就不到你这里买了"，"你价格便宜，我下午就过来订"。

不要担心因此而流失客户，否则，销售代表将处于不利地位，因为客户将拿你的底价去压其他经销商给出更低的价格，或下次再来的时候在本次的基础上再压低。首先，询问客户是否已经选好车型，如果客户还没有最终确定车型，可以根据客户需求推荐合适的车型，一时难以决定的，让客户考虑成熟了再过来订车。

"我这两天再提供一些信息和资料给您参考一下，您比较一下，定下来买这款车后，您过来订车，我保证给您最优惠的价格。"

如果客户已经确定了车型，但要比较几个经销商的价格，就给客户一个"优惠价格承诺"："保证为您申请一个满意的价格""除了价格让您满意之外，我们还有许多很好的售后服务优惠项目"。

确认客户承诺的可信程度：客户是否具备了签单付款的条件？如果不是，那么客户的承诺极可能是虚假的！客户是否具备了"销售三要素"？客户是否已经"设定购买标准"？客户是否已经发出了"购买信号"？只有确认客户的承诺是诚心的，才是开始价格商谈的时候。

（二）价格谈判步骤

1. 准备阶段

在你将要进行价格谈判前，你需要确定以下3点：

1）你想要的理想价格。
2）一个好的变通方案。
3）你所能接受的最低价格。

准备阶段也包括调查手段，收集材料以支撑你的观点，研究各种类型的顾客特点，并且弄清楚别人解决各种此类问题的方法。谈判破裂以后，你要返回准备阶段修改你的价格，收集其他人的信息，集思广益找到问题的原因。

2. 讨论阶段

这是谈判的核心，你要对客户描述产品或服务的性能特点，提供支撑材料，在谈判中，你和客户根据自己的立场分别陈诉自己的利益与需求。讨论贯穿始终，尤其当要打破僵局时，你可以反复解析自己的观点，并询问对方更多的信息，了解对方的立场。

3. 提议阶段

很多时候双方谈不拢，你要提出自己的备选价格，于是客户根据自己的立场进行还价。这时，你要和顾客协商2种价格，如果你事先做好准备，此时说服顾客的把握就很大。双方进行协商时，要留出时间考虑对方的利益，如果事先你考虑不周，可能取而代之的是另一个价格。所以，事先支撑材料的准备很重要。经过几轮的讨价还价，双方的中间立场就会形成，就会达成双赢的结果。

4. 解决阶段

如果双方相互达成可以接受的方案，那么说明这场谈判得以圆满结束。有时候在解决阶段，双方互不相让，这时也不要泄气，可以考虑留下顾客联系方式，以后再谈，经过一段时间的考虑，也许能找到解决的方法。

（三）如何做到公平合理

1. 要灵活、不能僵化

价格谈判的第一条原则是在洽谈中排除自我，不要把自己封闭起来，仅仅考虑一种可行性方案是欠考虑的。在进行价格谈判时，应有许多选择，而不是只有一种，它们当中总能找到一个可以被双方接受的方案。价格谈判不能僵化，就是要求以顾客为主，引导顾客正确思考问题和选择适合自己的方案。

例如：客户进店就开始砍价，此时，不是真正的价格商谈阶段，考虑购车需求才是急需的，然后推荐合适的车型请顾客考虑。正确的话术如下：

"关键是您先选好车，价格方面保证让您满意。"

"选一部合适的车，对您是最重要的，要不然，要后悔好几年。"

"我们每款车都有一定的优惠，关键是您要根据您的用车要求，我帮您参谋选好车，会给您一个理想的价格；要不然，谈了半天价，这款车并不适合您，那不是耽误您的功夫嘛。"

"这款车我就是给您再便宜，要是不适合您，那也没用啊！所以，我还是给您把几款车都介绍一下，结合您的要求，您看哪款比较适合，咱们再谈价格。您看好吗？"

"我做销售好几年了，要不帮你做个参谋，根据您的要求推荐几款车？"

2. 设身处地地为顾客着想

换位思考可以使你避免无休止地寻找对策，居高临下的姿态和耍聪明的把戏，不会促进谈判的发展。要设身处地地为顾客着想，比如你可以问自己："顾客想得到什么？这个客人的感受如何？从他的角度来看，什么是公平？我给他的价格，它会满意吗？"等。

要记住及时提供反馈，即理解和表述客人的所思、所感和所需。这样做表明你倾听了对方的建议，尊重对方，认真对待他，以及你是一个通情达理的、公平的销售人员。同样，你可以表达你的所思、所感和所需，你要让客户有机会明白你的观点："这个价位的确是公平的，如果再强求压价，已经超出了对方的底线，他已经为我尽力争取了。"

【课堂训练】 总结顾客的立场

通过抽签决定，两人一组，自选一款汽车，分别扮演销售代表和客户，进行汽车销售价格谈判，并将客户的立场填写在表4-5中：

表4-5 价格谈判记录表

客户认为	
客户感觉	
客户需要	

3. 根据共同利益解决分歧

价格谈判出现分歧并不可怕，每次谈判除了分歧，一定还有共同点。不要总是去想那些分歧和观点，它们只会令你疏远客户，要学会寻找潜在的共同利益，它们能促进你们的联系。在你弄清客户的意图后，你的问题就容易找到解决的方法。

【案例分析】 寻求共同利益点

某客户看好一款汽车，准备出手，但价格于销售人员谈不拢，汽车标价14.5万元，客户因为自己的一个朋友曾经以13.8万元的价格购买过一辆同样的汽车，心中很是不服，一定要销售员给他减价5000元。原来该汽车在前段时间全国搞过促销活动，现在已近没有这个价格了。销售员了解情况之后，觉得客户很有购买诚意，自己也想卖掉汽车，这就是共同点。

因此，你可以建议客户："你很喜欢这款汽车，我也想完成业绩，你看这样好不好，如果你不急于用车，下个月我们搞车展，一定还有促销活动，到时您再买车，就可以拿到价格满意的汽车。""另外，如果是团购，可以跟厂家协商，给我们一个促销价，你去找买家，我也想办法，我们共同努力，争取做成一个团购单子。"

分析：保持耐心，在最初的5min内，不要脱口说出你事先准备的解决方案，有必要花时间理顺双方的利益，并把其表达出来。

4. 准备一些备选方案

记住这个合理的观点："总有一个方案，能够解决价格纷争。"不要死守一个价格不放，在市场经济环境中，不要有利润多多益善的想法，唯有双赢才能达成协议。

利用头脑风暴的方法，大家集思广益，准备多一些备选方案。任何方案，只有得到市场认可，才是正确的，因此，在最初的方案制订中，不要以为方案制订了就不变了，要将其拿到市场去试验，让市场来做评判。

5. 将备选方案变成提议

在价格谈判的过程中，可以客户建立一条清晰、和平、互相尊重的沟通渠道。你已经根据双方的共同利益陈述了问题，并探讨了问题，以便双方能相互理解。你也已经私下深思熟虑，制订了一系列可接受的方案。现在是提要求的时候了。

从你陈述解决方案开始，语速要缓慢、坚定，以引起对方的重视。受人喜欢的方案是能充分考虑到对方的利益，表明你的提议将会对他人有益。

例如，你去二手车行购买一辆二手车，已经谈过几次，都没有达成交易，今天是给最终提议的时候了。

这是令人讨厌的提议："这车行驶里程太长了，我出的价格不能超过1.5万元。这是我的最后报价，你考虑一下。"

受人喜欢的表述提议："这是一辆车况不错的汽车，可能太好，价格上我承受不起。我仔细看过，你维护得也很好，也许你最终可以高出我的价格出手，但现在，我准备了1.5万元现金，你今天就能出手，可以再做其他生意，不必天天守着它了。"

能够考虑对方的利益，是公平交易的前提。

（四）价格谈判策略

客户在初期接触中，直接问价是自然的反应，他不是为了购买而问价，而是习惯性地收集价格信息，作为心中的一种价值参数。当客户直接问价后，销售人员回答"这辆车总价是12万""这辆车正在做促销，优惠价8.7万元"以及"这是最新款，总价是25万元"这几种回答都是错误的，因为客户的第一反应肯定是"太贵了！还可以便宜多少？"

1. 谈判策略

客户直接询问价格是正常的，是人们的习惯使然。直接问价的是价格导向型客户，在销售人员回答了价格之后，客户的逻辑回答就是"太贵了，应该还可以便宜一些。"这样，销售人员就没有回答的空间了，客户也不会给你解释产品的技术性能或独到的领先之处的机会。

所以，对于客户随意的单纯询价，宜采用"制约"策略，即制造"贵"的理由，引导客户继续追问，在说出具体的价格，从而成功地将谈话的主题从价格转移到产品性能等问题上。只有在确认客户了解这款车的品牌和型号之后，销售人员才可以与客户谈论价格。

2. 话术组织

在价格谈判过程中，话术的组织很重要，话术的组织原则有两个，一是有吸引力，引导客户提问题，你就可以找到解释的机会了；二是谈话始终是在你的引导下进行，不能受客户引导。

【案例分析】价格谈判技巧

销售人员："您真有眼光，您看中的可是这个月最新推出的款式，是目前欧美最流行的车型，价格可不便宜，挺贵的！"

客户："那到底是多少钱啊？"

销售人员："哦，这么说吧，以排量计算是60元/mL。"

客户愕然："那这车的排量是多少毫升啊？"

销售人员："这款车的排量是1.6L，油耗相对较低，总价为9万多吧。"（分析：销售人员采用这种"制约"策略，完全主导和控制了谈话的范围与内容，接下来顾客肯定会询问关于"排量"与"油耗"的相关问题，顺理成章的给销售人员一个解释产品性能的机会）

销售人员："您真是识货之人，一般人是不懂得欣赏这种风格的越野车的，它由轻型多用途越野车演变而来，底盘高。越野性能好，当然价格不便宜，挺贵的！"（分析：此时可以暂停，沉默等待顾客的追问。）

客户："那究竟是多少？。"

销售人员："大概每公斤100元吧。"

客户："啊？这车多少kg？"

销售人员："这款车总重量为1770kg，所以总价是17.7万元。"（沉默片刻）

销售人员："这款车确实比较重，因为它的底盘厚实稳重、钢板厚1.2mm，驾驶起来稳定、安全！不像有些车的钢板很薄，只有0.8mm，用手一按就有一个坑，驾驶起来轻飘不说，还不能碰，稍稍碰一下就会瘪。所以买车前一定要问清楚轻重，选安全系数高的才有保障！"

客户："车重不是很耗油吗？"（分析：客户自然会提出诸如此类关于性能、配置等问题让销售人员解答，销售又成功向前推进了一步）

小结：

1. 顾客直接问价后的答复要知难而上，先说贵，等顾客继续追问时再回答具体价格。
2. 报价时神态、语气应自然亲切，底气十足。
3. 报价金额尽量不要为整数。
4. 要预留议价的空间，报价后不要轻易掉价。

【课堂训练】就下述给出的实例，谈谈看法

雪铁龙C5，2.0手自一体轿车，4S店标价17.5万元，客户觉得贵了，如何看待客户对商品价格的抗拒？

1. 客户为什么说"贵"？
2. 真的"贵"吗？
3. "贵"在哪里？
4. 如何给出让客户信服的说法？

就上述4个问题，请同学们说说自己的看法。

第四节　与客户沟通能力的训练与提高

一、如何与客户沟通

（一）加深客户对自己的印象

人的外表具有给他人暗示的效果，因此，应尽量使自己的外表给初次会面的客户留下一个好印象。每个人的面部特征都会给人以深刻的印象，衣着打扮也是影响第一印象好坏的主要因素，面带微笑、衣装得体，不仅会为自己的形象加分，还能在沟通之前让客户产生好感，加深客户对自己的印象。

（二）记住客户的名字

每个人都希望别人重视自己，重视别人的表现之一就是记住客户的名字，这样做能增进客户对自己的好感与信任。

（三）认可和赞美顾客

让人产生优越感和愉快心情的最有效的方法是认可和赞美，这样做能让顾客引以为豪，对客人表示认可和赞美无疑会受到客人的欢迎。当认可、赞美、羡慕均发自内心时，客人就会受到正面肯定的影响，从而消除设定的心理警戒，拉近彼此之间的距离。

道理人人都能明白，做起来就没那么容易，你需要找到话题，就是发现一个人的优点，并以此为开场白，这样顾客就会觉得很舒服，愿意对你讲真心话。以下是表达一个成功赞美的五个步骤：

1．恰当的称呼

首先要对客户有一个恰当的称呼，有时称呼不当，客户会很不高兴。让人高兴的称呼有：先生、女士、大爷、叔叔、大哥、美女、帅哥等；而小姐、大伯、老板、领导这类称呼要慎用。例如，某销售人员看到一个男士前来看车，走向前说道："老板，你好，要了解这款车啊？"客人抬头看了一眼销售员说："我不是老板，不能看吗？"这样谈判将很难进行。

2．直截了当

采用直截了当的语言去赞美客人、其行为及随身物品，是与顾客沟通交流的切入点。例如："您真有眼光，一进店就奔这辆汽车来了，不是每个人都有你这种欣赏能力的。"

"您这个背包真好看，在哪儿买的？我也要买一个。"

3．具体

赞美是为了寻找话题，是一种破冰的手段，人人都喜欢听好话，顾客更是如此。为了使你的赞美更加真诚，你可以详细地表述一下，比起模糊的称赞效果更好。例如："这款车上个月刚面市，采用德国大众最新的TSI缸内汽油直喷技术，加速性很好，还比旧款车省油。"

4．言行一致

你要言行一致，才能取得赞美的效果。比如你在赞美客户有眼光，一眼就辨出好车来的时候，应该配合你的微笑、笔直的身躯、肯定的目光等信息。

5．提问题

如果客户不配合你的赞美，不主动和你交流，你可以考虑提一个问题。例如："您一到我们店，就直接过来看这辆车了，您是从网上看到消息的吧？"

这种提问题的方法，即使是不善言谈的顾客也很容易回答，可以起到引导交谈的目的。

【课堂训练】赞美客户

想象一个你要赞美的客户。以下三个赞美，一个是关于客户的行为，一个关于客户的物品，一个关于客户的外表。用前述 5 个步骤给出答案，并设想一下他的回应，准备你的提问，并记录在表4-6中。

表4-6 赞美客户训练表

客人的行为	
追加提问	
赞美他的物品	
追加问题	
赞美他的外表	
追加问题	

（四）不要与客户争辩

人总是喜欢与自己看法一致的人敞开心扉。在汽车技术服务中，你可能要与形形色色的客户打交道，其对产品和服务的看法千差万别，在与其进行沟通时，强调一个原则，就是不与客户争辩。由于立场不同，有时顾客对产品和服务提出一些不够中肯的评价，甚至明显犯错，也不要直接指出，你可以采用探讨、切磋的方式进行交流。当客户吹毛求疵、斤斤计较时，不要顶撞，只要点头、微笑并适当解释就可以了。

（五）利用小礼品赢得好感

可以准备一些小礼品，如宣传画册、台历、笔记本、签字笔等。给初次拜访客户派发，花费不大，在增进好感方面产生意想不到的效果。

二、与顾客电话沟通交流

目前，最流行也最便利的销售方式就是电话销售，采用此手段的好处比较多，能在最短的时间内接触到最大范围的目标客户，节省时间，并且更了解客户的需求，能与客户建立长期的信任关系，收集外部信息，降低销售成本，提高销售业绩。

电话沟通与销售在整个销售活动中分为两大类别：一种是先通过拨打陌生拜访电话进行约访，再登门拜访、协商，最后签单。另一种是直接通过电话了解客户需求，直至销售成功。无论哪种类别，都是在电话中沟通，因此需要一定的电话销售沟通技巧才能约访成功。销售人员可能都有这样的经历：打电话进行销售，遭遇的拒绝非常多，有些甚至很没有礼貌，导致电话销售人员有强烈的挫折感，使他不愿意继续打电话。如果不能保持良好的心态来打电话，电话销售的效率是极低的。对于绝大部分销售活动来说，电话约访是成功的第一步，如果不能成功踏进顾客的大门，销售就已经结束了。因此，必须要借助以下几种电话销售技巧来提高成功率。

（一）把握好时间

这是最直接也是最容易忽略的电话沟通技巧，很多销售员获得约访客户的手机或家中电话，就迫不及待地打过去，而客户正好在睡觉或者洽谈，效果可想而知。凌晨、半夜、中午12：30～14：30打电话给对方，通常都不受欢迎。还有，上午八时到九时左右（尤其在星期一）的时段，是上班族最忙的时候，打电话最好错开这个时段。以免引起对方的困扰或是反感。

（二）找准客户

拨打出陌生拜访电话后，成功的第一步骤就是找对人。俗话说：找对人，做对事。如果连有决定权的人都无法找到，电话沟通技巧再好也是白费周折。因此在第一次打出陌生电话的最初关键步骤就是要确认与你通话的人就是你要找的关键人。一般公司公布的咨询电话大都是总机或前台，那么怎么让接电话的人帮你把电话转给你要找的负责人呢？统计显示，70%的营销人员感到头疼，这就需要技巧。

缺乏技巧的人是这样处理的：打通电话后先做自我介绍、电话缘由、初步探听主管及负责人，然后接电话的人回应主管不在、正在开会、很忙、是否有预约等，进而无法继续了。

可以考虑这样的策略：找一些有力的借口，比如说已和负责人联系过、是对方要求今天这个时候再联系的；或者以免费试用服务的说辞来吸引对方等。需要注意的是：电话缘由不要花太长的时间，主要目的是为了找到决策者，同时初步了解客户的情况。

（三）开门见山

拨通客户的电话后，首先要设法找到你要找的人。若是客户自己接电话，电访员就可以顺势步入正题，直接应用电话销售技巧来推销。接通电话的最初15秒是最重要的，电访员应以最有效的方式迅速打动客户，引起客户的兴趣，并继续这个谈话。

（四）做好准备工作

电话沟通最为重要的是什么？不是说辞，而是做好准备工作。电话沟通的过程短暂，充分的准备才能抓住难得的机会，比如拨通客户电话前需要准备的：

1）公司的产品资料及报价单

2）通话提纲、笔及记录本

3）客户的背景资料

在通话过程中一定要做好笔录，一方面为后期的业务跟踪留下线索，二是利于做好总结，找出问题所在。每打一个电话，技巧都要有所提高。

（五）树立信心

进行电话沟通，目的是促进销售与服务范围，遭遇到白眼、拒绝非常多，有些顾客甚至不给面子，不讲礼貌，所以导致电话销售人员有强烈的挫折感，使他不愿意继续打电话。

所以作为一个销售人员在打电话前必须建立起自信心。大家都应该知道，一个人的声音、语气、语调都会传达自己的心理状况，你有愉快的心情，你的声音也会愉快，你是忧郁的，你的声音也会忧郁，如果你是自信的，那么你的声音也会让对方觉得你是个内心强大的人。

自信对一个营销人员来说是非常重要的，试想，如果对自己所说的话都没有自信，那又怎样去打动客户？只有用自信的言语才能感染客户，让他对产品和服务产生兴趣。这一点与其说是电话销售技巧，倒不如说是素质要求，毕竟没有强大的自信心很难成为一名好的营销人员。

三、如何发展潜在顾客

（一）通过汽车基盘客户发展潜在顾客

对于基盘客户，要经常保持联系，这样其在周围人群准备买车时才会想到你。一般而言，汽车销售员可以通过下面三种方式保持与客户的密切联系。

1. 派送小礼物

遇重大的节、假日邮寄贺卡和送小礼物，可以保持联系，让顾客记住你。

2. 定期拨打电话

每年至少与其通话五次，每次打电话时，要多关心对方的工作、身体、家庭的情况，拉近与客户的距离。

3. 定期登门拜访

每年亲自访问六次，可以增加客户对你的印象。

【案例分析】 通过拨打电话发展潜在客户

汽车销售员："李先生，你好啊！我是××公司的小李啊！最近工作挺顺利的吧？"

客户："啊！是小李啊！最近一段时间老加班。"（分析：说明客户记得打电话的销售人员。）

汽车销售员："说明你们公司业务相当好啊！平时还要多注意休息，虽然你的身体比我强壮。"

汽车销售技巧：借机一方面赞美客户良好的业务状况，同时通过适当的言语，表达对对方的关注。

客户："是啊！谢谢你关心。最近车卖得不错吧！"

（分析：说明如果与客户的关系不错，其也会像朋友一样反过来关注你的工作与事业。）

汽车销售员："托你的福，上次你介绍的那位朋友最终买了一款跟您相同型号的车，今天他来维护的时候还提到您呢！谢谢您给我介绍了那么多朋友，对了，上次曾听你介绍过，××单位的老总是你的朋友，正好我们公司有点业务方面的事情想麻烦他，您能不能把他的联系方式告诉我一下？"

（分析：对于客户每一次给予的帮助要及时感谢，除了在跟进时道谢外，以后每次有机会时要注意提及。如果能够像乔·吉拉德那样能够给一点佣金或礼物作为回报的话，对客户转介绍客户会有很大的帮助。同时，尽快切入你打电话要找这位客户的真实意图，别在电话中过长占用客户的时间，浪费其金钱。）

客户："你等一等，我找一下，他的办公电话是××××、手机电话××××，要不要我先打个电话给他？"

（分析：只要客户信得过你，通常情况下都会把自己知道的情况告诉你。当然，这必须是你与客户的关系就像朋友一般。）

汽车销售员："谢谢了！等哪天有空的时候我专程去拜会他一下，就说你特意介绍的，可以吗？"

汽车销售技巧：为了避免客户事先把你准备开展的业务情况告诉你要找的人，增加销售的难度，请不要在电话中介绍即将开展业务任何的细节。在这里，你的目的只有一个，就是拿到电话，让客户认可是他介绍的即可。

客户："没有问题。"

（分析：说明你得到客户的认可。）

汽车销售员："要不今天先到这里，你的工作也很忙，改天等你有空的时候我专程登门拜访。谢谢了！再见！"

分析：得到所需的信息后，一般人都会与客户聊下去，甚至很长时间，这不是一个好的做法。建议此时尽快结束电话，让客户做自己的事情，你也可以重新开始一个新的电话。

（二）利用光辉效应法发展潜在客户

光辉效应法就是通过车展、新车发布会这种形式，利用靓丽的新车，人见人爱的车模，精美的小礼品，吸引客户围观。这些客户当中就有很多是潜在客户，你要做的是，想方设法留下其联系方式，通常不熟悉的情况下，客户是不愿意把自己的电话留下的，可以考虑赠送小礼品、有奖问答等方式获得。也可以开展咨询活动获得，因为多数客户是非专业人士，对汽车不是很了解，在回答其问题时，也是获得联系方式的手段。

四、与陌生人沟通交流

许多人天生具有戒备心理，不愿意与陌生人打交道，因为其害怕遭到拒绝或冷遇。另一方面，其又对别人能拥有众多朋友而羡慕不已。这种性格的人，如果从事汽车销售与服务行业，是非常不利的，要通过学习与训练加以提高。

（一）直面你的恐惧

张三和李四是一对好哥俩，一天，两人上街去玩，每当张三看到一个自己感兴趣的女孩时，他都用眼神与她们接触，并报以微笑，然后说："你好，今天的天气真不错，你说是吗？"或者说："你好，你穿的外套很漂亮，我别无他意，就是想知道在哪买的呀？"他总能找出许多俗套的开场白去获得女性的注意。李四问张三："当你被拒绝时，难道你不会感到恼怒么？我可不能承受这种打击，如果那样，我会觉得很羞愧，很没面子的。"

张三说："那些拒绝的人并不重要，我今天认识的3个美女就很值得了，那些不愿意停下来聊一聊的人都有各自的理由。有哪家规定我应该为她们缺乏兴趣负责？当我遇到一个我想要认识的女生时，我不会去问自己：'她会怎么想我？如果她拒绝我怎么办？'这种想法一开始就让自己绝望了。每个人品味、性格、爱好都不一样，所以并不是每个女性都对我的看法一致，这很正常。假如那位我想认识的女性对我不感兴趣，那确实是不投缘，运气不好，但那也不是世界末日啊，过程远比结果重要不是吗？"

张三与李四在对人际沟通方面的理解有很大的区别，实际上，从认知行为的角度分析，这是李四对现实的社会焦虑的关键所在。张三遇见一位陌生的女孩，当作一个使生活丰富多彩的机会，所以他感到很兴奋。李四把遇见陌生女孩当作一次被拒绝的可能，所以他变得很焦虑。

行为学家帮助李四解决心理问题的方法就是先找出使你焦虑的思维方式，然后用理性的思维方式替代（表4-7）。

表4-7　心理问题分析表

焦虑的想法	我不会说一些幽默的话
合理的想法	我并不能遇见未来，但我可以事先准备一些有意思的事情去讲，并且我可以提出问题，就算是在电影中的谈话，也不见得总是有趣的，在现实生活中，有许多日常的谈话根本毫无乐趣。与一个陌生人讲话并不需要乐趣。这只是提供一个机会让我们发现彼此间的共同点

模块四　汽车服务沟通与表达

(续)

焦虑的想法	假如她拒绝我,那会证明我是个失败者
合理的想法	当我审视自己的人生时,我知道我是有价值的。一个陌生人的看法并不能改变什么

【课堂训练】克服社交恐惧症

写出三个当你遇见一个陌生人时会使你产生焦虑的想法。在每个想法后面写下一个事实上更合理更有用的想法,填入表4-8中。

表4-8　心理问题训练表

焦虑的想法	
合理的想法	
焦虑的想法	
合理的想法	

(二) 与陌生人开始一段谈话

借助张三的经验,不要浪费时间在试图找出一个完美的开场白上,如果你这样做了,那么与人交流接触的机会就会在你的开场白之前溜走了。研究表明,只要你的话题没有恶意,那么你对一个陌生人一开始说些什么并不重要。假如别人想和你继续下去,他就会主动回应一些可以谈话的内容。

开始对话的最好方法是谈论一些关于个人或者大家都感兴趣的话题。四周看一下,找出一些有趣的或者使你感到迷惑不解的东西。然后你就可以就你观察到的东西提出一个问题或做一个陈述以开始你们的交谈。

【案例分析】开场妙语

范例1:

"先生,你好,见到您,我很高兴。"

"哦?为什么?"

"你是今天我接待的第一个客人,现在这么堵车,您这么早就到了这里,说明您非常重视今天来看车这件事情。"

"我重点给你介绍一下这款车好吗。"

范例2:

"先生,今天的天气真够热的,您到这里凉快一下,我给你倒杯水。"

"好的。"

"您是自己开车来的,还是坐公车来的?"

"坐公车来的,这不,今天就是想来看看汽车的。"

"您买车主要是想用作上下班代步的?"

分析:开场白对一次成功交谈很重要,顾客在听销售服务人员的开场白时是很认真的,你要尽量抓住顾客的注意力,但又不能简单地开口就向顾客介绍产品,把重点放在打开话盒子,建立良好的关系上面。

【课堂训练】开场妙语

想象一个你所处的社交场景，选一个你想结识的人。想出一些你曾经用过的开场妙语。要求包括3个关于场景的，3个关于客人的话题，填入表4-9中。

表4-9　开场妙用记录表

关于场景的妙语	1.
	2.
	3.
关于客人的妙语	1.
	2.
	3.

（三）使用免费信息

免费信息是指客人告诉你以前你不知道的东西，如果你认可并回应这些免费信息且做出陈诉或提出问题，你可以将你们的谈话推向一个很不可思议的层次。免费信息不仅指别人所说的也可以指他人的穿着，他的肢体语言，习惯以及你们交谈的内容。免费信息也包括你对客人的大致印象。

以下是有关汽车销售工作中可行的陈述和问题：

"我原来也和你一样从事金融业的，由于比较喜欢汽车，于是一年前转行做汽车销售。"

"听你口音好像是桂林人，我也是桂林人，大学毕业了就留在南宁市了，我们是老乡哦。"

"您说选购这款汽车是业务接待用，是自己开公司做老板吧？"

"能做自己喜欢的事情是最幸福不过的了。"

五、交往需要讲原则

在人际沟通中，多一句感谢，就少一分埋怨；多一份温馨，就少一点冷淡；多一些包容，就少一些争辩；多一些热情，就少一些距离。

提高人际沟通能力，不仅仅要提高语言表达能力和保持良好的自身形象，还要坚持待人友善、平等互助、诚实守信、宽容大度、积极主动的原则。

（一）友善待人

在沟通交往中要以友好的态度与人相处。你以什么样的态度对人，别人也会以同样的态度对待你。在汽车服务领域，尤其不要以貌取人，一些不修边幅，不拘小节的客人，你也要一视同仁，说不定他就是你的大客户。

（二）平等互助

平等主要是指交往的双方人格上的平等，包括尊重他人和保持他人自我尊严两个方面。彼此尊重是友谊的基础，是两心相通的桥梁。交往必须平等，平等才能深交，这是人际交往成功的前提。古人云："欲人之爱己也，必先爱人；爱人者，令恒爱之；敬人者，人恒敬之"。

互助是指交往活动中人与人之间互相支持，互相帮助的合作关系。在人际交往中，处处斤斤计较、算计别人、怕吃亏、怕麻烦，你怎么能交到朋友呢？在汽车服务行业，一些热心帮助顾客的服务人员，业务越做越大，客户群越来越多，就是这个道理。

（三）诚实守信

人际交往原则应该是以诚相待、信守诺言。既不当面奉承，也不在背后诽谤。一方面要真诚待人，另一方面，言必行，行必果，承诺的事情要尽量做到，这样才能赢得别人的拥戴。

（四）宽容大度

一个品格高尚的人应当严于律己，宽容待人。俗话说，"金无足赤，人无完人"。在人际交往中，对别人要有宽容之心，如果眼睛里容不得沙子，遇事计较，得理不让人，最终将成为孤家寡人。

（五）积极主动

在任何一个环境中，无论是熟人还是陌生人，都要积极主动地与之交流，这样不仅能够提高沟通能力，也能够增进相互间的友谊。

本 章 小 结

1. 沟通的主要方式包括语言沟通、书面沟通、肢体沟通、表情沟通。

2. 表达是将思维所得的成果用语言反映出来的一种行为，是观察、记忆、思维、创造和阅读的综合运用。

3. 沟通与表达常见错误有 12 种，在日常学习、工作、生活中特别要注意克服第 1、第 2 种错误。

4. 在沟通的四大媒介（听、说、读、写）中，花费时间最多的是在听别人说话，良好的倾听是有效沟通的开始。

5. 在倾听的过程中，要全神贯注，除了听清对方陈述的事件和信息外，更重要的是听清他的感情和内心的真实想法。

6. 倾听过程常见的错误有 12 种，特别要注意克服"比较""过滤""挑刺"这 3 种错误。

7. 恰当的提问，可以从客户那里了解到更多的信息，从而对客户的实际需求进行准确把握。

8. 反馈是沟通过程的一部分，一个完整的沟通过程既包括信息发送者的"表达"和信息接收者的"倾听"，也包括信息接收者对信息发送者的反馈。若只是倾听了对方的讲话，而没有把重要的信息恰当地反馈给对方，等于是对别人的冷漠，特别是当反馈的内容关系到组织利益、客户看法的时候，则会严重影响沟通的效果。

9. 汽车技术服务人员，在与客户进行业务洽谈时，免不了要进行讨价还价，可以说，很多时候给客户的反馈就是一个价格谈判的过程。好的谈判，使你获得公司应有的利益，客户也感到满意，是一种双赢的结果。

10. 与客户沟通交流能力的提高，重点是如何寻找到沟通的话题。可以通过观察，从天气、交通、新闻事件入手找到寒暄话题，更有效的方法是从客户的行为、外表、物品入手寻找破冰话题，这些能力可以通过专项训练获得提高。

复习思考题

1. 沟通与表达的基本方式有哪些？
2. 有效沟通的前提是什么？
3. 常见的沟通与表达错误有哪些？对照自己要注意克服哪几点？
4. 聆听要求注意哪些信息？
5. 不做正常反馈，会造成什么不良后果？
6. 如何寻找沟通话题？

同步测试

一、单项选择题

1. 在汽车销售服务领域，_____沟通方式贯穿整个工作过程，对业绩有决定性影响。
   A. 书面　　　　B. 语言　　　　C. 肢体　　　　D. 表情
2. 语言沟通除了控制好声音大小，还要注意语速、语调和_____。
   A. 口音　　　　B. 语气　　　　C. 表情　　　　D. 手势
3. 在沟通与表达过程当中，通过_____传递信息可能会造成失真甚至误会。
   A. 表情　　　　B. 肢体动作　　C. 第三方　　　D. 电话
4. 最好假定你从事的汽车技术服务领域中的顾客都_____人，其对你观察到的、想到的、感觉到的和你需要的一无所知。
   A. 是善解人意的　　　　　　B. 不是善解人意的
   C. 是通情达理的　　　　　　D. 是自私的
5. 在沟通的四大媒介（听、说、读、写）中，花费时间最多的是_____。
   A. 听　　　　　B. 说　　　　　C. 读　　　　　D. 写

二、多项选择题

1. 倾听是一种美德，是一种对别人的尊重，所以，在倾听的过程中要注意_____。
   A. 仔细倾听　　B. 不打断对方
   C. 适当复述　　D. 做笔记
2. 在沟通过程中，适当提问可以引导谈话，汽车维修业务接待人员，常用的提问方式有_____。
   A. 主动提问　　B. 反射式提问
   C. 指向性提问　D. 细节式提问
3. 在价格谈判过程中，要设身处地地为顾客着想，主要是想_____。
   A. 客户认为　　B. 客户感觉
   C. 客户需要　　D. 客户消费能力

4. 与陌生人沟通交流过程中，开始阶段很重要，因此，学会赞美客户能收到奇效。赞美客户主要从_____方面入手。

   A. 客户外表　　　　B. 客户行为

   C. 客户物品　　　　D. 随从人员

5. 电话沟通应注意掌握_____才能收到良好效果。

   A. 打电话时间　　　B. 开门见山

   C. 树立信心　　　　D. 准备提纲

三、简答题

1. 倾听能力可以通过训练加以提高，倾听过程中应注意听沟通传授方哪4种情感？

2. 维修接待员应如何发展潜在客户？

3. 如何与陌生人沟通交流？

同步训练

项目一：语言训练。

单元1　自我介绍

单元2　自我揭示

单元3　聆听与复述

实训目的：

通过自我介绍、自我揭示实训，训练学生语言组织、语言表达能力；训练并提高语速、语调、语气的正确运用能力，以及形体、表情、眼神的配合能力。在聆听与复述训练中，培养学生集中注意力，听清信息和感情的能力。

实训组织：

1. 分组进行：每组15～18人。

2. 时间安排：每个单元4学时。

3. 实训场地：可选择在实训室、草坪、广场等进行。

成绩考核：

成绩考核参考下表5方面因素打分，每项配分20分。

姓名	语言	形体	表情	胆量	风采	总评

项目二：与客户沟通交流训练

单元1　展厅寒暄训练

单元2　赞美客户训练

实训目的:

通过实训,训练学生掌握首次接触客户的应对方法,包括礼仪、话术组织能力、销售及维修接待业务处理能力;训练学生寻找寒暄话题能力。训练学生熟练掌握赞美客户的方法能力,为商务谈判和业务处理打下良好基础。

实训组织:

1. 分组进行:每组 15~18 人。
2. 时间安排:每个单元 4 学时。
3. 实训场地:可选择在实训室、销售展厅情景室等进行。

成绩考核:

成绩考核参考下表 5 个方面因素打分,每项配分 20 分。

姓名	语言	形体	胆量	流程	风采	总评

汽车维修业务接待流程

知识目标

- 了解汽车维修接待员的作用和工作职责
- 掌握主动接洽客户、预约客户的流程及技巧
- 掌握接待环车检查的内容和注意事项
- 熟练掌握问诊话术,熟悉车辆故障诊断流程
- 熟悉常见服务项目及价格,掌握估价流程
- 熟悉工单处理、作业分配、完工结算、跟踪回访相关内容

能力目标

- 熟悉预约流程,能正确使用电话礼仪开展预约服务
- 能按规范要求熟练进行环车检查,填写接车问诊单
- 能做车辆预检、常见故障诊断
- 能完成估价、给出合理的维修建议
- 有维修工作协调、控制进程的能力
- 能协调客户要求和车间作业进度
- 能做结算业务
- 能进行跟踪服务

重点与难点

- 电话预约话术的正确运用
- 接待环车检查的熟练进行
- 估价及恰当的维修维护建议

汽车维修业务接待工作是现代汽车维修服务企业的重要组成部分,这项工作的好坏直接影响到客户的满意度,进而影响到产品的销售业绩。汽车产品在进入成熟期后,单车销售利润已经很低,汽车4S销售服务店的稳定收入主要来自售后,因此,维修接待工作对企业的

生存发展益发显示出它的重要性。汽车维修业务接待岗位主要有三个称谓：维修接待员、维修顾问、服务顾问。做好汽车维修业务接待工作，对综合素质要求很高，不仅要有扎实的汽车专业知识，还要有一定的企业经营管理能力、顾客关系处理能力，而且需要具备敏捷的思维和宽阔的胸怀，还要掌握一些必备的接待技巧，只要这样，才能让客户修车放心，才能使得汽车4S服务店呈现良好的发展势头。

4S店整体素质的高低，无论是有关技术的、管理的，都可以从维修顾问身上反映出来。维修顾问在接车、交车等环节中所表现出的解决问题和处理问题的能力，直接体现了4S店技术水平的高低；维修顾问从接车到交车的全过程中所表现出的工作条理性和周密性，具体体现了4S店服务和管理水平的高低。

第一节　客　户　招　揽

客户招揽是汽车4S店主动服务意识的体现。汽车维修服务企业最重要的资源就是客户，在日常的维修维护服务过程中，难免有各种意见出现，有部分客户流失是常见的。要做的是把老客户流失减少到最低限度，新客户的招揽不间断地进行。这是做好客户关系管理、维持企业良性循环的关键，更是每天都必须认真面对的重要问题。

一、首保招揽

（一）招揽流程

新车出售后，进入磨合期，在车辆运行的过程中，各摩擦处磨损较大，这些摩擦下来的金属粉末对车辆影响很大，必须要按照厂家要求及时进行首保，以清除之，确保车辆在以后的使用中有良好的性能，流程如图5-1所示。

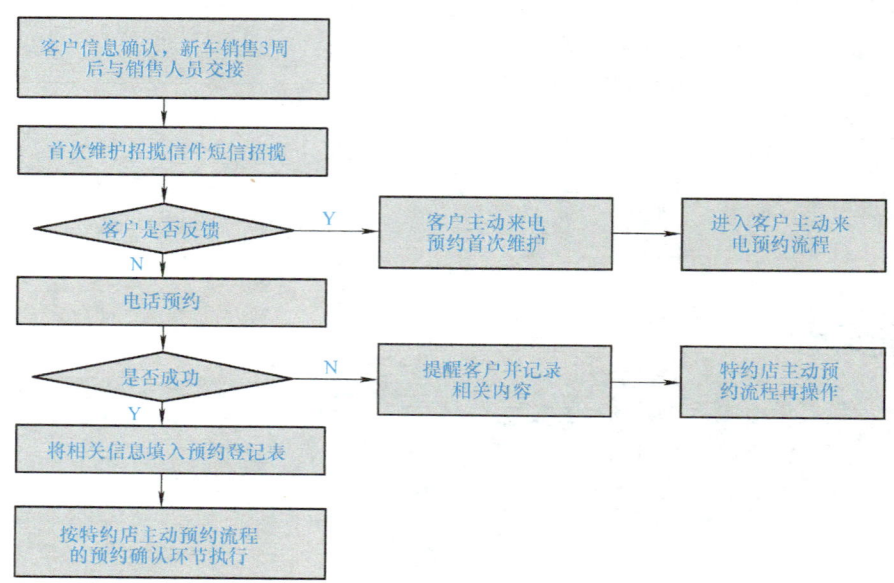

图5-1　首保招揽流程

（二）招揽要点

1. 客户信息确认

在进行首保招揽前，需确认客户信息，包括：车牌号、车型、客户姓名、联系电话（手机/公司电话）、驾驶人电话、通讯地址、电子邮箱、行驶里程（可初步推算客户用车习惯）、购车日期及销售员姓名等，如有信息不准确，请销售部进行核实。

2. 信件招揽

每月初利用客服系统打印首保招揽信件，发送给下月需要做首保的客户。

3. 短信招揽

每月中旬利用客服系统向下月需做首保的客户发首保招揽短信。

短信参考模板：××××4S店温馨提示：您的爱车××首次维护的预计时间是××月××日或××千米（以先到为准），预约热线：××。

4. 电话招揽

每月下旬利用客服系统拨打电话，提醒下月需要做首保的客户。

（三）招揽话术

某汽车4S店招揽话术范例：

"您好！我是广汽本田××特约店的客服代表××，请问是××先生/女士吗？"

"请问您现在讲话是否方便？"

（如客户说不方便，可使用开放式或封闭式的提问方式询问客户何时方便，然后换个时间再次拨打电话）

"根据资料显示您的爱车即将到5000公里首次维护时间了，之前我们也通过短信（或信件）向您做了提醒。"

"不知××先生/女士，您的爱车近期是否做了维护？"

"我们提供预约服务，您想预约什么时间呢？"

"××先生/女士，我们为您预约到×天后，也就是下星期×的××时间可以吗？"

"那您什么时候方便呢？"

二、定保招揽

（一）招揽流程

不同品牌车辆的定期维护里程是不同的，在做定保招揽时，应参考厂家的定保里程建议。客户在使用车辆的过程中，由于各种原因，使得部分顾客未能及时按时维护，服务客户应主动招揽顾客，提醒客户注意及时维护，才能保证汽车的使用性能和良好寿命，定保招揽流程如图5-2所示。

（二）招揽要点

1. 信件招揽

利用客服系统，提前15天寄发定期维护招揽信件。

2. 短信招揽

利用客服系统，提前7天发送定期维护招揽短信。

短信参考模板。××××4S店温馨提示：您的爱车××（车牌号）本次维护的里程为

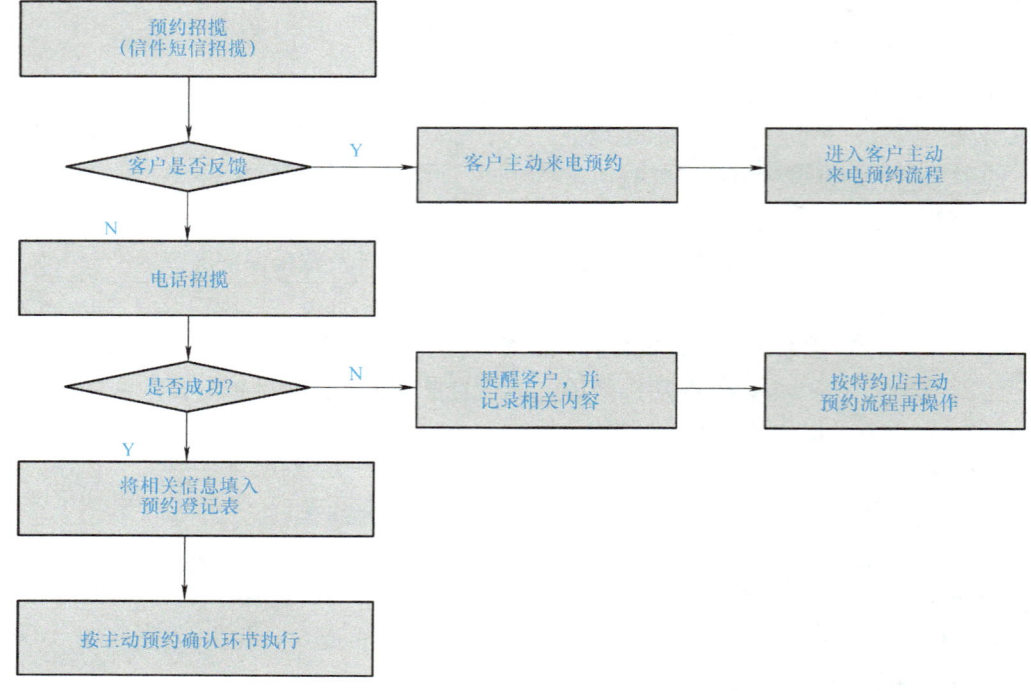

图 5-2 定保招揽流程

××公里，请您确认里程并及时维护，预约热线××，谢谢！

3．电话招揽

利用客服系统，提前3天拨打定保招揽电话。

（三）招揽话术

某汽车4S店招揽话术范例：

"您好！我是广汽本田××特约服务店的客服代表××，请问是××先生/女士吗？"

"请问您现在讲话是否方便？"

"根据资料显示您的爱车快要到维护时间了，前段时间我们也通过信件（或短信）向您做了提醒，不知您爱车现在的里程数是多少？"

"请问××先生的爱车近期做了维护没有？"

"我们提供预约服务，您觉得预约什么时间方便呢？"

"××先生，我们为您安排在×天后，也就是下星期×，××时间可以吗？"

"那您什么时候方便呢？"

三、续保招揽

（一）招揽流程

客户车辆保险也是4S服务店的主要业务之一，当客服系统显示用户保险即将到期，服务顾问应采取主动招揽手段，及时的通知客户续保，续保招揽流程如图5-3所示。

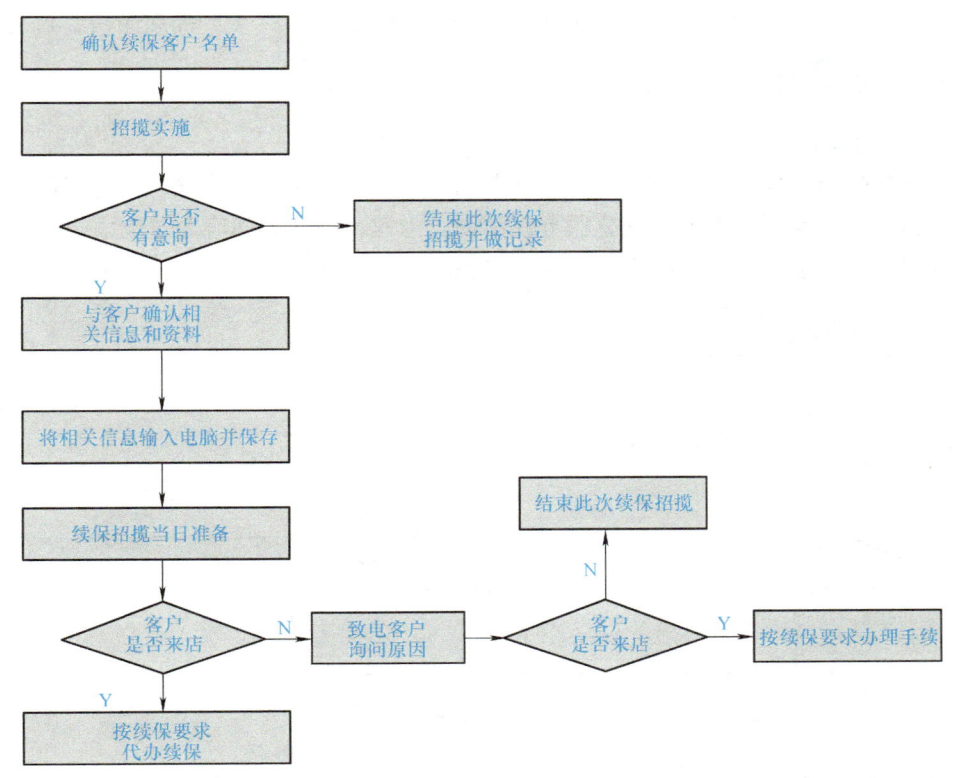

图 5-3　续保招揽流程

（二）招揽要点

1. 信件招揽

利用客服系统，提前一个月寄发续保招揽信件，信件中应包括以下内容：在本店上保险的好处，在外面上保险可能存在的潜在问题，车辆的保险到期日等。

2. 短信招揽

续保招揽信件寄出一周后，对于未回复的客户，利用客服系统发送续保招揽短信。

短信参考模板：××××4S 店温馨提示：您的爱车××保险将于××月××日到期，提醒您及时续保，保险咨询热线××，谢谢！

3. 电话招揽

短信发出 3 天后，对于未回复客户，利用客服系统，拨打保险提醒电话。

（三）招揽话术

某汽车 4S 店招揽话术范例：

"您好！我是广汽本田××特约店续保专员××，请问是××先生/女士吗？"

"请问您现在讲话是否方便？"

"三天前我们短信提示您爱车的保险××即将到期，您是否已办理续保手续呢？"

如未办理，"是否需要我们帮您办理续保手续呢？"

"先生，和您确认一下刚才的内容，您是在下星期×，××时间来店，办理续保事宜，您看还有什么问题吗？"

"非常感谢××先生/女士对我们的支持,我是保险专员×××,祝您愉快,再见!"

四、主题活动招揽

(一)招揽流程

汽车服务公司为配合厂家全国性的市场营销战略、宣传企业及品牌、提升市场人气,更好地为顾客服务而展开一系列的优惠服务性活动。为此,服务顾问应通过电话、信函、短信等方式告知用户,最大限度地吸引顾客参加,主题活动招揽流程如图5-4所示。

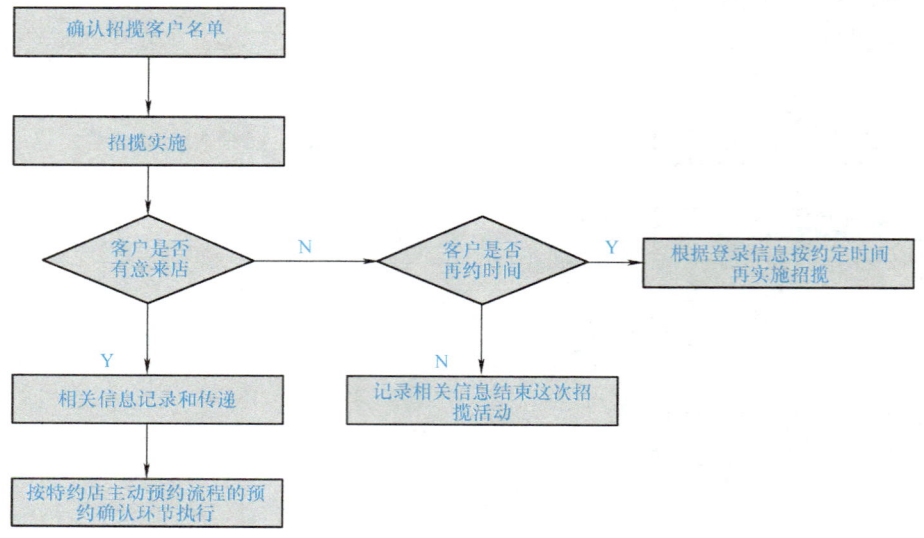

图5-4 主题活动招揽流程

(二)招揽要点

1. 确定招揽客户名单

根据系统和主题活动的内容确认这次活动的客户名单和与活动有关的信息。

2. 招揽实施

对相关的客户寄发信件或短信,信件寄发日期为主题活动时间前15天,短信群发的时间为主题活动时间前7天,如果客户针对提醒有主动来电预约,则按客户主动预约流程执行。

对于接待信件或短信未回复的客户,提前3天拨打招揽电话。

3. 相关信息记录与传递

相关信息记录在主题活动招揽登记表上;将主题活动招揽登记表传递给相关职能部门(前台,车间和零部件);与客户确认预约后按特约店主动预约流程的确认环节执行。

(三)招揽话术

某公司直投活动招揽话术范例:

"您好!我是广汽本田××特约店的客服代表××,请问是××先生/女士吗?"

"请问您现在讲话是否方便?"

"我们公司本着客户至上的原则,计划下周举行优质服务月活动,为新老客户提供免费检测空调系统、制动系统活动,活动期间维修维护人工费 9 折优惠,还有活动抽奖,您有时间参加吗?"

"我们恭候您的光临,祝您生活愉快!"

"非常感谢××先生接听我的电话,下次活动如果您有空,一定为您安排!"

"好的,××先生/女士,我们下周见!"

总体上看,现代汽车4S店在客户心中的地位是很高的,大多数车主遇到问题,都愿意找企业帮助解决,也存在部分客户忙于其他事情,忘记维护、续保等事情发生,导致自己权益受损。汽车维修服务企业,应本着客户至上的原则,及时提醒客户进行必要的处置,显示出一种主动服务、高度负责的态度,因此,招揽工作应当成为企业的日程安排事务之一,长期坚持下去。

第二节 预约服务

汽车维修业务接待流程一般是从预约开始,经过维修接待、项目约定与派工、维修作业、质量检验、结账与交车,最后跟踪回访,如图5-5所示。预约服务是汽车维修服务发展的一大趋势;是汽车维修服务流程的首个环节,它是一个与顾客建立良好关系的机会;预约服务的核心是根据维修服务的作业容量定出具体作业时间,以保证作业效率,具有均化作业量的功能,是节省顾客等候时间,提高企业满意度的重要手段。

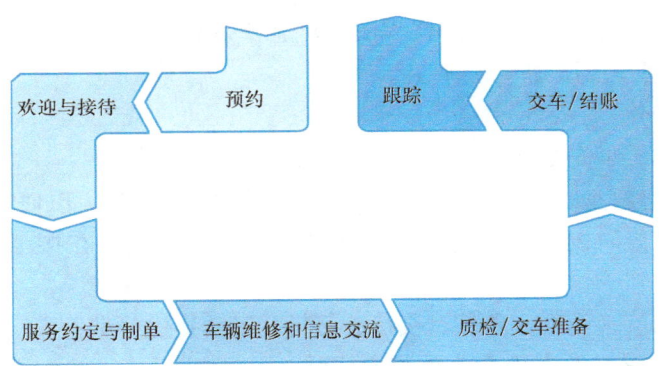

图 5-5 预约流程

除此以外,在客户来店之前还需根据预约日期编排准备工序,汇编整理成为维修服务经营业绩基础资料。预约可分为主动预约和被动预约两种。

一、预约的好处

(一)预约实现对客户的好处

客户可以方便地根据自己的日程安排服务时间,缩短客户等待时间,获得更多的个别关照,可以有更多的咨询时间,更充分的诊断时间,从而得到质量更好的服务。

(二)预约实现对经销商的好处

可以合理安排维修工作量,节约作业时间,从而提高生产效率;可以确保接待时间,以免遗漏顾客需求,使客户的车辆得到迅速、优质的服务;可以从容应对,避免客户集中出现，提高客户满意度和忠诚度，可以减少不必要的纠纷；可以实现计划工作和单车过程控制。可以事先准备配件，减少配件准备和查询对工作效率的影响；可以预先协调班组与工种，实行计划作业。

二、预约工作内容及要求

（一）预约的工作内容

1）询问客户及车辆基础信息、行驶里程。
2）询问上次维修时间、是否为返修。
3）确认客户需求及车辆故障问题。
4）介绍特色服务项目、询问客户是否需要。
5）确定维修接待员的姓名。
6）预定接车、交车时间。
7）提供价格信息。
8）提醒客户带好相关资料（随车文件，维修记录）。

（二）预约工作要求

1. 采用标准格式及系统

使用公司统一制订的预约登记表或汽车维修管理系统进行预约服务。

2. 采用标准流程

设立预约客户欢迎板，展示预约流程图，对客户进行预约宣传，引导客户使用预约服务，必要时采取优惠手段激励客户预约。

3. 预约准备工作

1）准备接车单，事先填好了解的内容，可以节约接车时间。
2）确认是否返修，如果是要事先准备《返修车处理记录表》，以便特别关注。
3）检查上次维修时发现但没有纠正的问题，（如有）记录在接车单，以便再次提醒用户。
4）通知有关人员（车间、备件、接待、资料、工具）做好准备。
5）提前一天（或1h）检查各方的准备情况。

（三）预约服务流程与实施规范

1. 预约流程

通常，预约工作由汽车维修业务接待员或服务顾问按照事先制定好的预约规范流程来完成，预约规范流程如图5-6所示。

2. 预约实施规范

1）有关预约流程应在接待区醒目处张贴，宣传引导客户使用此项服务。
2）预约迎客板应放置在接待室入口处，上面写有维修接待员，顾客姓氏，车牌号及预约时间。
3）接待区要粘贴醒目的预约服务宣传条目，公布"预约服务电话号码"。
4）维修企业应根据本服务站的业务量受理预约。
5）接待业务（经理）主管姓名和电话号码在醒目处公布，接受客户监督和咨询。

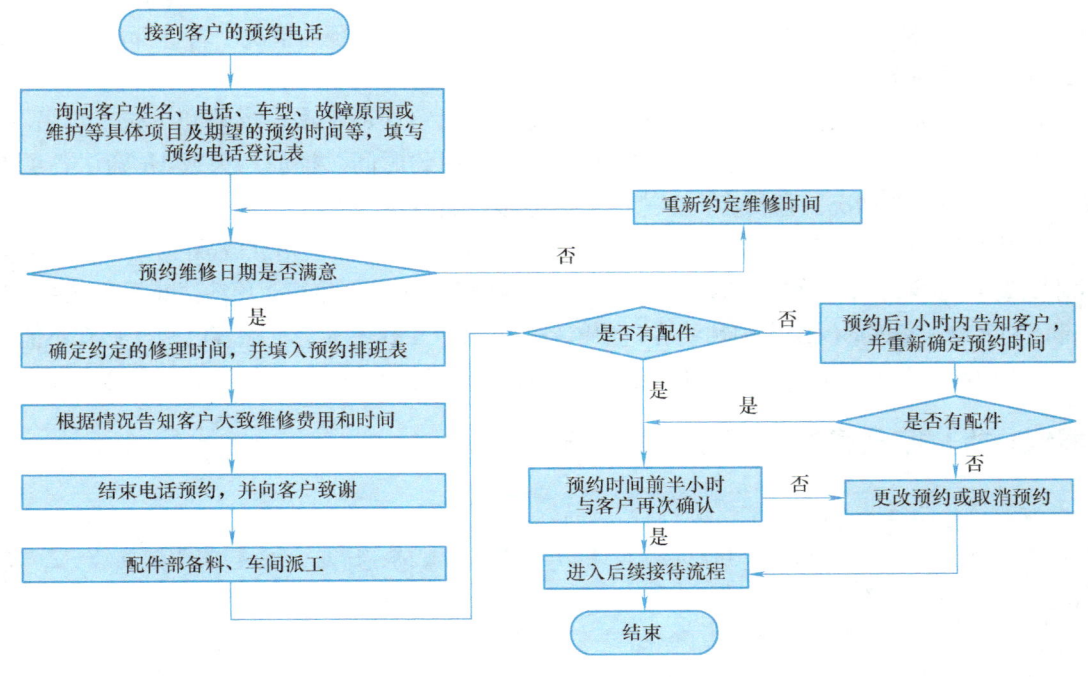

图 5-6 预约规范流程

6) 预约客户数量由各维修服务企业根据情况自行决定。

7) 预约电话铃响三声内，需有人接听电话。

8) 接受电话预约时，应仔细倾听客户要求，并记录于预约来电登记表上。

9) 接受电话预约时，如果无法回答客户的问题或顾虑时，应及时联系其他人员协助，如果第一时间不能解答客户的问题，应向客户承诺何时能够给予答复。

10) 在预约结束前向客户再次确认客户的要求，如客户的预约维修时间、故障描述及客户的要求等，同时根据客户需求，做出对维修费用的大致估价，并向客户说明。

11) 告诉客户工位"预留时间"，预留时间指超过预约时间的工位再等待时间。预留时间因地域不同而不同，可由维修企业自己确定。如"预留时间为10min"的意思是：超过10min意味着用户自动放弃预约服务，原预留工位将另行安排。告诉用户你将"提前1h再次确认"，即给用户打电话确认用户是否准时赴约。

12) 接待员需提醒客户带齐随车文件如行驶证、维护手册等。

13) 预约结束时需向客户表达感谢，对预约成功客户，因对客户说道："谢谢您的预约，我们恭候您的光临"。

14) 对于未预约成功的客户，可传递以下言语："非常抱歉，这次未能满足您的需求。如果您今后有需要，欢迎再次预约"。

三、预约过程注意事项

努力做到电话随时有人接听，预约电话铃声响三声内，有人接电话并记录所有需要的信息。根据客户需求及对故障的描述，进行诊断，必要时向维修技术员或技术专家求助。告知客户诊断结果和解决方法以及所需费用和时间，根据客户要求和车间能力约定时间，告知客户将由哪位维修接待员进行接待，及时告知维修接待员和备件预约情况。备件部门设立专用货架存放预约的备件。

维修接待员负责监督预约的准备工作（委托书、备件、专家、技师和工位、设备/工具、资料）。如果不能履行预约时，及时通知客户并另约时间。提前一天或1h确认各项准备工作和客户履约情况。预约客户到来时，维修接待员在场，并进行接待。

尽量避免电话铃响三声之后无人接听或长时间占线、客户和车辆信息或故障描述记录不全、不对故障进行诊断、不按车间维修能力安排预约、客户不知道谁会接待，预约情况不及时通知有关部门和人员，备件部门没有为预约客户预留备件。准备工作不充分，顾客已来才通知不能履约，不提前确认准备工作和客户履约情况，客户前来时，负责接待的维修接待员不在场等。

【案例分析】 某品牌汽车4S店预约服务案例

步骤1：应答并自我介绍

维修接待员："早上好，这里是顺风丰田汽车销售服务4S店，我是服务顾问李凡，请问有什么可以帮到你的？"

客户："我想给车做个维护，顺便修一下排气系统。"

步骤2：询问顾客的姓名和车辆详细情况

维修接待员："当然可以了，能告诉我您的姓名以及车型吗？"

客户："我叫李霞，车是我丈夫的，车型是卡罗拉1.6L排量。"

维修接待员："没错，我想起来了，白色1.6L排量，自动档，04款的车型。"

客户："对，已经驾驶了80000km，最近我丈夫发现排气系统开始出现噪音，他认为需要换个后消声器，您能安排明天吗？星期五？"

步骤3：为顾客提供可选时间段

维修接待员："非常抱歉，李太太，明天的预约已经满了，维护和维修排气系统至少需要3h，我们可以将预约安排在下周二、周三或周四的任意时间，您方便哪天来？"

客户："排气噪声太恼人了，我想越快解决越好。您能周二上午维修，然后中午交车吗？"

维修接待员："好的，我们可以周二上午8:30开始工作、维护及修理排气系统，到12:00前我们可以将车辆修好。"

步骤4：价格估算

客户："太好了，那就定在下周二上午吧。顺便问一下，价格大概是多少？"

维修接待员："80000km维护需250元（含零件、润滑油和工时费），更换后消声器需350元。如果需要更换整个排气系统约需花费1600元（含工时费），检查车辆后我将给您一个明确的报价。"

客户："但愿只更换后消声器就可解决问题，那就将预约定在星期二吧，但是请您确认能准时交车，我下午2点有个约会，需要用车。"

步骤5：确认和客户达成的协议，复述时间安排和客户的要求

模块五　汽车维修业务接待流程

步骤6：确认是否需要为客户提供交通工具

维修接待员："我们确定能准时交车，那么，李太太，我们将预约定在下周二，即8月31日上午8：30，为您做80000km维护并解决排气噪声问题，车辆维修将于中午12：00前完成。顺便问一下，需要为您提供交通工具吗？"

客户："不用了，我的朋友会接送我。"

步骤7：感谢客户

维修接待员："感谢您的来电，咱们下周二上午8：30见。"

客户："谢谢你，再见！"

分析：在预约服务时尽量满足客户时间要求，如果不能满足，应提供2个以上时间段供选择。务必要让客户先结束通话（挂电话），你才能放电话，这是礼貌和职业化要求。

第三节　维修接待

一个客户如约来到维修服务企业维护或修理车辆，发现一切工作准备就绪，汽车维修业务接待员正在欢迎他的光临，这会让客户有受重视的愉快心情，这恰恰也是客户又一次对维修企业建立良好信任的开端。因此，汽车维修业务接待员应当具有良好的形象和礼仪，并善于与客户进行有效的沟通，体现出对客户的关注与尊重，体现出高水平的业务素质。

一、维修接待工作内容

在接待过程中，汽车维修业务接待员有两项重要的工作，即填写接车问诊表（接车检查单）和签订维修施工单（任务委托书或维修委托任务书或维修合同）。

（一）填写接车问诊表

为避免在客户提车时产生不必要的误会或纠纷，汽车维修业务接待员在车辆进入维修车间前必须与客户一起对车辆进行环车检查。检查的主要内容有车辆外观是否有漆面损伤、车辆玻璃、车灯是否完好、行驶里程和存油量、内饰是否有脏污、仪表盘表面是否有损坏、随车工具附件是否齐全、车内和行李箱是否有贵重物品等。检验完成后，填写接车问诊表并经客户签字确认。接车问诊表一般是一式两份，一份交由客户保管，一份由企业保管，见表5-1。问诊表的使用流程如图5-7所示。

（二）填写维修施工单

维修施工单（任务委托书或维修委托任务书）是顾客委托维修服务企业进行车辆维修的合同文本。维修施工单的主要内容包括：顾客信息、车辆信息、维修服务企业信息、维修作业任务信息、附加信息及顾客签字。

1. 客户信息

包括车主名称和联系方式等。

图 5-7 问诊表的使用流程

2. 车辆信息

包括车牌号、车型、颜色、底盘号、发动机号、上牌日期、行驶里程等。

3. 维修服务企业信息

包括企业名称、客服电话和业务接待员姓名等，以便客户监督和方便联系。

4. 维修作业任务信息

包括进厂时间、预计完工时间、维修项目、工时费和预计配件材料费等。

5. 附加信息

包括客户是否自带配件（某些品牌的专营店不准自带配件）、客户是否委托企业处理换下的旧件等，上述内容都需要与客户做一个准确的约定，并得到客户的确认。客户签字意味着对维修项目、有关费用和时间的认可，维修施工单，见表5-2。

模块五 汽车维修业务接待流程

表 5-1 接车问诊表

接车检查表/Service Reception at the Car

日期 / Date		型号 / Model		
客户 / Customer		车架号 / Chassis No.		
电话 / Telephone No.		拍照号 / License No.		
首次登记日 / First Reg. Date		里程 / Mileage/km		
维护手册 / Service Booklet	☐ 有 / Yes ☐ 无 / No	燃油 / Fuel	空/E 1/2 满/F	

内部检查 / Inside check	合格 ok	不合格 not ok	客户同意检修 customer agrees
仪表灯光 / Display&Instrument lighting			
内部灯光 / Interior lights			
信号系统(灯光,指示器,警告灯,喇叭) Signals(lights,indicators,hazzard,horn)			
转向 / Steering			
驻车制动 / Hand brake			
空调-鼓风机 / Airconditioning-Blower			
玻璃升降 / Window lifting			
电动后视镜 / Electric outside mirror			
车辆及发动机检查 / Vehicle & Engine check			
刮水片 / Wiper blades			
风窗及车窗玻璃 / Windows-glass			
冷却系统(防冻液) / Cooling system (Coolant)			
发动机,转向助力油,制动液 Engine oil,Power steering&Brake fluid			
可觉察的漏油漏水 / Noticeable leaks			
V 带 / V-belt/Poly V-belt			
车辆检查(半举升) / Vehicle check (half-raised)			
减振器 / Shock absorbers			
胎面 / Tyre tread			
车辆检查(全举升) / Vehicle check (fully raised)			
发动机/变速器泄漏 / Engine & Gearbox: leaks			
前桥 / Front axle			
前制动盘/片 / Front brake pads/discs			
后桥漏油 / Rear axle: leaks			
后制动盘/片 / Rear brake pads/discs			
制动油管 / Brake lines/hoses			
油箱/油管 / Fuel tank & lines			
顶车胶 / Jack fixture			
车底挡板 / Underbody panel			

车辆状况 Vehicle condition

用相应符号标注车辆状况
Mark sketch as appropriate with relevant symbol

✕ 飞石击痕/stone damage   ◯ 凹痕/dents   # 破裂/crack
△ 刮痕/dents scratches   ▲ 撞击损坏伤/collision damage

☐ 车身脏,无法全部标注出车身损伤部位。
Not all damage can be identified due to the dirty condition

说明:以上所有检查结果为车辆进厂前的初步检查描述,不作为该车实际车况的判断。
Instruction:The findings above are only a pre-check and further work may be required.

备注 /Comments:

备用轮胎 Spare wheel	千斤顶 Jack	工具 Tools	CD	点烟器 Lighter	行驶证 Driving license

本人同意南宁中达桂宝汽车服务有限公司依据本维修工单所列之修理项目进行诊断和/或维修。愿意在提车前支付相关的零件、工时、油料、税务等费用。本人亦认知该车辆在南宁中达桂宝汽车服务有限公司所内将得到妥善保管,并同意南宁中达桂宝汽车服务有限公司员工根据需要驾驶该车,如因南宁中达桂宝汽车服务有限公司无法控制之原因而造成之意外损失, 南宁中达桂宝汽车服务有限公司不需负责。车内无现金、或贵重物品。车内其它物品已妥善处理, 如有丢失南宁中达桂宝汽车服务有限公司不需负责。南宁中达桂汽车服务有限公司不需保存废旧零件。

I/We agree to allow Nanning Summit Guibao Motor Services Co., Ltd to carry out the necessary diagnosis and/or repairs to the vehicle as specified in the repair order. All relevant labor charges, parts, fluid and tax shall be paid by me/us prior to the release of the vehicle. While great care and attention is assured when the vehicle is in the premises of Nanning Summit Guibao Motor Services Co., Ltd , And I /We agree Nanning Summit Guibao Motor Services Co.,Ltd to drive my(our) vehicle if necessary,any damages on the vehicle which is beyond the control of Nanning Summit Guibao Motor Services Co., Ltd will not be the responsibility of Nanning Summit Guibao Motor Services Co., Ltd . No cash or valuables in the car, other personal goods are already properly settled. Nanning Summit Guibao Motor Services Co., Ltd will not bear any responsibilities for the customer's loss. Nanning Summit Guibao Motor Services Co., Ltd   will not keep the old parts.

客户签字: 维修顾问签字: 日期:
Customer Signature: SA Signature: Date:

如果是估价,最后价格可能与所做估价有15%浮动。   For estimate, the final price may have a variance of 15% from the above estimated price.

表 5-2　维修施工单

维修施工单					
车牌号		VIN 码			
客户 ID		客户姓名			
邮编		单位（地址）			
固定电话		手机			
车型		颜色		外观	内饰
入厂履历					
上次行驶里程		入厂预定		卡号	
入厂日	维修内容		入厂日	维修内容	
本次行驶里程		本次入厂情况		交车约定时间	
委托事项	维修内容				备件准备
开工时间	完成时间	接待员签字	主修人签字	总检签字	经理签字

注意事项

1. 本施工单经双方签字后具有合同效力，维修估价为概算，结算以实际发生金额为准
2. 承修方需要增加项目、费用，延长维修期限，应及时通知托修方，得到认可，并签字后才能生效
3. 维修质量保质期，从出厂之日起＿＿＿＿天或行驶＿＿＿＿公里，以先到指标为准

　　维修施工单一式三份，其中一联交付客户，作为客户提车时的凭证，以证明客户曾经将该车交付维修企业维修，客户结算提车时收回或盖章（"已提车"字样）企业自用的两份，一份用于维修车间派工及维修人员领料使用，另一份留底保存，以便查对。

　　根据车辆维修项目的不同，填写维修施工单的流程也略有不同。车辆如果进行定期维护，可以直接同客户签订维修施工单。车辆如果要进行故障修理，维修接待员应对客户车辆进行技术性检查和初步故障诊断，验证故障现象是否同预约中描述的一致，必要时需请技术人员和客户一起试车检验或用仪器检测。根据检测诊断结果，拟订维修方案，初步估算修理工时费、材料费及其他费用，预计完工时间，打印好任务委托书，并请客户签字确认。

　　维修接待员同客户签订维修施工单时需同客户解释清楚维修施工单的内容，重点解释说明维修项目、估算修理工时费、材料费、其他费用和预计完工时间等。

二、接待服务流程与实施规范

（一）接待服务流程

接待服务流程如图 5-8 所示。

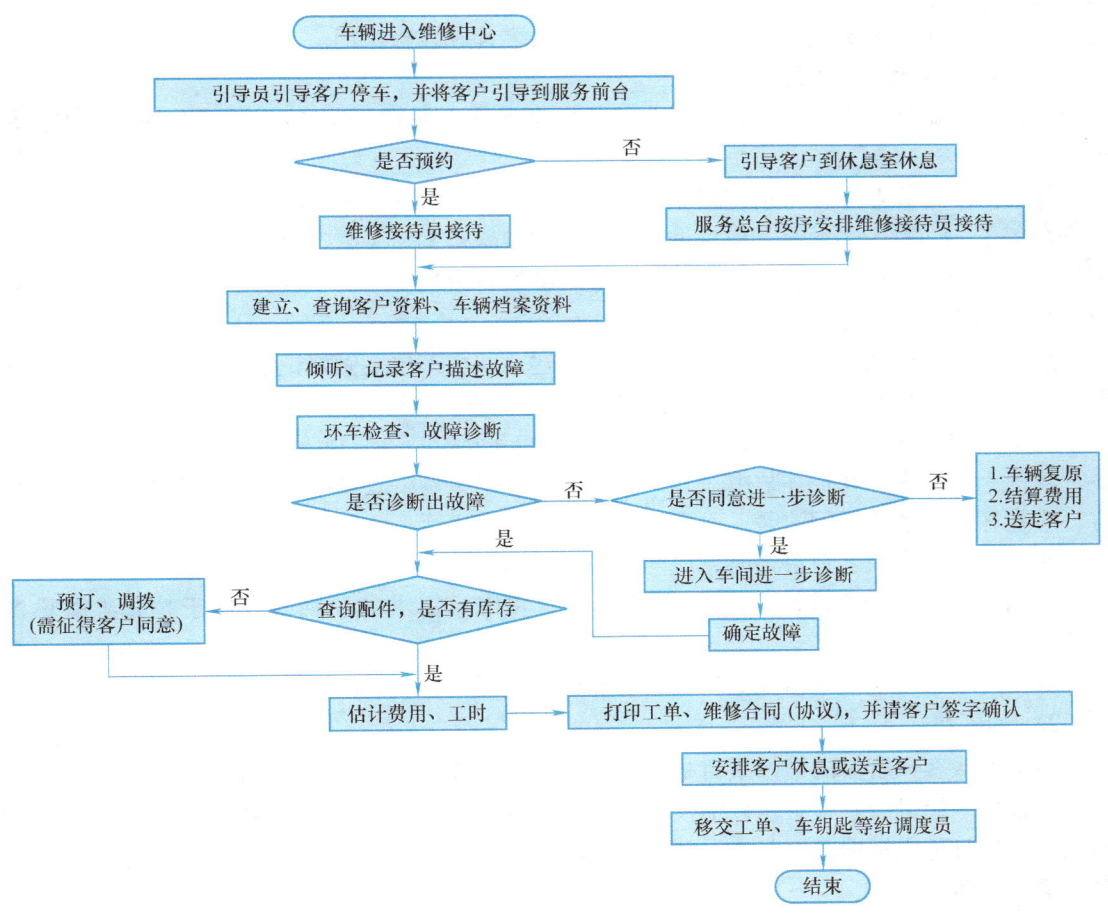

图 5-8　接待服务流程图

（二）接待服务实施规范

1. 迎接客户

规范一　维修服务中心的门卫应始终保持立正的站立姿势，衣着干净整洁、精神饱满。

规范二　客户车辆进入维修服务中心入口处时，门卫要主动为客户打开维修服务中心大门，并向客户敬礼或行注目礼表示欢迎，应引导客户到指定的停车区。当维修服务中心入口处有交通堵塞或交通不便时，门卫应主动进行交通疏导，让客户车辆方便进入。

规范三　当客户要通过时，工作人员应主动侧身给客户让道，并向客户说声："您好！"

规范四　1min 内接待客户。客户到达维修服务中心后的 1min 内，需有人迎接，并按预约车辆、非预约车辆两种类型将客户引导至相应类别业务的接待前台。

规范五　如果是预约客户，将预约客户引导至预约车辆业务接待前台，并在车顶放置预约车辆标识牌；如果是非预约车辆，则将客户引导至非预约车辆接待前台，前台接待按顺序通知维修接待员进行接车。

规范六 维修业务接待员应礼貌、热情、得体、规范地招呼客户，迎接客户时均应保持站立姿势，身体略向前倾，眼睛应注视着客户，面带微笑，并向客户致意："您好，欢迎光临，很荣幸为您服务。"

规范七 维修业务接待员应主动向顾客递交名片和自报家门。

规范八 寒暄，积极问话。

规范九 确认来意，问明是何种业务（定期保养、保修、维修），是否有特殊要求，是否有过返修。

规范十 维修业务接待员应建立每一位来客的档案及客户车辆的档案。

规范十一 对于老顾客，应查询客户以往的维修档案，了解车辆维修记录，以便于对车辆有比较全面的把握，为提出可行的维修建议提供有效依据。对于新客户，要新建客户档案及客户车辆档案，并存档。

规范十二 仔细倾听客户对车辆故障的描述，并在工单上做好记录。询问客户有关的详情（利用5W/2H手法），必要时请技术专家协助诊断。

规范十三 除快速维护外，倾听客户需求的时间应在6min以上。

规范十四 客户在描述故障过程中，应帮助客户尽量将故障描述清楚，对于不清楚的地方，应在客户叙述完后问清楚，而不能随意打断客户说话。

规范十五 中断客户讲话时，应向客户说明理由。

规范十六 维修工单应记录客户描述症状和维修需求的原话，以便于技师准确诊断维修。

规范十七 对重复维修及零件失效的返修应填写新的工单，并在工单上进行标识。

2. 预检

为了确认客户所需的维修项目是否还有遗漏并确认车辆入厂时的状态，维修业务接待员应建议客户一起进行预检，这样不仅可以拉近客户与维修企业的距离，体现维修企业的热忱和细心，而且可以根据环车检查的结果向客户建议必要的维修或维护，促进维修业务的展开，增加收益。

规范十八 接待手续办妥后，应陪同客户一起进行预检，并参考该车过去的维修记录，对车辆进行初步的检查及诊断，以便正确掌握情况，并填入预检表。

规范十九 为保护客户车辆及车内清洁，当着客户的面使用座椅防尘套、转向盘防尘套和脚踏垫等保护措施。

规范二十 确认这些事项：VIN码、公里数、车型、车外观损伤情况、燃油量、随车工具、内饰及其他肯定车辆原始状况的事项。

规范二十一 环车检查时，向客户确认有无贵重物品或遗留物，如有，应当交还客户。环车检查的位置及其内容如图5-9所示。

环车检查注意事项：

1）杂物箱是客户的私密空间，在打开之前一定要先征求客户的同意。

2）检查过程中如果发现有部位损伤，立即向客户指出损伤部位，并估算一下修补费用。

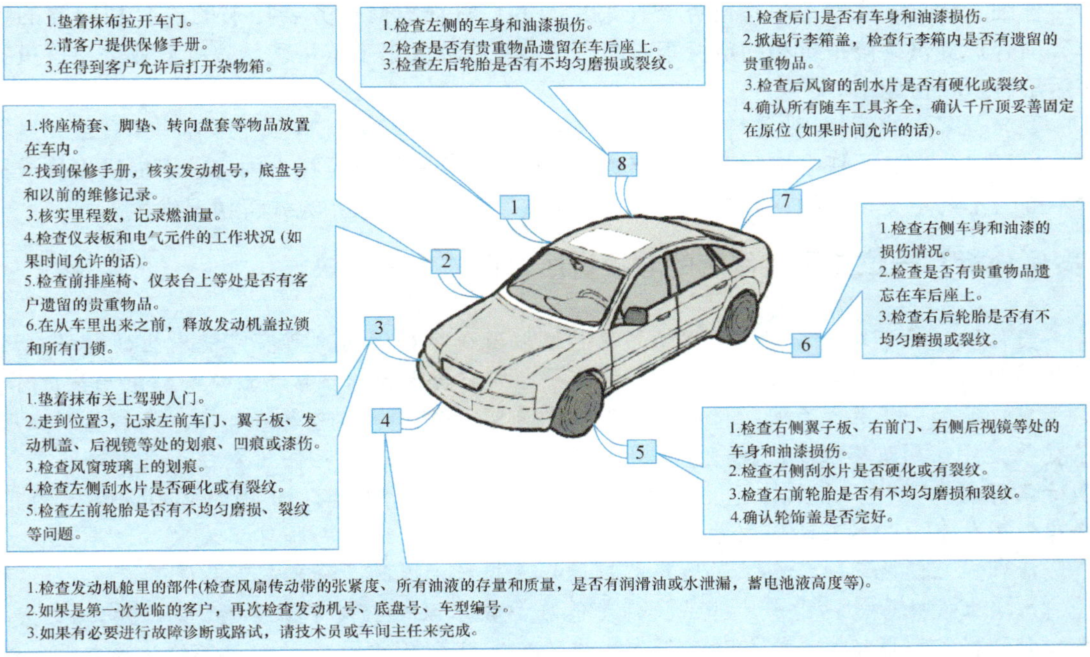

模块五 汽车维修业务接待流程

图中标注内容：

1.
1. 垫着抹布拉开车门。
2. 请客户提供保修手册。
3. 在得到客户允许后打开杂物箱。

8.
1. 检查左侧的车身和油漆损伤。
2. 检查是否有贵重物品遗留在车后座上。
3. 检查左后轮胎是否有不均匀磨损或裂纹。

7.
1. 检查后门是否有车身和油漆损伤。
2. 掀起行李箱盖，检查行李箱内是否有遗留的贵重物品。
3. 检查后风窗的刮水片是否有硬化或裂纹。
4. 确认所有随车工具齐全，确认千斤顶妥善固定在原位（如果时间允许的话）。

2.
1. 将座椅套、脚垫、转向盘套等物品放置在车内。
2. 找到保修手册，核实发动机号、底盘号和以前的维修记录。
3. 核实里程数，记录燃油量。
4. 检查仪表板和电气元件的工作状况（如果时间允许的话）。
5. 检查前排座椅、仪表台上等处是否有客户遗留的贵重物品。
6. 在从车里出来之前，释放发动机盖拉锁和所有门锁。

6.
1. 检查右侧车身和油漆的损伤情况。
2. 检查是否有贵重物品遗忘在车后座上。
3. 检查右后轮胎是否有不均匀磨损或裂纹。

3.
1. 垫着抹布关上驾驶人门。
2. 走到位置3，记录左前车门、翼子板、发动机盖、后视镜等处的划痕、凹痕或漆伤。
3. 检查风窗玻璃上的划痕。
4. 检查左侧刮水片是否硬化或有裂纹。
5. 检查左前轮胎是否有不均匀磨损、裂纹等问题。

5.
1. 检查右侧翼子板、右前门、右侧后视镜等处的车身和油漆损伤。
2. 检查右侧刮水片是否硬化或有裂纹。
3. 检查右前轮胎是否有不均匀磨损和裂纹。
4. 确认轮饰盖是否完好。

4.
1. 检查发动机舱里的部件（检查风扇传动带的张紧度、所有油液的存量和质量，是否有润滑油或水泄漏，蓄电池液高度等）。
2. 如果是第一次光临的客户，再次检查发动机号、底盘号、车型编号。
3. 如果有必要进行故障诊断或路试，请技术员或车间主任来完成。

图 5-9　环车检查流程及内容

规范二十二　如果发现有损伤部位须向客户指出损伤部位，并建议修复损伤部位，估算费用。征得客户同意后，请客户签字确认。

规范二十三　某些需较长诊断时间的车辆，应先向客户解释清楚，并开暂时收车单，安排客户休息，同时督促尽快完成对车辆故障的诊断。

规范二十四　如该车故障较难判断，维修业务接待员应向客户说明情况，引导客户到休息区休息，并立即通知车间主管，对该车进行进一步详细的诊断。

规范二十五　碰到疑难杂症，有条件维修服务店应向上一级服务部申请技术援助或向有关技术专家求助。

规范二十六　应尽量做到一次就将客户车辆故障诊断清楚，可利用客户以往修车档案来帮助进行故障诊断。

规范二十七　如有必要，车间主管应陪同维修业务接待员、客户一同进行预检。

规范二十八　应将环车检查的结果记录在接车单，并请客户确认，同时对不良的部位建议客户进行修理。

三、接待过程注意事项

维修业务接待员应事先做好预约准备工作，各项工作符合规范要求，要准时等候预约客户到来，避免出现没有人接待客户的情况发生。使用礼貌的语言欢迎客户并做自我介绍，主动询问客户需求，仔细倾听客户关于车辆故障的描述，记录车辆 VIN 码、里程、油量、外观和车上设备、随车物品的情况。

使用维修管理系统查询客户、车辆、相关资料，整理客户要求并根据需求制订维修项目。对于某些不是很明显的故障原因，要进行初步故障判断，并指出客户未发现的问题，必要时使用预检工位和向技术专家求助。

仔细、认真、完整地填写任务委托书，向客户解释维修任务委托书的内容和所需的工作，向客户提供维修报价和约定交车时间，请客户在委托书上签字确认，维修业务接待员签字后给客户一份副本。

要当着客户的面使用保护装置，妥善保管车辆钥匙、相关资料，安排客户离开或休息等候。尽量避免任务委托书填写不全、字迹潦草，不向客户解释委托书内容，不提供报价或报价不准，不约定交车时间，客户不在委托书上签字，未留下联系方式等情况发生。

【案例分析】一位美国汽修店的老板讲述自己的生意秘诀

当你进行汽车维修预检和费用估算的时候，坦白地告诉客户所有可能发生的结果永远是最高明的策略。只要你把车修得好，没有一个客户会因为你预估了最坏的结果而投诉你。

我曾参加一场关于汽车维修问题的案件的庭审，作为一名陪审团成员，我们重新回顾了整个案件来判断那位汽修技师究竟是欺诈、工作疏忽、还是无任何责任。我至今还能清晰地记得这个案件。车主起诉说他被欺诈了，因为他的一辆开了10年的PIVmeuth车在汽修店换了个水泵，然而两周之后散热器就漏了，导致由于过热而损坏了发动机，车主认为汽修店理应无偿地为他修车，因为其"应该知道"散热器的寿命只剩下两周了。

事实上，她含蓄地指出，那位技师可能在更换水泵时损坏了散热器，不过幸运的是，当我向检察官解释了一个在行驶了很多里程的车里用了30年之久的散热器的状况之后，他同意了我的观点，最终驳回了这个起诉。从那之后，我们每月都要见一次面，讨论一些有代表性的涉及汽车维修的案件，其中包括一个由于负责换油的工人忘记加注润滑油而导致发动机报废的案件，这时我有了一个新发现：所有汽车维修投诉的案件中，由于维修人员把所要修的活儿都告诉了车主导致投诉的比隐瞒车主而导致的投诉要少得多。许多车主投诉时会说："如果我知道全部的维修费用会这么高，我就不会修了！"许多投诉的原因都是在车主没有答应的维修工作造成的，这些投诉主要是那些跑了许多里程的、车况很差的旧车车主。

所有优秀的汽修技师都说，在换缸盖衬垫前很难检测出缸盖或缸体的裂纹，除非部分解体发动机。这个问题确实与技师的能力和诚实没有关系。但问题是其没有向客户讲清楚可能出现的问题，比如要等拆解之后才能查出缸盖与缸体是否裂了，要视情况确定是否需要进一步的修理。其往往不对下一步的维修费用进行估算，通常只是估计一下换缸盖衬垫的费用。

上述提到的技师和汽修店就是没有花时间去向客户解释预估的维修费和可能要做的维修。无疑，客户有权知道其所付的费用都用在了哪里，同样也应该在同意修理前了解维修可能有什么风险。目前，许多州都制定了消费者保护条款，有非常明确的规定，以保护车主的利益不受侵犯。我经常会想到"5min惊喜"这个词。我非常厌烦我购买的任何东西的"5min惊喜"，不管是洗衣机的修理还是屋顶的修理服务，在你确认要干这个活儿，并且你和顾客都了解这个活儿还可能引起其他的活儿之前，千万不要擅自进行，一定要在这个活儿完成之前得到客户的确认。

这些一定要在维修清单中详细地列出来，要提供给客户确认。从我的经验来看，对于车主的维修投诉，法官往往会根据其对事件所能提供的证据进行裁决，而不会去探究技师在维修中所遇到的困难。一般情况下，汽修技师始终是受责备的一方，因为客户并不明白技师们所说的那些技术问题或专业术语，那么汽修技师就要学会保护自己，

模块五　汽车维修业务接待流程

应该向客户提供其有权知道的一切，要用书面的形式（包括其签名）真诚地向你的客户解释他需要知道的所有问题，要用你的诚信和能力提高客户对你的信心。［案例摘自《汽车维修与保养》］

分析：汽车维修项目之间具有关联性，在作业过程中，很可能引起新增其他项目，一定要在原维修项目完成之前得到顾客的确认，这样才能避免顾客与企业的争议。

第四节　维　修　作　业

维修业务接待员待客户签字确认维修工单后，将维修工单交给维修车间。车间维修技术员根据维修工单（任务委托书或维修合同）的要求，按要求对车辆进行维修和维护，使车辆恢复出厂时的参数，达到质量要求。要想让客户对维修服务满意和青睐，不仅要保证服务质量，还要保证维修质量。

一、接待工作内容

在维修作业进行的过程中，维修业务接待员要跟进车辆的维修进度。这个过程主要是通过看板管理来完成的，如图5-10所示。

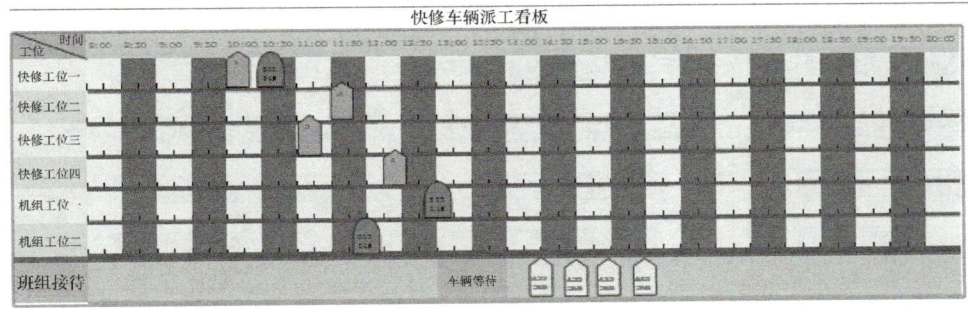

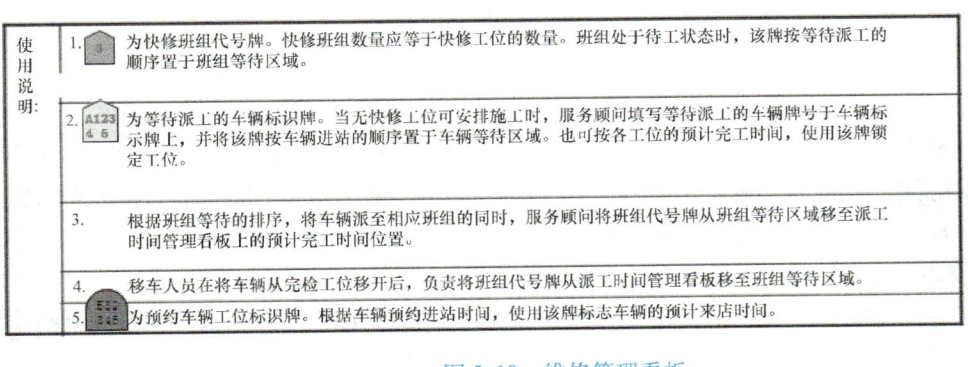

详情请扫二维码

图5-10　维修管理看板

对于大型汽车维修服务企业，负责工作进度控制的人员是车间主任或服务经理；对于小型维修服务企业，可由维修业务接待人员来负责。无论何种情况，维修业务接待员都要对自己所接车辆的维修过程进行全程跟进。要求维修业务接待员掌握班组工作负荷，合理分派工单，确保按计划准时交车；能准确、迅速答复客户维修维护车辆的生产进度情况；能及时与相关部门协调工作，提高工作效率，防止超负荷运作或生产任务积压的情况出现；有追加项目时，及时与客户沟通，补办相关手续。

二、制单与派工

汽车维修接待完成后，接待员要根据服务约定、维修管理看板制单与派工，尽量避免任务分配不均，一些不易维修的车辆没人处置等情况出现，使生产能够顺利进行，减少客户等待时间。

（一）派工流程

汽车维修派工时先参考车辆派工看板动态，结合客户要求、班组生产能力进行，应确保作业效率高，客户满意，流程如图 5-11 所示。

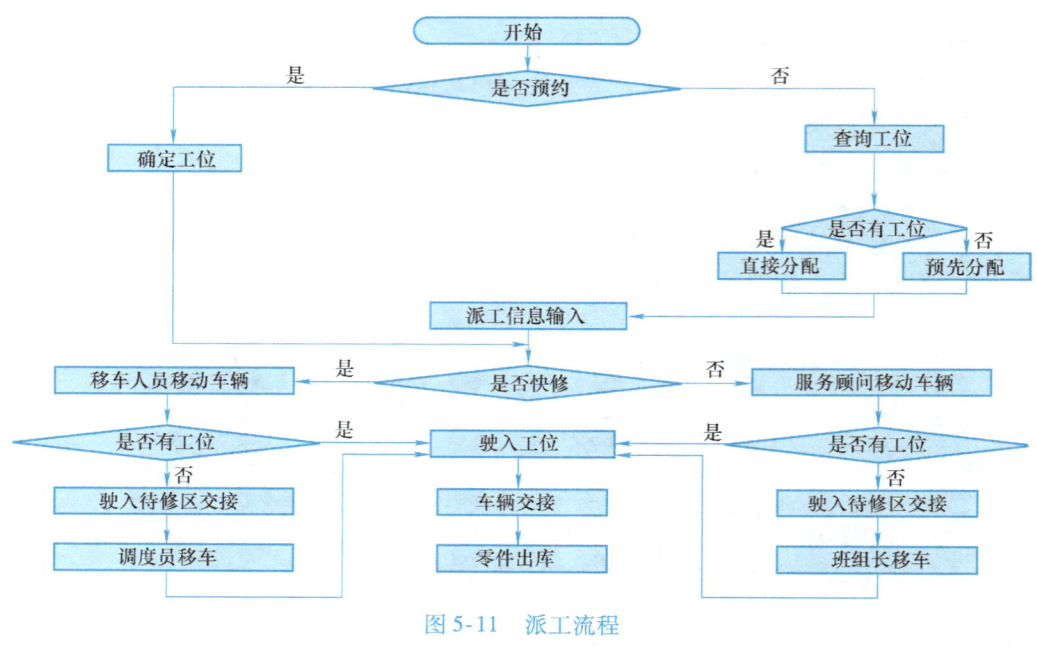

图 5-11　派工流程

（二）操作细则

1. 分派任务

分派任务要根据管理看板信息，客户需求合理调剂，如果全部工位已满，要判断仍在作业车辆的完工时间，将待修车辆做预先分配，才能保证生产高效进行，这项工作能够显示维修接待员的管理水平。分派任务作业规范如图 5-12 所示。

2. 车辆交接

根据作业分配打印施工单，将施工单和用户车辆交到施工工位，要优先安排预约车辆进入工位作业，其他车辆如遇工位已满时，可将车辆移至待修区。车辆移动可以由维修业务接待员或质检员完成。车辆交接流程如图 5-13 所示。

三、维修作业流程与实施规范

（一）维修作业流程

维修作业流程如图 5-14 所示，在作业过程中，接待员要随时掌握作业项目变更及备件

模块五 汽车维修业务接待流程

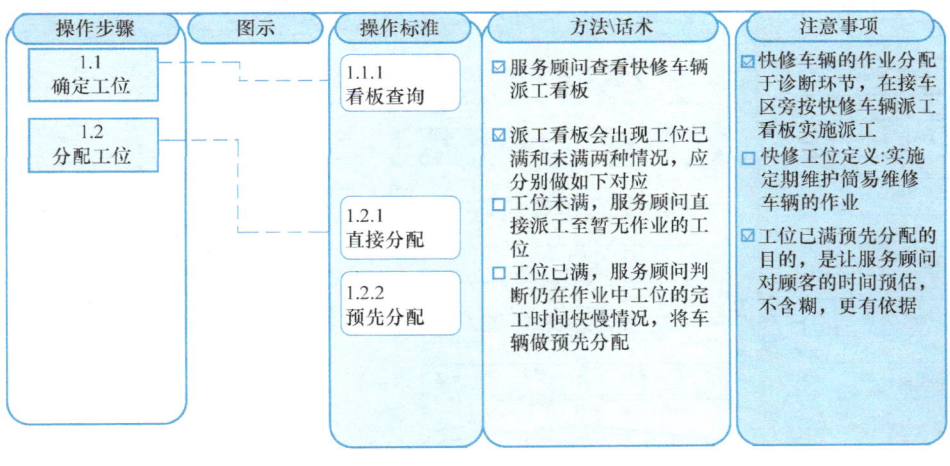

图 5-12 分派任务作业规范

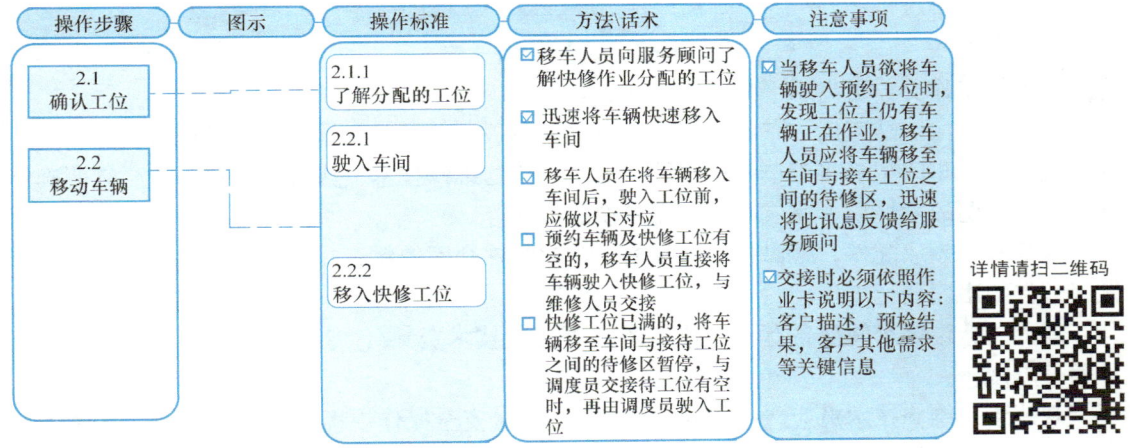

图 5-13 车辆交接

短缺的情况，并及时与客户联系。

（二）维修服务实施规范

规范一 应设立维修作业管理看板，正确反映维修车间内主要修理进度情况，并根据实际情况进行实时调整，每隔一小时更新一次。

规范二 维修作业管理看板要放置在车间易于看到的位置。车间主管分配维修任务时应尽可能满足客户的时间和其他要求，合理安排维修工位和维修技术员。

规范三 派工时应掌握顺序，优先安排返修及预约车辆，普通修理则按先来后到安排维修作业。

规范四 车间主管需了解维修技术员的工作量，并与之确认完工时间。

规范五 对于返修车辆，车间主管先分析返修原因，如配件、技术生产质量或维修工作失误。如果返修为非人为因素，应交给原维修技术员优先安排维修；如果属于人为因素，则

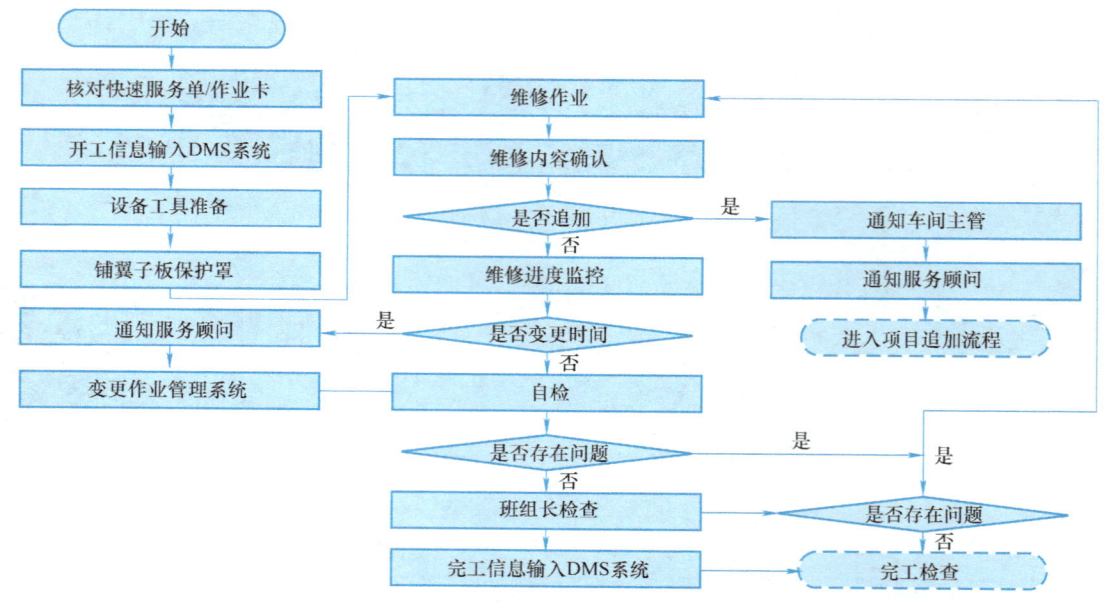

图 5-14 维修作业流程

将此项维修工作交给更高水平技术员来完成。

规范六 派工结束后,车间主管应及时更新看板,并及时和维修接待员进行沟通。

规范七 车间主管将工单和车钥匙分配给相应的维修技术员执行维修任务;必须明确修理项目,说明故障性质、完成时间、需更换的配件等。

规范八 领取配件,维修技术员根据工单到配件仓库领料,并签字确认,配件管理人员做好配件的出库登记工作。

规范九 维修车间应备有《维修手册》等相应技术资料、专用工具等,以方便作业人员随时查阅。

规范十 维修技术员应严格按照《维修手册》《安全操作规程》的规定作业,严禁不安全文明操作及其他违规作业行为。

规范十一 维修技术员需重视修理的质量,树立质量第一的观念,执行自检互检制度,争取按时保质完成任务。

规范十二 车辆的一次修复率应达90%以上。

规范十三 维修技术员在维修作业时应穿着干净统一的工作服,使用车辆保护垫,放置翼子板护布,以保持车辆的清洁和安全。

规范十四 维修技术员对新出库配件必须检验合格后方可安装,对检查不合格的配件交车间主管进行质量鉴定。

规范十五 如需拆卸内饰,双手必须在保证清洁的前提下进行拆装。

规范十六 将更换下来的旧件包装好,放置指定的地方,以便交车时交还车主。

规范十七 若有泥、水、油渍等洒落地面上,需及时清理。

规范十八 车辆有多个工种维修,在本人负责维修项目结束之后,应及时完成与下一道工序的交接工作。

规范十九 对于客户遗留在车内的物品,维修技术员应妥善保管,以备客户提车时物归原主。

规范二十　每天工作结束后，需清洁整理本人负责的设备及工具，清理作业区域地面，杜绝有车辆遗留在举升器上过夜的现象。

规范二十一　维修技术员在维修中遇到各种技术问题，应及时向车间主管汇报，寻求技术支持。

规范二十二　维修技术员若遇到以下情况时必须告知车间主管：

1）若遇到项目更改或时间变化，应及时告知车间主管。

2）若遇到由于操作不当引起的车辆损失，应及时告知车间主管。

3）索赔性质的修理中有疑问应及时向车间主管汇报，让疑问得到及时的解决。

4）完工自检后，应及时将工单及钥匙交给车间主管。

规范二十三　完成修理作业后，维修技术员应完成以下后续整理工作：

1）维修技术员对本次完成的作业进行自检，确保无四漏现象（漏油、漏水、漏电、漏气），螺栓按规范进行紧固，拆卸的附件全部安装到位，专用工具全部交回。

2）将更换下的旧配件放到指定处，以便交车时还给客户处理。

3）将换下的索赔配件交付索赔员，以便发回厂家。

4）维修技术员应在工单上记录修理的内容、时间、车辆今后使用方面建议和配件更换的情况等，并签名。

规范二十四　对检查出的故障，客户不同意修理的项目，要在维修工单或合同上注明，并告知维修业务接待员，在交车时请客户签名确认。

规则二十五　维修进度变更时，车间主管应及时通知维修业务接待员，以便及时告知客户，同时调整维修作业管理看板。

规范二十六　有追加维修作业项目时，需通知配件主管，并委托其确认配件库存；通知维修业务接待员，并重新报价，征求客户意见，客户同意后方可对维修追加内容进行作业。

规范二十七　遇到不能解决的疑难问题时，车间主管应及时与上一级售后服务部联系，寻求技术援助。

四、维修过程注意事项

作业项目一经确定，应严格按工单的项目进行作业，不能随意变更作业项目，如遇实际情况需要变更时，应事先征得客户的同意，未经同意，不得擅自变更。

主修人员如遇维修项目与实际不符应及时向维修业务接待员反映，维修业务接待员对新情况做评估后及时通知客户并征求顾客的意见，得到确认后，更改委托书并通知车间。维修业务接待员应密切跟踪、监控维修进程，如遇新情况及时通知客户协商解决，避免产生误会。

严格按照维修手册作业流程及技术标准、安全操作规程进行作业，禁止偷工减料、野蛮操作等行为，严格执行自检互检制度，确保维修质量。

作业过程中爱护客户车辆，全程使用防护套件，完工后清洗好客户车辆，停放到指定位置，不得随意使用客户车辆空调、音响等系统。

【案例分析】做好协调工作

小莫是某汽车维修企业的维修业务接待员，有比较丰富的实际经验，一天下午她接待了一辆事故车维修。该车是客户因追尾造成前保险杠损坏前来报修。由于该客户购买了保险，而此事故判定属于保险索赔范围，因此小莫与公司的保险索赔专员小陈共同接待了客户。当客户问什么时间能取车时，小陈想当然地说"明天上午。"而小莫是负责车辆维修进度跟进的维修业务接待员，了解车间生产能力，根据她的经验判断，交车时间乐观估计至少也要到后天上午。于是小莫马上对客户说："不行，这种维修至少到后天上午。""那我后天上午10点一定要取车"这时客户心里就对小莫感到不满，感觉是她对自己不热心，服务不好，这为后续的沟通埋下了隐患。

这辆车进厂维修的保险理赔手续由保险索赔专员小陈办理，而车辆维修具体事宜由维修接待员小莫办理。该车需要对前保险杠进行钣金修理及喷漆。办理完接待手续后，该车便进入车间维修。第二天中午，当小莫到车间巡查车辆维修进度时，发现该车完成了钣金修理后便停放在一边，于是就与喷漆师傅联系，告知该车已经答应顾客第三天上午取车。喷漆师傅说"我保证明天上午交车。"第三天早上刚上班，小莫到车间一看，车子还放在那里，喷漆工序还未开始，所以小莫便找来自己的主管反映车间维修进度无法保证的事情。于是维修接待主管便与车间主管一起来到车旁向喷漆师傅要求其马上进行，而喷漆师傅反映前台接待的车辆要求赶进度的太多，每个人接的车辆都赶到一起，承诺客户时根本没有考虑喷漆车间的工作负荷，他也是没有办法，只能尽力而为，看在主管的面子上，只能马上将其他车辆的喷漆作业停下来，给这台车做前保险杠喷漆，但上午交车是肯定不行的了。

于是，小莫便准备与客户联系，但客户以为上午10点就能取车，所以已经提前到来。当他得知上午取不到车时，本来就对小莫有成见的他便火冒三丈，在接待大厅便吵了起来。最后是小莫又答应客户帮他把其他部位也修补一下，客户才安静下来。这辆车是在第三天的下午4点交车的。

分析：这个案例表明，作为维修业务接待员，是联系企业与客户的重要桥梁，应熟悉业务，了解车间生产进度，协调与客户的关系，才能提高企业信誉，更好地服务客户。

第五节　竣工检验

车辆在车间维修完成后，经过了维修技术人员严格的自检、班组长复检和车间主管/质检技术员的终检，维修质量得到了很好保障。但是，为了确保在交付车辆时能兑现对客户的质量承诺，维修业务接待员还应该在车辆交付前对竣工车辆进行严格的交车前检查，掌握客户车辆的详细维修细节和车辆状态，确保能让客户满意。

一、质检的工作内容

维修作业结束后，必须进行维修竣工检验，竣工检验合格后再进行一系列交车前的准备工作。交车前准备工作的内容主要有整理旧件、清洁车辆、交车前检查和通知客户取车等。

（一）质量检查

虽说汽车的维修质量是维修出来的而非检查出来的，但是质量检查能有助于发现维修过程中的失误和验证维修的效果。质量检查也是对维修技术员考核的一个基础依据。质量检查是维修服务流程中的关键环节。维修技术员将车辆维修结束后，需由质检员进行检验并填写质量检查记录。当涉及转向系统、制动系统、传动系统、悬架系统等行车安全的维修项目和异响类的专项维修项目时，必须交由试车员进行试车并填写试车记录。车辆在维修作业结束后，必须经过质量检验员（总检）的检验合格后，才是真正的竣工。

（二）整理旧件

若维修委托单上明确客户需要将旧件带走，维修技术员则应将旧件擦拭干净，包装好，放在车上或放在指定的位置，以方便客户带走。若约定由厂家处理的，及时将其存放于指定位置，保证工位规范整洁。

（三）车辆清洁

维修车辆经质量检查合格后，应该对车内外进行必要的清洁，以保证车辆交付给客户时维修完好、内外整洁、符合客户要求。车辆清洁以后要通知维修接待员。

（四）交车前检查

维修车辆的所有作业项目完成并经过检验合格之后，维修业务接待员应进行交车前检查。检查的主要工作内容是核对维修项目、工时费、配件材料数量，材料费是否与估算相符，完工时间是否与预计时间相符，故障是否完全排除，旧件是否整理好，车辆是否清洁。检查合格后通知客户接车。

二、质检作业流程与实施规范

（一）质检作业流程

维修车辆质量检测流程如图 5-15 所示。

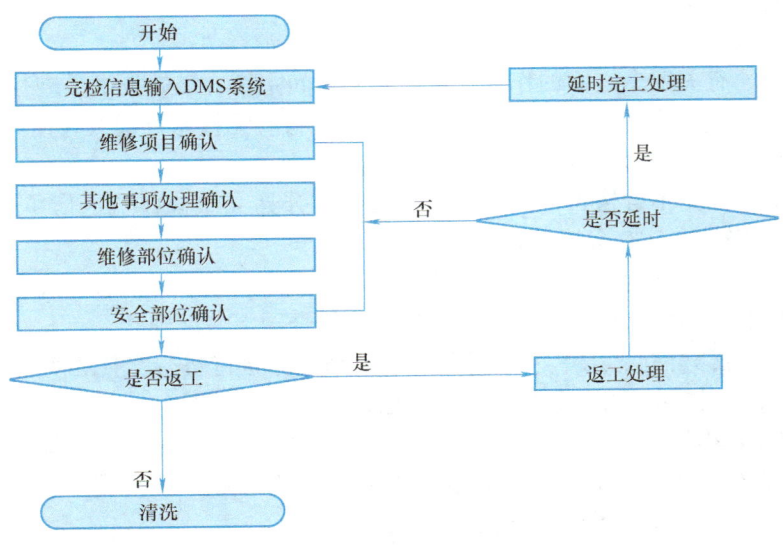

图 5-15　质检作业流程

（二）质检实施规范

维修维护质量控制

（1）维修技术人员的自检（一级检查）。

车辆维修完成后，作业人员需根据维修作业内容做全面检查，检查项目如下所示：

项目1　查看客户要求的各项服务内容是否完成，尤其应该认真细致地检查维修工作是否存在纰漏。如果发现还存在问题，需及时解决。

项目2　若有问题，特别是涉及与客户的维修约定及费用或交车时间，必须及时反馈给接待员，以便及时向客户解释。

项目3　对于大修车辆，维修技术员须同车间主管、质检员进行过程检验，检测发动机各项指标是否达到规范要求，并填写好《发动机大修检验单》表。

项目4　自检合格之后在维修作业单上签字确认，把自检信息填入管理进度看板，与下级质检员进行车辆交接，将工单、更换的配件、钥匙等交给该质检员。

（2）维修班组长的复检（二级检查）。

项目1　按照规定必须对所完成的各个维修项目、更换配件进行复检确认，确保无漏项、错项。

项目2　对《接车登记表》上顾客反应的问题进行确认，做到检查有结果，处置有记录。

项目3　事故修复、安全系统的修理项、返修等应进行认真细致的检验，确保维修质量。

项目4　应对修竣车辆试车，确认维修项目无遗漏发生、维修项目符合技术规范要求。

项目5　转向系统、制动系统、总成件的维修，应将注意事项在维修合同上醒目注明。

项目6　检验合格后在质检单上签名，并与车间主管、质检人员进行质检工作交接。

（3）质量总检员的终检（三级检查）。

项目1　依据维修合同上的项目进行逐项验收，并核实有无漏项。

项目2　对轮胎螺钉的紧固进行抽查。

项目3　检查维修部位有无四漏现象。

项目4　对于有关安全方面的作业项目，会同车间主管、维修技术员进行路试检测。

项目5　依据《接车登记表》的记录，对车辆进行有无检修过程人为损坏的检查。

项目6　检验维修项目符合相关的技术规范。

项目7　对于检测不合格项，技术总监、质检员开具《维修作业返修单》，交维修班组长重新检查和维修，直至符合技术规范为止。

项目8　对完工车辆的清洁状况进行检查。

项目9　做好最终检验记录，并在质检单和维修合同上签字确认。

项目10　将维修合同、工单和车钥匙交给维修业务接待员，交代相关事宜（如已更换旧件的存放位置），告知维修业务接待员车辆已修好，可安排交车。

（4）总质检合格后，终检人员将钥匙交给洗车人员，请洗车人员对车辆进行清洗工作。

（5）洗车人员洗车完毕后，车间调度员通知业务维修业务接待员，并将完工车辆、车钥匙和行驶证等一起移交给维修业务接待员。

（6）车间主管、质检员将维修合格的车辆移交给维修业务接待员时，维修业务接待员应对车辆的维修项目、更换的配件、旧件进行检查，确保任务的全面完成。

（7）维修业务接待员进行交车前的检查，对车辆的内外部清洗情况、车辆外观状况、"下次维护和车辆在使用过程中的注意事项提醒小贴士"进行确认。

（8）对于保修期内的车辆，客户反馈有维修质量问题的，维修业务接待员在第一时间通知车间主管、质检员，同时调出该车维修档案，供接车参考。

（9）对厂外返修车辆，维修业务接待员、车间主管、质检员应以积极的态度对待，第一时间安抚客户，将客户的不满及损失降到最低。

（10）车间主管、班组长会同相关人员第一时间对发生的问题进行分析，以最短的时间、最合理的方案完成返修任务。

（11）车间主管、质检员会同相关技术员对车辆做故障检测和诊断，确认返修车辆出现的问题是何种原因造成的。如果属于人为因素，维修业务接待员开具维修合同及《维修作业返修单》，并将《接车登记表》一同交车间进行作业；若属于更换配件及附件原因的，则对问题配件进行质量鉴定，出具质量问题报告，以便有关索赔人员向厂家进行相关的索赔。

（12）对发生的返修现象，技术总监及班组长认真分析产生返修的具体原因，制订相关的预防措施，并组织全体员工实施，并将汇总、分析、改进落实情况上报服务经理。对返修作业做到"三不放过"，即原因不查清不放过、不教育到人不放过、防范措施不到位不放过。

（13）维修保质期

小修保修期：出厂后10天或行驶里程为2000km，两者以先到者为准。

二级维护保修期：出厂后30天或行驶里程为5000km，以先到者为准。

大修保修期：出厂后100天或行驶里程为20000km，两者以先到者为准。

三、质检过程注意事项

质检员在接到检验任务后，要仔细审核维修作业工单，确保所有工作全部完成，才能进行质量检验。要熟悉相关车型技术规范标准，按照检验规范标准进行质量检验。

质检员应力争一次检出车辆不合格项，有必要时，可与维修接待员和主修技术员一同进行检验及路试，检验不合格的车辆按照程序进行处理，对检验过程中发现的新问题，要记录在委托书上，交由维修业务接待员与客户协商解决。

经检验合格的车辆，及时填写质检单和质量保证卡，交洗车工位清洗后停放至竣工车辆停车位，等候客户结算取车。

【案例分析】要有备选预案

黄先生是一位非常急躁的人，有天他的三菱帕杰罗越野车发动机"开了锅"。于是他把车开到某汽车维修服务中心去修理。经该中心的技术员检查发现是发动机气缸垫冲坏了，黄先生下午1点还要到2000km外的地方谈一笔大生意，因此他希望在这之前将车修好。黄先生到维修中心是上午9点，依维修业务接待员的经验，更换气缸垫的时间是绰绰有余的，于是答应了黄先生的要求。

随后黄先生办其他事去了，维修技术员马上抓紧时间处理故障，进展还算顺利，11：20分气缸垫就更换完毕。试车感觉冷却液温度表指示比正常值高一点，但没有开锅。经过维修技术员又一次紧张的检查，分析是散热器有小部分堵塞。这种情况若控制好车速，发动机可能不会"开锅"，但万一"开锅"呢？这时已是12点多了，黄先生也来提车了。维修业务接待员告诉他气缸垫更换好了，但冷却液温度表指示比正常值高一点，检查是散热器有小部分堵塞，拆装清洗散热器至少需要2h。黄先生一听就急了："你们怎么答应的，耽误我的大生意谁负责？不行，我先开车走，回来再修。"维修业务接待员耐心做着说服工作，告诉他这样行驶的危害。

> 黄先生终于同意了，该维修服务中心为他提供另外一辆车去谈生意。第二天，维修业务接待员将一辆完好的车辆交给了黄先生，并再次向他表示歉意。黄先生表示满意，开着自己的车欣然离去。

第六节　结算及交车

结算、交车环节是服务流程中与客户接触的环节，应由维修业务接待员来完成。

一、结算、交车的内容

在客户来接车之前，维修业务接待员应把结算单打印好。客户到维修服务企业后，维修业务接待员接待顾客，向客户解释车辆的维修情况和结算单内容。这么做是为了尊重客户的知情权，消除客户的疑虑，让客户明白消费，提高客户满意度。

（一）维修过程解释

如果是常规维护，维修业务接待员应给客户一份维护记录单，告诉客户下次维护的时间或里程，以及需要更换的常规件和相应里程需作业的常规项目，同时在车辆维护手册上做好记录。

如果是故障维修，维修业务接待员应告诉客户故障原因、维修过程及有关注意事项。

（二）结算单内容解释

维修业务接待员应主动向客户解释清楚结算单上的有关内容，特别是维修项目工时费用和配件材料费用，让客户放心。如果实际费用与估算的费用有差异，需向客户解释说明原因，得到客户的认同。

给客户说明完以后，引导客户到收银台打印结算单和结算，结算单是客户结算修理费用的依据，结算单中包括：客户信息、客户车辆信息、维修企业信息、维修项目及费用信息、附加信息和客户签字等。客户签字意味着客户认可维修项目及费用。

结算单一般一式两份，客户联留给客户，另一联由维修服务企业的财务部门保存，见表5-3。财务人员负责办理收款、开发票、出门条等手续。结算应该准确高效，避免客户等待时间过长。

表5-3　维修结算单

维修结算单							
工单号No：			客户：		车型：		车牌号：
维修类别	班组	工时费	材料费	管理费	税费	总费用	
材料清单							
序号	材料名称	单位	数量	单价	金额	备注	
1							
2							
3							
总额		万　千　百　拾　元（整）				$：	
日期：　　　制表：　　　财务：　　　复核：							

交车是下次维修维护的开始，交付客户一辆洁净的车辆非常重要。尤其是一些细节，如烟灰盒里的烟灰必须倒掉，时钟要调正确，座椅位置调好，汽车外观的维护占用的时间很少，却能得到事半功倍的效果。"额外的举手之劳"常常会在很大程度上增加客户的满意度。

体现物超所值的服务，是交车工作必须重视的。在完成车辆离开前的相关手续后，维修业务接待员应亲自将客户送出门外，并提醒客户下次维护时间和车辆下次应该修理的内容。

二、结算、交车服务流程与实施规则

（一）结算、交车服务流程

结算、交车的作业流程如图 5-16 所示。

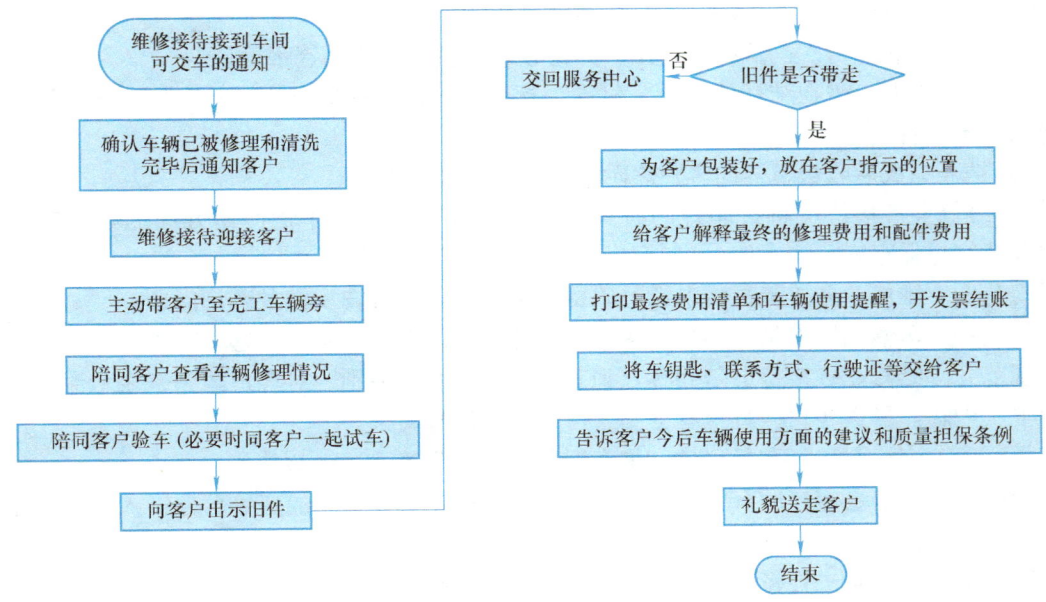

图 5-16　结算、交车服务流程

（二）结算、交车服务实施规范

规范一　负责接待的维修业务接待员在确认已完成维修内容以后，及时与客户取得联系，确定最终的交车时间、方法和付款事宜等。

规范二　维修业务接待员准备好维修合同、工单（保险修理的代理委托书）、结算书、报价单、旧配件、车钥匙及行驶证等。

规范三　维修业务接待员填写好质保条例及今后客户车辆维护、使用方面的建议。

规范四　将竣工车辆停放在竣工区，且车头朝向客户离开方向。

规范五　维修业务接待员陪同客户检验竣工车辆，解释维修维护项目。

（1）应先陪同客户查看和核对车辆的修理情况，当着客户的面取下座椅防尘套、转向盘防尘套和脚踏垫等保护设施。

（2）属非索赔件的修理，应将旧零件当面给客户查看并返还给客户。

（3）如果客户要带走旧件，为客户包装好，并放在客户指示的位置（如行李舱）；如果不需要，维修业务接待员放在指定的地方，由维修车间负责进行处理；属索赔件的，无需向客户出示。

（4）接待员应用通俗易懂的语言向顾客解释维修项目内容，回答询问。客户认同后请客户在结算清单上签字确认。

（5）向客户建议下次保养、车辆使用方面的注意事项。

（6）向客户确认电话回访的时间和形式，预约下次维护时间，并做好记录。

规范六　结账

1）维修业务接待员陪同客户到收银台结账，同时将客户车钥匙、行驶证交车辆调度员。

2）收银员必须站立，且面带微笑地为客户服务。

3）出纳复核费用是否正确，并打印最终费用清单。

4）要提醒客户再次确认维修费用，并请顾客在费用清单上签字确认。

5）付款结账，需在结算单上做"付讫"标记，将发票和提车联交给客户，并提醒客户点清和妥善保管。

6）结账完成后收银员需向客户表示感谢，并祝顾客平安。

7）维修业务接待员将打印好的有关质保条例及今后客户车辆使用方面的建议交给客户，并请客户保存好。

规范七　维修业务接待员将电话号码留给客户，便于客户反馈及咨询问题。

规范八　车辆调度人员将客户车辆开至业务大厅门口，并将车钥匙、行驶证交给客户。

规范九　维修业务接待员陪同客户到其车边并与客户道别，对客户的到来表示谢意，并欢迎下次光临。目送客户，直至看不到客户，方可转身离去。

规范十　交车服务（包括付费和取车时间）应控制在10min以内。

规范十一　送走客户后有关人员将该维修客户车辆维修资料的变更部分输入电脑，完善客户档案，并存档。

规范十二　车间主管将工单索赔联交索赔员，维修联、存档联装入客户档案袋。

三、结算、交车过程注意事项

由原接待的维修业务接待员向客户解释完成的工作和发票的内容，陪同并引导顾客交款，向客户出示旧件并询问处理意见，提示下次维护的时间里程和车辆使用的注意事项。如有应指出汽车需要额外进行的维修工作，并咨询客户意见，顾客如不修理，应在委托书上注明，并请客户签字确认厂方已经告知。

结算员接到由维修业务接待员开具的结算单后，应仔细参看，确保所有的维修工作项目和更换备件都罗列清楚，使用公布的工时和备件价格进行结算，结算费用应与事先的报价基本一致。

向客户说明某些零件的剩余使用寿命（轮胎、制动片），所有单据都交客户一份副本，取下保护用品，开出门条，送别客户。

【案例分析】 交车时可以增加一点额外的服务

按照客户要求完成维修后，维修业务接待员就基本完成了工作。但是还可以多做一些，使客户对维修业务接待人员的关怀体贴产生深刻印象。这不会增加任何额外费用，但的确能够获得客户的好感。

在工作过程中，你可能注意到一些客户尚未察觉的问题。你作为维修业务接待员所提的一些专业建议，有可能防止一些故障重新发生。通常在交付维修车辆时，可以口头或以信息卡的形式提出这些建议（包括维修时已经处理过的，提醒客户今后注意），例如：

1) 发现离合器盘片过早磨损，则建议客户开车时不要将脚放在离合器踏板上。
2) 消声器的螺栓松了，我们已帮您拧紧了。
3) 驻车制动器行程太大，存在驻车制动器失灵的隐患，我们已经调整了。
4) 轮胎的胎压太高，这会加速轮胎磨损，也不安全，我们已将它调至规范值。
5) 您的备胎气压只有60kPa，我们已增加至200kPa，以确保随时能用。
6) 熔丝盒里已经没有备用熔丝了，建议买几条备用。
7) 加速/制动/离合器踏板橡皮已经磨光了，建议更换，否则雨天可能打滑。
8) 变速杆防尘套已经破裂，车外噪声会由此传入，换上新的会安静得多。
9) 千斤顶松了，在行李箱内晃荡作响，我们已将其放入固定夹中。
10) 发动机盖不能平顺开关，我们已给发动机盖铰链加了润滑油。
11) 车窗喷洗液喷嘴被车蜡堵住了，喷洗液喷不出来，我们已将车蜡清除了，但是以后打蜡时要多加注意。

分析：以上类似的内容还可以列出很多，我们在交车时向客户提出，对我们来说只是举手之劳，对客户来说就可以较少很多麻烦，这是一种心中有客户的体现，可以增加客户对我们的信任。

第七节　跟踪回访

跟踪回访是维修服务流程中的最后一道环节，属于与客户的接触沟通和交流环节，一般通过电话访问的方式进行。较好的后续跟踪服务，一方面能够了解售后服务业务存在的不足，另一方面又能够更好地了解客户的期望和需求，接受客户和社会监督，增强客户的满意度。后续跟踪服务是一项整体行为，高层管理人员应将其作为增强员工服务意识、改进工作作风、提高服务质量和水平的一项重要举措，要确保落实后续服务中所反映出来的问题的改进工作及事后改进的督促和检查，使其真正发挥后续跟踪服务的作用，促进服务和维修工作上一个新的台阶。

一、跟踪回访服务内容

维修服务企业应在交车之后3日内对客户进行跟踪回访，跟踪回访体现对客户的关心，更重要的是了解对维修质量、客户接待、收费情况和维修时效性等方面的反馈意见，以利于维修企业发现不足、改进工作。

回访人员应做好回访记录，作为质量分析和客户满意度分析的依据，回访记录见表5-4。如果在回访中发现客户有强烈抱怨和不满，应耐心地向客户解释说明原因并及时向服务经理汇报，在一天内调查清楚情况，给客户一个合理的答复，以平息客户抱怨，重新赢得客户信任。此项工作由维修业务接待员定期进行，将访谈内容做好记录，并汇总交给服务经理。

表 5-4　回访记录表

客户姓名	车牌号码	联系电话	出厂日期	服务态度	维修技术	车辆使用情况	满意度	意见及建议

二、跟踪回访服务流程与实施规范

（一）跟踪回访服务流程如图 5-17 所示。

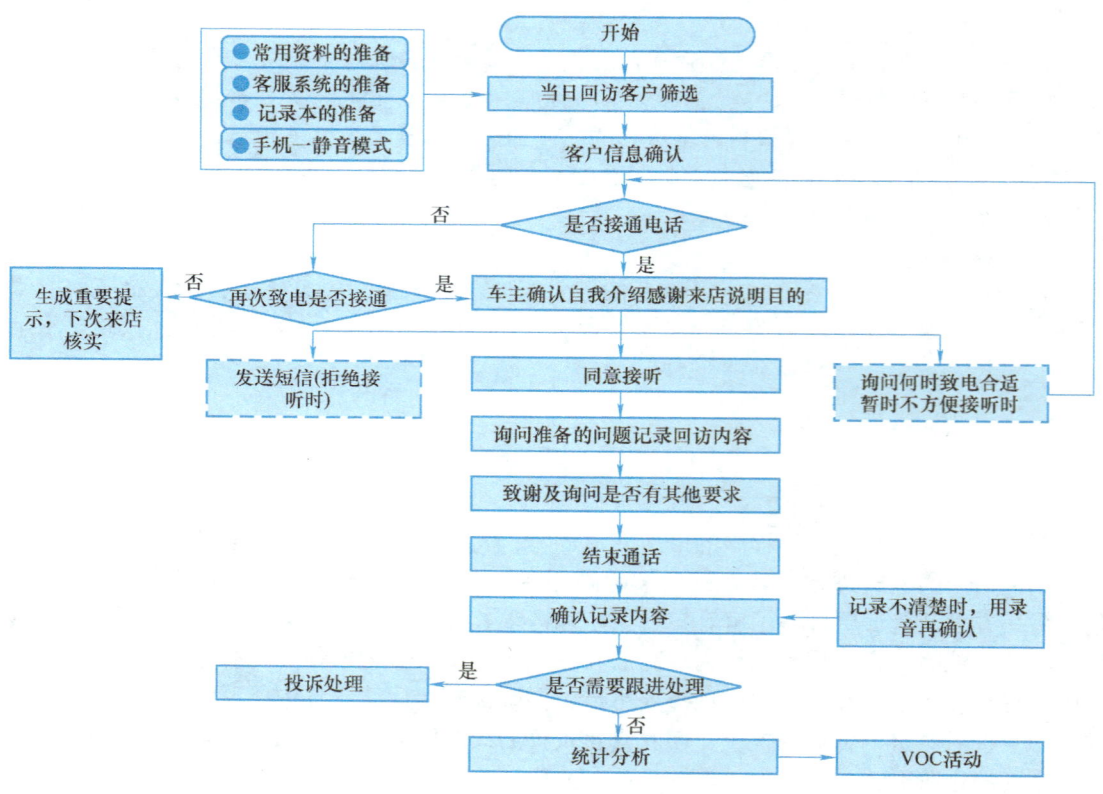

图 5-17　跟踪服务流程

（二）跟踪回访服务实施规范

规范一　维修维护后，回访员必须在客户取车后 3 个工作日内对维修质量和服务质量进行电话跟踪回访，开展满意度调查，并记录于售后电话跟踪表中。具体操作方法和流程如下：

1）于交车日起 3 日内，给客户打电话询问车辆情况。

2）首先，向客户的来店表示谢意。
3）询问结果是否称心如意。
4）确认费用，完工日期是否满意。
5）听取客户的意见，询问有无其他建议。
6）对于深感不满的客户，必须耐心听取具体原因。
7）电话跟踪后及时向售后服务经理反映真实情况，共同研究改善对策。
8）电话跟踪访问结束时，需说："感谢您接受我们的跟踪访问，再见！"

规范二 每天应将当天存在质量问题的电话跟踪导出到售后电话跟踪处理日报表中，并提交给客户服务经理。

规范三 维修质量问题的处理。
1）应需向客户致歉，安抚客户情绪，并承诺尽快将处理意见反馈给客户。
2）客户服务经理应和车间主管负责制订处理意见及内部改进措施，并详细记录于维修后电话跟踪处理日报表中。
3）服务跟踪必须在次日再次致歉客户，并向客户反馈处理意见。
4）如果客户对处理意见不满意，应再次讨论处理意见直至客户满意为止。
5）对于发生维修质量问题的客户，应在返修后，再次进行维修后电话跟踪服务。

规范四 配件质量方面问题的处理。
1）客户服务经理应会同配件经理一起制订处理意见及内部改进措施，并详细记录于维修后电话跟踪处理日报表中。
2）如果是配件质量存在问题，承诺尽快将处理意见反馈给客户，次日向顾客致歉并向客户反馈处理意见。
3）如果是配件价格或配件供货方面的问题，需向客户表示歉意，并承诺会尽快处理。

规范五 服务质量问题的处理。
1）回访员向客户询问具体服务质量问题，据实向客户解释并致歉；不了解真实情况时，向客户承诺立即了解事件并限时给予回复。
2）客户服务经理应与服务经理一道制订处理意见及内部改进措施，并详细记录于维修后电话跟踪处理日报表中。
3）对于有很大抱怨的客户，次日回访员需再次向顾客致歉，并向客户反馈处理意见，在客户档案备注中标记为重点顾客。
4）在进行电话跟踪回访服务时，应同时进行定期维护提醒及提示客户可享受的预约服务。如果维修服务近期有什么优惠活动，应提示和推荐给客户。

规范六 客户服务经理应每周向总经理上报售后服务电话跟踪质量周报。

规范七 定期由客户服务经理带队，选择一定比例的客户进行上门拜访，并详细记录，总结经验，形成报告上报总经理。

三、跟踪回访过程注意事项

打电话时为避免客户觉得其车辆有问题，建议使用规范语言，声音要平和、礼貌、自然、友善。语速不要太快，一方面可给没有准备的客户有时间仔细回忆细节，另一方面避免客户觉得匆忙。不要打断客户的讲话，记下客户完整的评语（批评、表扬）。

此项工作必须在交车一周内进行。回访员要懂得汽车构造基本原理和维修维护常识，具备电话沟通能力。打电话时间要避开客户的休息时间、会议高峰、活动高峰（9：00～11：00和16：00～18：30比较适宜）。

如果客户有抱怨，不要找借口搪塞，告诉客户你已记下其意见，并让客户相信只要他愿意，有关人员会与他联系并解决问题。

跟踪回访结束后，及时将跟踪结果向服务经理汇报，由服务经理再次与客户联系，如属服务质量问题则应将车辆召回进行维修，属服务态度问题的向客户表示歉意，直至客户满意。这样从预约开始到跟踪结束，形成完整流程。

在回访过程中，由于各种原因，会出现有些客户情绪激动、提不合理要求、甚至骂人等现象。对这类客户，要报着同情与理解的态度，要给予客户宣泄的机会，另外，对不合理要求进行恰当解释。

【案例分析】 维修后跟踪回访电话范例

步骤1：准备
确认你看过客户的发票、维修工单，且将其置于你的面前。
步骤2：确认和你交谈的人是你要找的人
维修业务接待员："晚上好，我是顺风丰田的维修接待员李凡，我能找一下郭军先生吗？"
客户："我就是，你请讲。"
步骤3：询问是否方便交谈
维修业务接待员："郭军先生，您好，我能耽误您几分钟时间了解一下您爱车制动器的修复情况吗？"
客户："好，你说。"
步骤4：解释致电的目的
维修业务接待员："我这次给您致电，是想确认您感觉车上的制动器工作是否一切如意。过去的一周内车辆的表现如何？"
步骤5：请客户给予评价
客户："没问题，运行得非常好，必须承认，当发现制动时车辆向左跑偏时，我非常失望，但顺风丰田的确很及时地解决了问题。"
维修业务接待员："我们的工长告诉我，故障的起因是制动钳活塞被卡住了，得知制动器现在运行正常我就放心了，谢谢您接听电话。"
步骤6：要感谢客户的配合
客户："谢谢你，我很感谢你及时致电。"
维修业务接待员："不客气、谢谢您，晚安！"
客户："晚安！"
分析：顺风丰田给客户留下了服务非常专业的印象，并且客户认为顺风丰田非常注重其维修后的结果，能积极跟踪确认客户是否完全满意它所提供的服务，这样就为今后培养忠实顾客埋下伏笔。

【相关资料】丰田汽车公司维修业务接待流程

1. 汽车维修业务接待工作需要一个团队精诚合作，才能做好，这个团队包括维修业务接待员（SA）、车间主管（车间管理员）、技术领队、技术员团队。汽车维修服务团队如

图5-18所示。

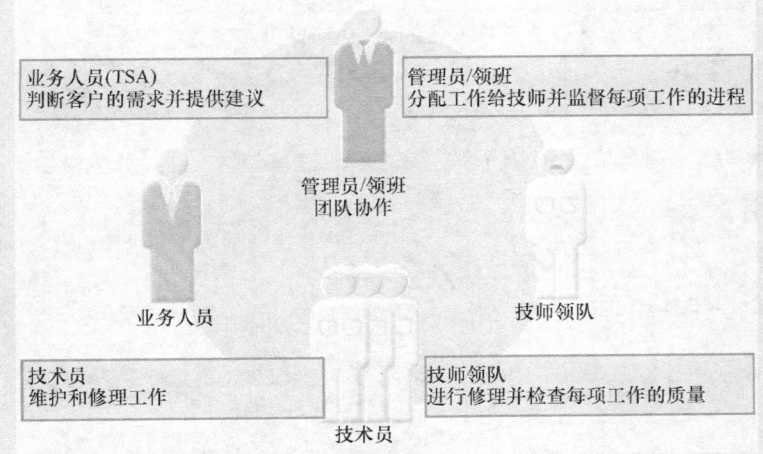

图5-18 汽车维修服务团队

2. 维修接待服务流程：预约→接待→工作分配→维修→最终检查→维修交付→维修后续工作（跟踪回访）。维修接待服务流程如图5-19所示。

3. 维修业务接待员是顾客与车间之间的联系纽带，其工作好坏直接影响客户满意度及车间生产进度、效益。维修接待员的纽带作用如图5-20所示。

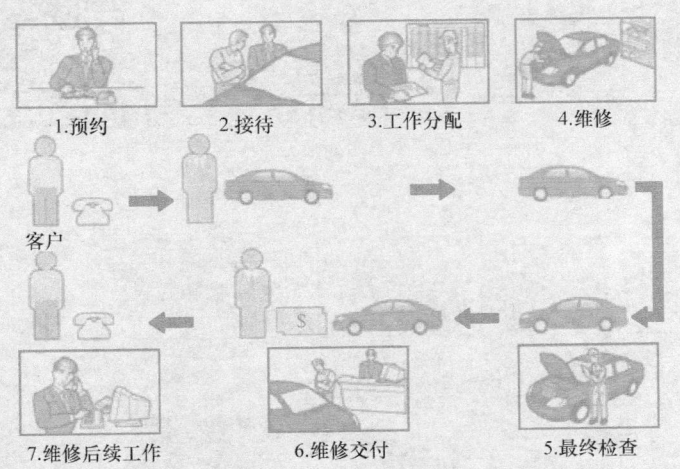

详情请扫二维码

图5-19 维修接待服务流程

4. 维修业务接待员判断客户需求，根据车辆状况与客户协商维修项目（建议），得到客户允许后，签订维修协议书，把车辆交给作业车间。确定维修项目签订合同的过程如图5-21所示。

5. 车间主管根据车间生产负荷，将任务分解给相关工位的技术员，并监督工作进度（图5-22）。

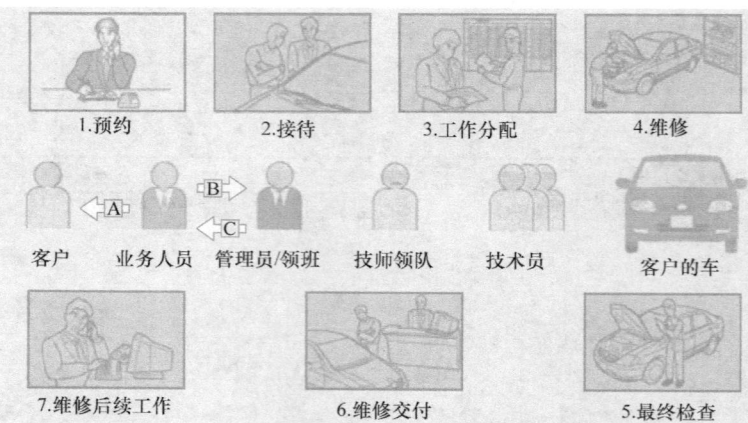

图 5-20　维修业务接待员的纽带作用

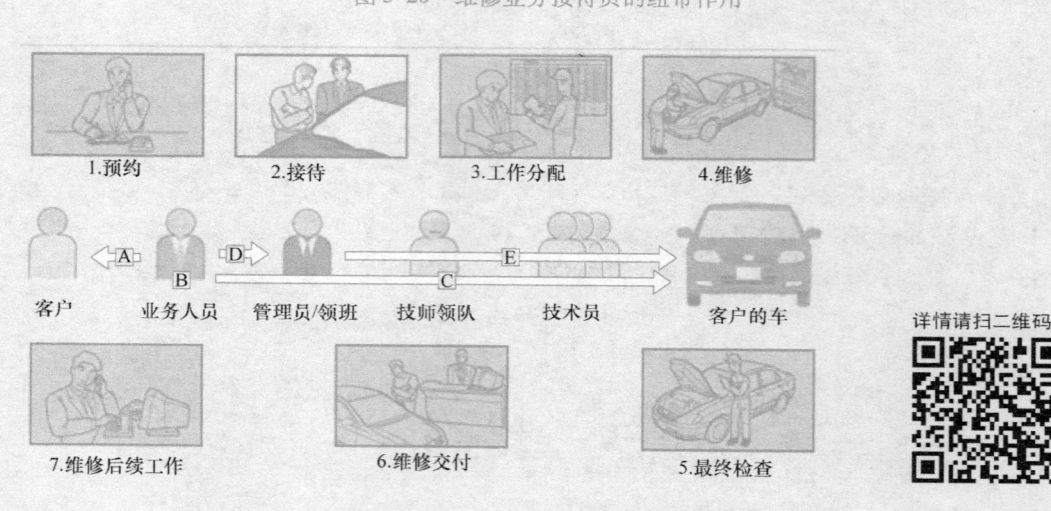

图 5-21　确定维修项目签订合同的过程

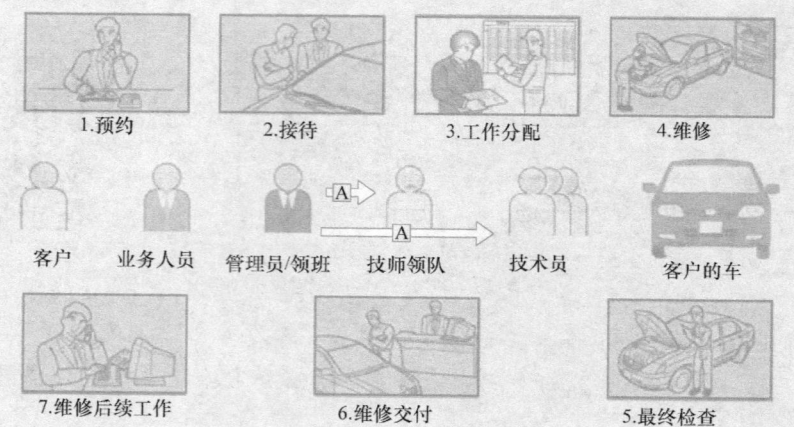

图 5-22　任务分解

6. 技师领队设计工艺流程,解决疑难问题;根据任务性质,协调工种之间的衔接,检查工作质量,在确保质量的前提下,尽力避免"窝工"现象发生,以提高生产效率(图5-23)。

7. 各工种技术员将维修过程中发现的新情况报告车间主管直至维修接待员(图5-24)。

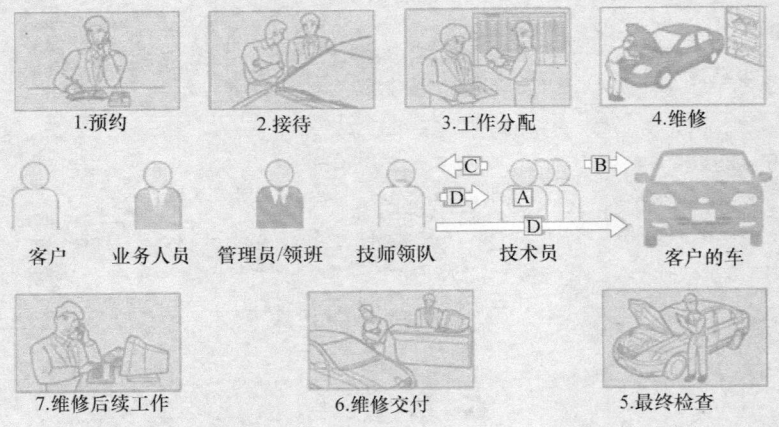

图 5-23 工种衔接

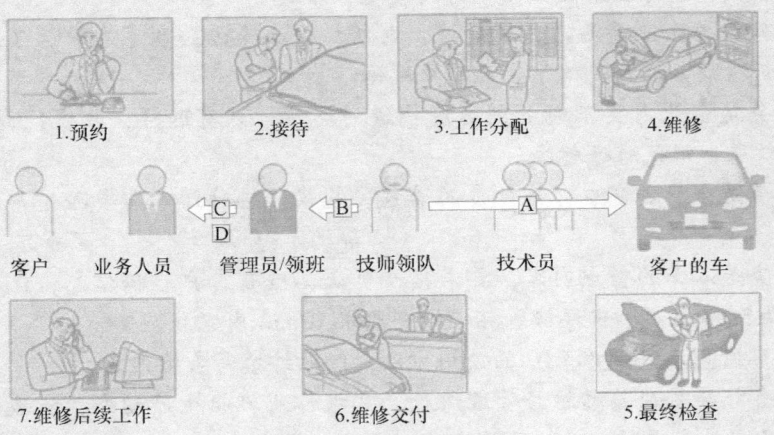

图 5-24 新情况反馈

8. 维修业务接待员及时与顾客沟通,征求客户意见,将客户意见及变更工作任务告知车间主管,**调整作业范围**(图5-25)。

9. 车辆修理竣工后,车间主管进行总检,检验合格后告诉维修业务接待员,及时通知客户提车。

10. 维修业务接待员做好结算清单,等候客户付款提车。

11. 车辆出厂3个工作日内由维修业务接待员打客户电话跟踪回访,询问车辆使用是否正常,征求客户对维修服务意见,定期汇总上报服务经理。

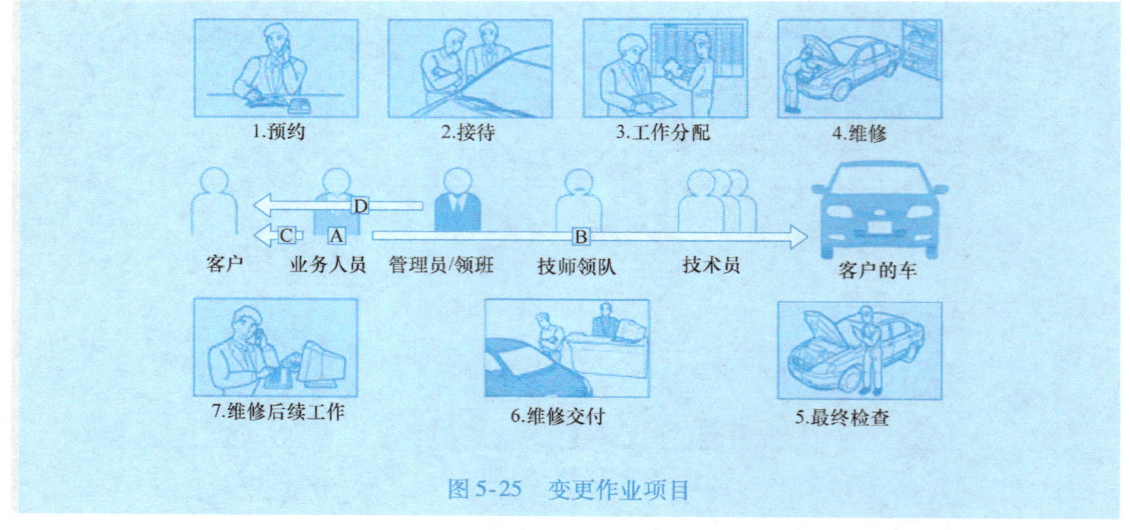

图5-25 变更作业项目

本章小结

1. 客户招揽任务是把老顾客流失减少到最低限度，新客户的发展不间断地进行。这是做好客户关系管理、维持企业良性循环的大问题。

2. 汽车维修服务企业要定期通过短信、电话、信函等方式联系客户，了解客户用车情况，介绍企业新增服务项目，维系企业客户群体。

3. 预约服务是企业需要不断加大力度推进的环节，只有这样，才能提高客户满意度，提高企业经济效益，规范服务标准。

4. 接待环节是企业的窗口，接待员的着装、礼仪、接待话术需要经过严格训练，才能达到专业水平。

5. 环车检查是本章的重点内容，要求接待员认真检查客户车辆信息，保护好用户车辆及随车物品，做到不漏项、少误诊。环车检查要求10min内完成。

6. 熟悉接车检查表（问诊表）的使用方法，能熟练填写表格内容。

7. 维修业务接待员应熟悉维修管理看板，掌握作业班组生产动态，能快速、合理分派任务，有项目及配件变更时，及时联系客户，补办相关手续。

8. 车辆维修维护作业项目完成并经过检验合格之后，维修业务接待员应进行交车前检查。此项工作内容是核对维修项目、工时费、配件材料数量，完工时间是否与预计时间相符，故障是否完全排除，旧件是否整理好，车辆是否清洁。检查合格后及时通知客户接车。

9. 结算时，维修业务接待员应主动向客户解释清楚结算单上的有关内容，如果实际费用与估价有差异，需向客户解释并说明原因。提醒客户注意下次维护时间或里程。结算完成后将车钥匙交给客户，陪同客户到车边并向客户道别。

10. 交车之后3日内，要对客户进行电话回访，跟踪回访体现对客户的关心和重视，更重要的是了解客户对维修质量、服务质量、费用和维修时效性等方面的意见和建议，以利于企业发现不足、改进工作。

复习思考题

1. 主动招揽和不做招揽有何区别？
2. 开展预约服务和不开展预约有何区别？
3. 维修管理看板的作用是什么？
4. 你能说出环车检查的流程吗？
5. 请说出竣工质量检验的流程。
6. 为什么要进行电话回访？

同步测试

一、单项选择题

1. 预约用户如约到来，接待员应_____。
   A. 优先安排　　　　　B. 按约定时间安排
   C. 按先后顺序安排　　D. 按照客户要求安排
2. 客户招揽就是由_____定期采用短信、电话、信函联系客户，了解客户用车情况，介绍企业服务项目，提醒客户按时维护车辆。
   A. 业务主管　　　　　B. 技术员
   C. 维修业务接待员　　D. 服务经理
3. 提高客户满意度、企业经济效益、规范服务标准，可以通过_____达到。
   A. 电话招揽　　　　　B. 优质服务
   C. 预约服务　　　　　D. 优惠活动
4. 环车检查要求在_____min 内完成。
   A. 5　　　　　　　　B. 15
   C. 10　　　　　　　 D. 30
5. 在维修过程中，发现有新增项目，一定要取得_____授权许可，才能继续下一步维修。
   A. 班长　　　　　　　B. 维修主管
   C. 客户　　　　　　　D. 维修业务接待员

二、多项选择题

1. 环车检查需要检查的有_____。
   A. 车辆外观　　　　　B. 随车工具
   C. 燃油量　　　　　　D. 杂物箱
2. 跟踪回访前，需要准备好_____。
   A. 客户档案　　　　　B. 回访记录本
   C. 手机调至静音　　　D. 推销广告
3. 车辆交付前，应准备好_____。

A. 车钥匙和用户手册　　　B. 客户随车物品
C. 更换的旧件　　　　　　D. 提醒下次维护时间，用车注意事项
4. 客户车辆有多项维修项目时，车辆工种之间的移动可以由_____执行。
A. 客户　　　　　　　　　B. 维修业务接待员
C. 车间主管　　　　　　　D. 技术总监
5. 接车问诊表包含有以下内容_____。
A. 客户信息　　　　　　　B. 车辆信息
C. 客户故障陈述　　　　　D. 接待员对车辆的陈述

三、简答题

1. 汽车维修接待过程中，对服务顾问有哪些规范要求？
2. 简述预约服务的好处。
3. 环车检查包含哪方面内容？
4. 如何进行价格预估？

同步训练

项目：汽车维修服务接待。
实训目的：
1. 通过实训，训练学生提高接待服务礼仪及迎客话术水平，熟悉并掌握汽车维修业务接待流程。
2. 通过环车检查训练，使学生掌握环车检查方法及流程。
3. 通过接车问诊表的填写训练，熟悉接车问诊表的使用方法。
4. 提高实训，使学生熟练掌握电话回访流程和电话沟通能力。

实训组织：
1. 分组进行：每组 15～18 人。
2. 实训器材：轿车 2 辆，接车 3 件套若干。

成绩考核：
成绩考核参考下表 5 方面因素打分，每项配分 20 分。

姓名	语言	形体	表情	流程	风采	总评

参 考 文 献

[1] 王一斐,陈翔. 汽车维修企业管理 [M]. 2版. 北京:机械工业出版社,2012.
[2] 彭光乔,姚博瀚. 汽车保养与维护 [M]. 北京:北京理工大学出版社,2011.
[3] 贾逵钧,莫远. 如何做好汽车维修业务接待 [M]. 北京:机械工业出版社,2004.
[4] 罗双. 怎样做好汽车维修业务接待 [M]. 北京:机械工业出版社,2012.
[5] 邹晓春. 沟通能力培训全案 [M]. 北京:人民邮电出版社,2008.